高职高专国家骨干院校重点专业建设规划教材

管 理 工 程 系 列

西方经济学基础

XIFANG JINGJIXUE JICHU

（第2版）

程世平◎主　审

李　宏◎主　编

赵　明　葛　静　张　雁◎副主编

北京师范大学出版集团
BEIJING NORMAL UNIVERSITY PUBLISHING GROUP
安徽大学出版社

图书在版编目(CIP)数据

西方经济学基础/李宏主编. —2版. —合肥:安徽大学出版社,2022.5
高职高专国家骨干院校重点专业建设规划教材. 管理工程系列
ISBN 978-7-5664-2376-4

Ⅰ.①西… Ⅱ.①李… Ⅲ.①西方经济学－高等职业教育－教材 Ⅳ.①F0－08

中国版本图书馆 CIP 数据核字(2022)第 001654 号

西方经济学基础(第 2 版) 　　　　李宏 主编

出版发行:北京师范大学出版集团
　　　　　安 徽 大 学 出 版 社
　　　　　(安徽省合肥市肥西路 3 号 邮编 230039)
　　　　　www.bnupg.com.cn
　　　　　www.ahupress.com.cn
印　　刷:合肥远东印务有限责任公司
经　　销:全国新华书店
开　　本:184mm×260mm
印　　张:14.75
字　　数:346 千字
版　　次:2022 年 5 月第 2 版
印　　次:2022 年 5 月第 1 次印刷
定　　价:45.00 元
ISBN 978-7-5664-2376-4

策划编辑:姚　宁　　　　　　　　　　装帧设计:张同龙　李　军
责任编辑:姚　宁　　　　　　　　　　美术编辑:李　军
责任校对:方　青　　　　　　　　　　责任印制:陈　如

版权所有　侵权必究

反盗版、侵权举报电话:0551—65106311
外埠邮购电话:0551—65107716
本书如有印装质量问题,请与印制管理部联系调换。
印制管理部电话:0551—65106311

前　言

随着高等职业学校的"百万扩招"计划的实施,一批有实际工作经验和社会经历的中青年进入高职院校学习。这使得本教材的原有读者群发生了变化,课时也有所增加,势必要对原教材进行必要的增删。

值此教材修订期间,国家教材委员会下发通知,要求将"党的领导"相关内容和"习近平新时代中国特色社会主义思想"编入大学课程教材。经济学类课程要从自身实际出发,运用鲜活案例、发展成就等载体,将"党的领导"相关内容有机融入课程教材。同时,要阐释习近平新时代中国特色社会主义经济思想,使学生认识到习近平新时代中国特色社会主义经济思想是党的十八大以来推动我国经济发展实践的理论结晶,是中国特色社会主义政治经济学的最新成果,开拓了21世纪马克思主义政治经济学的新境界。

西方经济学是经济学类课程的重要构成部分,是阐明市场经济原理,解释和说明"坚持市场在资源配置中起决定性作用、更好发挥政府作用"的核心课程。将西方经济理论与中国实践相结合,是西方经济学课程改革的重大任务。本着这一改革精神,本书在第2版的修订过程中,增加了西方经济理论在中国实践中应用的案例,添加"中国元素",使西方经济理论中国化,走一条符合中国实践的中国特色社会主义经济学之路。

有鉴于此,第2版作如下变动:

第一章增加市场机制,删除价格机制。第二章增加商品价格趋势的预测。第三章增加商品边际替代率。第四章增加商品边际技术替代率。第五章增加长期总成本与短期总成本的关系,长期平均成本与短期平均成本的关系。第六章增加垄断竞争厂商的竞争策略和寡头间的博弈。全书增加了部分反映新时代成就的案例,更新了过时的数据。

本书的修订工作由李宏负责。

本书第2版为2018年安徽省教育厅"高水平高职教材建设"项目,列为省级规划教材。本书的编写人员对此深感荣幸,并愿为教材的进一步修订贡献力量,承担责任。由于编者水平有限,书中难免有疏漏之处,敬请广大读者提出宝贵意见,我们将及时进行补充修正。

沿引本书第1版前言中的原文,作为第2版前言的结束语:"路漫漫其修远兮,吾将上下而求索。"引用屈原的这句名言来表达我们对教学的孜孜追求的精神。

目 录

第一章 西方经济学概述 ……………………………………… 1
- 第一节 经济学的研究对象 ……………………………… 3
- 第二节 微观经济学与宏观经济学 ……………………… 7
- 第三节 经济学的分析方法 ……………………………… 10
- 第四节 经济学的演变与发展 …………………………… 12
- 思考与练习 ………………………………………………… 14

第二章 需求、供给与价格理论 ………………………………… 17
- 第一节 需求 ……………………………………………… 18
- 第二节 供给 ……………………………………………… 23
- 第三节 均衡价格 ………………………………………… 26
- 第四节 弹性理论及运用 ………………………………… 32
- 思考与练习 ………………………………………………… 41

第三章 消费者行为理论 ………………………………………… 44
- 第一节 基数效用论 ……………………………………… 45
- 第二节 序数效用论 ……………………………………… 51
- 第三节 消费结构与恩格尔系数 ………………………… 55
- 第四节 消费政策 ………………………………………… 57
- 思考与练习 ………………………………………………… 59

第四章 生产理论 ………………………………………………… 62
- 第一节 厂商概述 ………………………………………… 63
- 第二节 短期生产函数 …………………………………… 65
- 第三节 长期生产函数 …………………………………… 69
- 思考与练习 ………………………………………………… 77

第五章 成本收益理论 …………………………………………… 80
- 第一节 成本概述 ………………………………………… 81

第二节　短期成本函数 …………………………………… 83
　　第三节　长期成本函数 …………………………………… 87
　　第四节　成本与收益理论 ………………………………… 91
　　思考与练习 ………………………………………………… 93

第六章　市场结构理论 ……………………………………… 95
　　第一节　市场结构概述 …………………………………… 97
　　第二节　完全竞争市场 …………………………………… 98
　　第三节　完全垄断市场 …………………………………… 103
　　第四节　垄断竞争市场 …………………………………… 106
　　第五节　寡头垄断市场 …………………………………… 108
　　思考与练习 ………………………………………………… 111

第七章　生产要素理论 ……………………………………… 113
　　第一节　生产要素价格的决定 …………………………… 115
　　第二节　工资、利息、地租、利润 ……………………… 119
　　第三节　收入分配的衡量与控制 ………………………… 124
　　思考与练习 ………………………………………………… 128

第八章　市场失灵和政府职能 ……………………………… 131
　　第一节　市场失灵与政府职能 …………………………… 132
　　第二节　信息不对称 ……………………………………… 137
　　第三节　垄断与反垄断 …………………………………… 140
　　第四节　外部性问题 ……………………………………… 143
　　第五节　公共物品 ………………………………………… 146
　　思考与练习 ………………………………………………… 150

第九章　国民收入决定理论 ………………………………… 153
　　第一节　国内生产总值 …………………………………… 155
　　第二节　国民收入决定理论 ……………………………… 161
　　第三节　AD－AS 模型 …………………………………… 164
　　思考与练习 ………………………………………………… 169

第十章　经济周期、经济增长与发展理论 ………………… 172
　　第一节　经济周期理论 …………………………………… 174
　　第二节　经济增长理论 …………………………………… 177
　　第三节　可持续发展理论 ………………………………… 181

思考与练习 …………………………………………………… 187

第十一章　失业与通货膨胀 …………………………………… 190

　第一节　失业理论 ………………………………………………… 191
　第二节　通货膨胀理论 …………………………………………… 195
　第三节　失业与通货膨胀的关系 ………………………………… 202
　　思考与练习 …………………………………………………… 205

第十二章　宏观经济政策 ………………………………………… 207

　第一节　宏观经济政策概述 ……………………………………… 208
　第二节　财政政策 ………………………………………………… 211
　第三节　货币政策 ………………………………………………… 216
　第四节　相机抉择 ………………………………………………… 222
　　思考与练习 …………………………………………………… 225

参考文献 …………………………………………………………… 227

第一章

西方经济学概述

学 习 目 标

 知识目标

☆理解稀缺性、效率、选择和机会成本的含义。
☆掌握什么是经济学以及它解决的基本问题是什么。
☆了解微观经济学的含义、研究对象及其基本内容。
☆了解宏观经济学的含义、研究对象及其基本内容。
☆了解经济学发展简史。

 能力目标

☆树立经济学的基本观点:做任何事都要付出成本;"得到"就必须有"放弃"。

大炮与黄油的矛盾

我们引用西方经济学上最经典的案例"大炮与黄油的矛盾",来说明西方经济学研究的内容。大炮可以满足人们的安全感需求,黄油可以满足人们的生活需要,提高人们的生活品质。但是在资源一定的情况下,大炮的大量制造会使黄油产量下降,使人们的生活出现问题;黄油的大量制造会使大炮产量下降,使人们的安全感下降。于是就形成了一对矛盾,即安全感与生活需要的矛盾,由此产生了"大炮与黄油的矛盾"。假设一个社会只能生产两种物品:大炮与黄油。在资源既定的条件下如果只生产大炮可以生产15万门,只生产黄油可以生产5万吨。假设社会在解决这一矛盾时提出了A、B、C、D、E、F六种大炮与黄油可能的组合方式,方案如下表所示:

可能性	黄油(万吨)	大炮(万门)
A	0	15
B	1	14
C	2	12
D	3	9
E	4	5
F	5	0

根据上表作出下图:

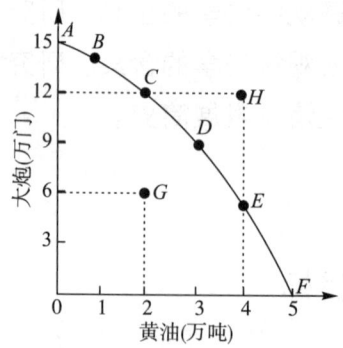

思考讨论:

1. 为什么社会所能生产的大炮和黄油是有限的?
2. 社会在生产大炮与黄油的6种可能性中应选择哪一种?
3. 为什么有时社会生产大炮与黄油的组合达不到 AF 线,而只能在 G 点上?
4. 如何使社会生产大炮与黄油的可能性超出 AF 线,达到更高的 H 点呢?

第一节 经济学的研究对象

一、经济学研究的两个基本前提

1. 经济资源的稀缺性

为什么一个社会所能生产的大炮和黄油是有限的？原因就是资源的稀缺性，特别是经济资源的稀缺性。

资源是一国或一定地区内拥有的物力、财力、人力等各种物质要素。资源分为自然资源和经济资源两大类：自然资源是指不经过人类生产就可从自然界直接取用的物品，如阳光、空气、水、森林和海洋鱼类等；经济资源也叫"生产要素"，是指经过人类加工必须付出代价才能获得的物品，包括劳动、资本、土地、技术、信息和企业家才能等。经济资源的价值在于它们可以组合起来，既能生产出满足人们需要的各种物品和服务，又能实现自身的财富增值。

资源稀缺是人类社会面临的永恒问题。人类的生存与发展无时无刻不在消耗着资源，但现有的很多资源已经不能满足人类社会的需要，资源约束是各国经济社会发展都面临的一大难题。在过去，自然资源是取之不尽、用之不竭的；在现在，即便是明媚的阳光、清新的空气、干净的水源，也存在着资源稀缺问题。经济资源的稀缺与不足，相对于自然资源来说更为突出，在任何时候对任何国家来说，经济资源都是稀缺的。

人们进行经济活动是为了满足相应的需要。需要即欲望，是指人们取得并享用某种物品的愿望。人们的需要具有无限性，是没有止境的。资源的稀缺性是相对于人的欲望（或需要）的无限性而言的，资源总是不足的、有限的。

2. 资源配置的选择性

社会选择生产多少大炮和多少黄油，进而人们会对既定的资源进行分配，多少用于生产大炮，多少用于生产黄油。这就涉及资源的配置与选择的问题。

资源配置是指把既定的资源分配到各种可供选择的用途中，生产出能满足人们不同需要的产品。资源配置的选择性是指既定资源的配置有多种方案可供选择，人们往往只能选择其中的某一个方案。资源配置的选择性可用机会成本来描述。

机会成本即选择的代价，是指具有多种用途的既定资源，用于某一用途而放弃的其他用途中所能得到的最高收益。例如，一户居民拥有 10 万元资金，假设其可选择的理财方式有三种：其一，存入银行，预计年获利 3500 元；其二，购买企业债券，预计年获利 10000 元；其三，开一家超市，预计年获利 40000 元。如果选择存入银行，其机会成本是 40000 元，即开超市的获利；如果选择购买企业债券，其机会成本也是 40000 元，也即开超市的获利；如果选择开超市，其机会成本是 10000 元，即购买企业债券的获利。显然，在三种可行的方案中，最佳选择是开超市，其机会成本最小，即选择的代价最小。由此看来，运用机会成本可以帮助人们进行可行性分析，为优化决策提供依据。

机会成本是关于选择的成本，没有选择就没有放弃，当然就不存在机会成本。

二、经济学研究的两大基本问题

1. 资源配置：微观层面的基本问题

资源配置是微观领域讨论的重要问题，主要由微观经济学研究。从字面意思来看，资源是指各种经济资源，配置是指将各种经济资源在各种不同用途上加以比较并作出选择的过程；资源配置，就是把拥有的各种经济资源按照生产要求科学地搭配起来，以实现资源的最佳利用，进而生产出最适用的商品和劳务并获取最佳效益的过程。各类经济主体在日常生产中要面对众多的选择，但最基本的选择有三个，即资源配置涉及三个基本问题。

（1）生产什么

这是人们面对外部市场需求所要作出的首要选择。稀缺资源可以有多种用途，能生产出各式各样的商品，如果生产某种商品占用的资源多一些，则生产其他商品的可用资源就会少一些，那么人们需要考虑以下问题：该生产什么？生产多少？生产大炮还是黄油，还是两者都要？大炮多产还是黄油多产？哪个组合点才是恰当的？在市场经济体制中，这些决策都是通过市场机制来完成的。

（2）怎样生产

这是人们在生产组织方面的选择。每种生产要素都有多种用途，任何产品也可采用多种生产方法。在实践中，采用什么样的生产方法、多大的生产规模、什么方式的生产要素组合等诸如此类的选择问题，是每个人都需要面对的。

（3）为谁生产

这是人们对于生产成果该如何分配的选择，即收入分配问题。产品的生产一般需要投入相应的资本、土地、劳动、企业家才能、技术和公共产品等生产要素，各种要素的所有者即股东、土地占有者、劳动者、企业家、技术所有者和政府，根据各自在生产中的贡献取得相应的产品或报酬，谁得到报酬就意味着产品为谁生产。人们需要面对以下选择问题：各种要素的所有者的贡献份额该如何确定？各方要分配多少报酬才算合理？按什么原则进行分配？

2. 资源利用：宏观层面的基本问题

资源利用是宏观领域讨论的重要问题，主要由宏观经济学研究。资源利用是指一国如何更好地利用现有的稀缺资源，使之生产出更多的物品。如果资源利用不当，产品组合点就落在生产可能性曲线的内侧，意味着本来能生产出更多的产品却没能生产出来，存在资源的闲置和浪费问题。资源利用讨论以下三个基本问题。

（1）资源充分利用问题

大炮和黄油的生产如何才能落到生产可能性线上，这就是资源充分利用问题。有关资源利用问题有：一国的资源是否得到充分利用？有无闲置和浪费？为什么资源得不到充分利用？如何解决失业，实现充分就业？

（2）经济增长问题

大炮和黄油的产量为什么不能始终保持在生产可能性线上，即尽管资源没有变化，但产量为什么有时高有时低？如何才能使大炮和黄油的产量不断地增加？这些就是经济增长问题。有关经济增长问题包括：国民收入是否得到持续增长？经济水平和产量为什么会波动？如何减少经济的周期性波动？怎样实现经济增长？

(3) 货币购买力稳定问题

现代社会是一个以货币为交换媒介的商品社会，货币购买力的变动对"大炮和黄油的矛盾"所引起的各种问题的解决都影响甚大。有关货币购买力稳定问题有：货币供给如何影响经济社会？为什么出现通货膨胀或通货紧缩？通货膨胀和通货紧缩有什么影响？如何治理通货膨胀和通货紧缩？

因此，我们可以给经济学下一个简单明了的定义：经济学是研究一个社会如何利用稀缺资源生产有价值的物品和劳务，并将它们在不同的人中进行分配的学科。

三、经济学研究的目标：效率

鉴于人的欲望是无穷的，对于一项经济活动而言，最重要的事情自然是如何更好地利用有限的资源。这是经济学里有一个十分重要的概念——效率。效率是指有效地使用社会资源以满足人类的愿望和需要。经济学家认为，正是因为资源稀缺性的存在，才会使人们追求效率。

资源配置领域的效率，又可以称为帕累托最优，即帕累托效率，是指在不使其他人境况变坏的前提下，如果一项资源配置的经济活动不再可能增进任何人的经济福利，则该项资源配置活动就被认为是有效率的。

资源利用领域的效率，是指资源达到充分利用的水平，即达到潜在的国民收入水平，也就是达到物尽其用、人尽其才的水平。潜在的国民收入是指充分就业时的一国收入水平。充分就业有广义和狭义之分，狭义的充分就业就是指劳动力的充分就业，广义的充分就业还包括各种物质资源的充分利用，特别是现有资本的充分利用。

利用帕累托最优和潜在国民收入这两个概念，我们就能判断一项经济活动是否达到了最优效率的状态。

四、经济制度

尽管各种社会都存在"大炮与黄油的矛盾"，但解决这一矛盾的方法并不相同，也就是说，资源配置与资源利用的解决方法是不同的，这就是经济制度问题。当前世界解决资源配置与资源利用问题的基本经济制度有两种：一种是计划经济体制，另一种是市场经济体制。

1. 计划经济体制

计划经济体制是以中央政府下达计划和指标的方式来解决资源配置和利用问题。其特征主要有以下三点。

首先，从决策结构上看，计划经济体制是集中决策。国家制定生产计划，逐级下达到生产单位，并配备生产要素，产品由国家计划分配，即统一生产、统一采购、统一销售，微观主体没有经营自主权。

其次，经营单位的动机是非经济的。国家高度集中生产资源，通过行政命令手段严格执行国家计划，经营单位生产活动的目的是实现上级的计划指令，属于非经济动机。

最后，计划是调节生产的依据。市场供求关系是通过国家计划来调节与平衡的，供给小于需求的状况可通过计划增加生产和压缩需求来实现。中国和前苏联的经济实践证明,计划经济体制不能有效地解决资源配置和利用的问题,整个社会经济缺乏效率。

2. 市场经济体制

市场经济体制是指由市场供求所形成的价格来决定一个经济社会生产什么、如何生产和为谁生产,即资源的配置与利用是依靠价格的调节和刺激来实现的。其特征主要有以下三点。

首先,从决策结构上看,市场经济体制是分散决策。作为经济主体的消费者和厂商,消费什么、消费多少以及生产什么、如何生产等问题,完全由他们自己选择、自由交易。

其次,每个经济主体的行为服从利益最大化原则。消费者以效用最大化原则确定消费数量,生产者以利润最大化原则确定生产数量。

最后,价格的涨跌传递市场信息。价格的涨跌可以准确地反映市场供求状况,并引导经济主体行为,资源配置与利用依靠一只"看不见的手"来调节和诱导,从而形成较高的市场效率,但也存在市场失灵的情况。

实践证明,纯粹的市场经济体制和纯粹的计划经济体制都是行不通的。当今存在的经济体制基本都是混合经济体制,即以市场经济为主、国家干预为辅,或以国家干预为主、市场经济为辅,价格机制与政府干预共同起作用。在这种经济体制中,分散决策与集中决策相结合,既有分散决策的私人部门,又存在集中决策的公共部门;经济主体的动机既可以是寻求自身的经济利益,也可以是实现社会目标,相应的激励机制有经济利益、行政命令和法律制约;整个经济制度中的信息传递同时通过价格和计划来进行。

五、市场机制

在市场经济中,价格通过与供求、竞争的联系,能较好地解决生产什么、如何生产和为谁生产的问题。市场机制是当今社会普遍采用的资源配置方式。

1. 市场机制的作用过程

市场是一切供求关系的总和。狭义的市场仅指商品和劳务交易的场所。市场主体是市场上参与各种交易活动的当事人,包括自然人、家庭、企业、社会团体、经济组织的法人、政府等,其角色有买方、卖方、中介和监管者。市场客体是指买卖双方在市场活动中交易的对象,包括商品、劳务、资本、土地、技术、信息等。

市场机制是指通过市场价格和供求关系的变化,刺激市场主体间的竞争,调节生产要素的流动与分配,从而实现资源有效配置的机制和规律。市场机制是当前普遍采用的资源配置方式,其核心是价格机制、供求机制和竞争机制。

价格机制是指商品或劳务价格变化的规律及其调节供求关系和社会经济生活的机制。供求机制是指商品和劳务的供给需求的变化规律及其影响价格的机制。竞争机制是指市场主体为获取市场利益而进行的利益博弈机制。其相互作用过程如图1-1所示。

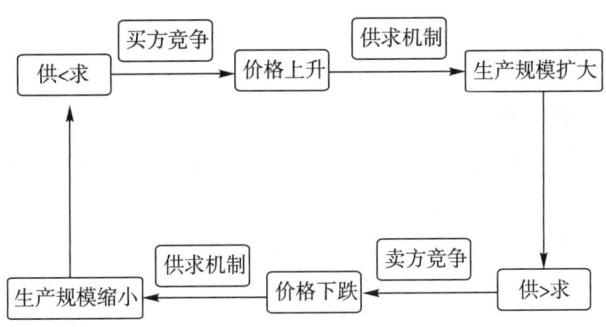

图 1-1　市场机制

当供给小于需求时,引发买方竞争,商品和劳务价格上升,在供求机制的作用下,厂商扩大生产规模,商品和劳务增加,使得商场上供给大于需求,导致卖方竞争,商品和劳务的价格下跌,在供求机制的作用下,厂商缩小生产规模,又会导致供给小于需求。如此反复,形成市场对商品和劳务的调节,促使生产要素在不同商品劳务间流动,实现资源的有效配置。

2. 市场机制的意义和功能

首先,市场机制决定价格的变动及均衡价格的形成。当某种商品供不应求时,买方相互竞争而抬高商品价格,价格上升一方面刺激生产增加,另一方面抑制需求,直至供不应求局面得到改善,最终形成供求均衡,市场价格也趋于稳定;当某种商品供过于求时,卖方相互竞争而压低价格,价格下跌一方面导致生产减少,另一方面刺激需求增加,直至达到供求均衡,市场价格也趋于稳定。

其次,价格的任何变化都会引起供给或需求的变化。价格变化会引起供给量的同方向变动和需求量的反方向变动,进而影响人们的生产和消费行为。工资、利息、利润和地租的变化会引导劳动、资本、企业家和土地用途在不同部门和行业的流进和流出,实现社会资源的重新配置。

最后,价格机制通过一系列供求、价格、竞争的联系,解决了大量的、庞杂的选择问题。每天数以亿计的经济主体要购买、投资、消费各种商品,进行亿万次的选择决策,都不是在某个部门的统一设计和计划下作出的,而是由他们各自分散独立完成的,这就是价格机制这只神奇的"看不见的手"的力量。

市场机制主要的功能有:配置资源的功能,即通过价格引导资源配置于市场需求大的产品上;促进竞争的功能,即利用价格刺激买方竞争和卖方竞争;收入分配的功能,即利用生产要素流向市场需要的商品,实现生产要素的价格,进而决定生产要素在商品价格中的收入份额。

第二节　微观经济学与宏观经济学

随着人类社会经济的发展,经济学的基本理论形成了两个不同的分支:微观经济学和宏观经济学。微观经济学主要研究稀缺资源的合理配置,而宏观经济学则主要研究稀缺资源的合理利用。

一、微观经济学

1. 微观经济学的研究对象

微观经济学以市场价格为中心,采用个量分析方法,以单个经济单位作为研究对象,研究其在市场机制作用下的经济活动规律。

在简单的市场模型中,单个经济单位是指构成市场机制运行主体的消费者(家庭)和厂商,通过产品市场和要素市场联系起来。在产品市场上,厂商卖商品给消费者;在要素市场上,消费者卖劳动力给厂商。

微观经济学对单个经济单位的考察,主要是在三个逐步深入的层次上进行的。

第一层次是分析单个消费者和单个厂商的经济行为。即研究单个消费者如何进行最优的消费决策以获得最大的效用,研究单个厂商如何进行最优的生产决策以赚取更多的利润。

第二层次是分析单个市场均衡价格的决定。单个市场上的均衡价格是消费者和厂商进行优化决策共同作用的结果。

第三个层次是分析整个市场均衡价格的决定。这个决定是所有单个市场相互作用的结果。

2. 微观经济学的基本内容

概括来讲,微观经济学实际上解决两个问题:一是消费者对各种产品的需求与生产者对产品的供给怎样决定着每种产品的产量和价格;二是消费者作为要素的供给者与生产者作为要素的需求者怎样决定着生产要素的使用量及价格。因此,它的基本内容包括以下几个方面。

(1)均衡价格理论。它研究商品价格如何决定以及价格如何调节整个经济的运行,不仅是市场机制的核心,也是微观经济学的核心内容。

(2)消费者行为理论。它研究消费者如何把有限的收入分配到各种物品的购买上,目的是实现消费时效用最大化。

(3)生产者行为理论。它研究生产者如何把有限的资源用于各种物品的生产,从而实现利润最大化,分析生产要素与产量之间的关系、成本与收益之间的关系、不同市场条件下产量与价格的确定。生产者行为理论包括了生产理论、成本理论和厂商理论。

(4)分配理论。它研究产品按什么原则分配给社会各集团与个人,即工资、利息、地租、利润等要素价格如何决定。

(5)一般均衡分析和福利经济学。它研究全社会所有市场如何实现均衡,社会资源如何配置以达到最优化,以及如何实现社会福利最大化等问题。

(6)微观经济政策。它研究政府有关价格管理、消费与生产调节、市场失灵的纠正措施,以及实现收入分配平等化和兼顾效率与公平的措施。

以上是微观经济学的基本理论框架,但限于篇幅,一般均衡分析和福利经济学不在本书介绍范围内。

二、宏观经济学

1. 宏观经济学的研究对象

宏观经济学是相对于微观经济学而言的,它以整个国民经济作为研究对象,通过研究社会经济总量的决定及其变化,来说明资源如何才能得到有效利用的问题。社会经济总量的问题包括经济波动、经济增长、失业、通货膨胀、宏观经济政策等;经济总量指标有国民收入、消费、投资、物价水平、失业率、利率、汇率等。

2. 宏观经济学的基本内容

宏观经济学分析的问题包括:已经配置到各个生产部门和企业的经济资源如何决定一国的总产量或就业量;商品市场和货币市场的总供求如何决定一国的国民收入水平和一般物价水平;国民收入水平和一般物价水平的变动与经济周期及经济增长的关系。因为宏观经济学是以收入和就业为中心分析整体经济活动的,所以宏观经济学又被称为"收入理论"或"就业理论"。它的基本内容主要有包括以下几个方面。

(1)国民收入决定理论。它以国民收入核算为基础,从总需求和总供给的角度出发,分析国民收入决定与变动的规律,是宏观经济学的核心部分。

(2)失业与通货膨胀理论。它研究失业与通胀问题产生的原因及其关系,并找出解决问题的途径。

(3)经济周期与经济增长理论。它分析国民收入波动的原因和国民收入增长的源泉,以期实现经济的长期稳定发展。

(4)宏观经济政策。它研究政府调节经济所采用的政策、手段及其效应,为国家制定经济政策、干预宏观经济提供理论依据。

(5)开放经济理论。它分析开放经济下国民经济的调节与实现国民收入的均衡问题,分析国际收支、国际贸易对国民收入的决定与变动的影响。

3. 微观经济学与宏观经济学的联系

微观经济学和宏观经济学在研究对象、研究方法、解决的问题上有所不同,但这种划分是相对的,它们共同构成整个经济学理论体系。

微观经济学与宏观经济学两者相互补充、互为前提。微观经济学在研究资源配置时,假定资源利用问题已经解决;宏观经济学在研究资源利用时,假定资源已经得到优化配置,即两者各把对方的研究对象作为自己的理论基础。在经济社会中,不仅有资源配置问题,也有资源利用问题,只有把两个问题合并考虑,才能解决好整个社会的经济问题。

微观经济学是宏观经济学的基础。对总体经济行为分析离不开对单个经济行为的分析,从个体的经济规律也可以大致看出或推演出总体的经济规律。但是,宏观经济行为一般并不是微观经济行为的简单加总,在微观里是正确的结论,在宏观里却不一定正确。因此,在研究当代经济问题时,我们应将微观分析与宏观分析有机结合,只有综合分析才能得出正确结论。

第三节　经济学的分析方法

一、实证分析和规范分析

1. 实证分析

实证分析是在一定的假设前提下,研究经济现象之间的现实联系,分析经济活动的运行过程,预测经济行为的后果并给予解释,并据此总结出经验性或规律性的结论。实证分析排除一切价值判断,不受情感、立场的影响,不对经济活动的结果作出好、坏、当、否等判断,旨在解释经济过程的"实际是什么"或"将会是什么",回答"是什么"的问题。例如:经济现象是什么?经济事物的现状如何?有几种可能的选择?每种选择各会带来什么结果?但是,实证分析拒绝回答现状是好还是坏、应该如何选择、哪一个结果更好等价值判断问题。

采用实证分析方法来研究经济问题的理论称为"实证经济学"。

2. 规范分析

规范分析是以一定的价值判断为基础,提出行为标准,并以此作为处理经济问题和制定经济政策的依据,探讨符合这些标准的分析和研究方法。规范分析得出的结论含有说话者或政策制定者的情感、立场和意识形态,回答"应该是什么"的问题,关心应该如何运行、应该如何行动的问题。例如:经济活动应该怎样?社会面临的经济问题应该怎样解决?什么方案好,什么方案不好?采用某种方案是否合理?因为人们的立场、观点和伦理道德不同,对同一经济现象、问题、政策会有不同的价值判断,所以虽然同样是经济学家,但有可能得出相反的结论和建议。

采用规范分析来研究经济问题的理论称为"规范经济学"。

经济学既是实证科学,又是规范科学。一般来说,微观经济学主要采用的是实证分析方法,但是在讨论收入分配和社会福利问题时,它就不可避免地涉及价值判断和伦理道德。近年来,随着制度经济学的兴起,规范分析方法依然受到重视。事实上,两种分析方法具有互补性,因为经济现象总是相互联系的。比如,对于社会公共政策的制定,仅仅有实证分析是不够的,还必须有规范分析。经济学作为一门社会科学,与自然科学有不同之处,它不可能摆脱规范问题而成为一门纯粹的科学,这就需要把实证分析和规范分析结合起来。

二、均衡分析

均衡是从物理学中借用的一个概念。经济学中均衡是指各种相互牵制的、相互作用的经济变量势均力敌,使所考察的经济事物处于相对静止、不再变动的状态。具体来说,在某项经济活动中,如果消费者或厂商认为重新配置生产要素或调整购买数量已不能获得更多的利益,从而不再改变其经济行为,这时各种变量就处在一种平衡的状态,即为均衡状态。从社会经济体系来说,均衡是指主要变量(如总供给和总需求)处在平衡状态,经济运行处于相对稳定的状态。在实际生活中,经济事物很难自动达到均衡状态,均衡的出现是也只短暂的或相对的,经常出现的是非均衡到均衡再到非均衡不断调整的过程,即经济中的常态是非均衡。但此处讨论均衡分析是对复杂经济事物的一种简化处理,它显示了经济变量在市场机制作用下有趋于均衡的力量和趋势,这对进一步分析复杂的经济问题具有重要意义。

三、边际分析

边际分析法就是运用导数和微分方法研究经济运行中微增量的变化,用以分析各经济变量之间的相互关系及变化过程的一种方法。边际的原意为边缘、边界、界限等,这里包含额外的、追加的意思,是指处在边缘上的"已经追加上的最后一个单位"或"可能追加的下一个单位",属于导数和微分的概念。在函数关系中,自变量发生微量变动导致因变量发生微量变化,边际值大小就是这两个微增量之比值。

边际分析就是研究相对于某种现状的微小变动的效应。例如,拍卖场上的买者在决定是否喊出更高价格时,会把竞价的提高与他们对物品的个人估价进行比较;生产者在决定供给多少产量时,会把增加一单位产量所引起的成本增加与销售该单位产量所获得的收益增加进行比较。边际分析方法对经济变量间相互关系的定量分析颇为严密,因而被广泛应用于经济行为和经济变量的分析过程,如对效用、成本、产量、收益、消费、储蓄、投资、要素效率等经济变量的分析都用到了边际分析法。

四、经济模型

经济模型是经济理论的一种简洁表达形式,可以用文字说明、数学方程和几何图形来表达,使用较多的是数学方程和几何图形,文字说明往往起到一种辅助作用。经济模型分析是定量分析的一种情形,它通过研究各种经济变量之间的关系来寻找经济活动的内在规律,同时说明影响经济活动的各经济变量之间的关系。

数学经济模型是由一组变量构成的。一是经济变量。它是指在经济活动中数值可以变化的事物。二是自变量和因变量。如果确定某一个或几个变量之后,另一个变量都有确定的值与之对应,则前者为自变量,后者为因变量。三是存量与流量。存量是指在某一个时点上观察到或测定到的量值;流量是指在某个时期内所观察到或所测定到的经济量值,是在两个时点之间所发生的变化量。四是内生变量和外生变量。由经济模型内部的其他经济变量所决定的经济变量称为"内生变量",由经济模型外部的其他因素所决定的经济变量称为"外生变量"。

经济模型是在一些假定前提下建立的,目的是先舍弃掉若干次要因素或变量,把复杂现象简化和抽象为数量不多的主要变量,然后按照一定的函数关系把这些变量变成单一方程或者联立方程,构成经济模型就可以把有关经济现象概括地描述出来。借助经济模型,人们可以预测经济变化的结果,为决策提供依据。

第四节　经济学的演变与发展

经济学成为一门独立学科,是与资本主义生产方式相伴随产生并逐渐发展起来的。虽然早在古代许多思想家就研究了经济问题,但他们对经济问题的论述与哲学、政治学、伦理学等混杂在一起,经济学本身在当时并没有成为一门独立的学科。经济学从产生到现在,期间经历了重商主义、古典主义、新古典主义和当代经济学四个重要发展阶段。

一、重商主义:经济学的萌芽阶段

重商主义是原始积累时期代表商业资本利益的经济学说。重商主义产生于15世纪,终止于17世纪中期,即出现在欧洲封建制度逐渐解体向资本主义制度过渡的阶段,这是资本主义生产方式的形成与确立时期。重商主义以粗浅的现实主义总结了商业资本的运动实践,代表人物主要有英国经济学家约翰·海尔斯、托马斯·孟,法国经济学家安·德·孟克莱田等人。孟克莱田在1615年发表了《献给皇上和皇太后的政治经济学》,最早使用了"政治经济学"这一概念。重商主义时期的代表作是托马斯·孟的《英国得自对外贸易的财富》。

重商主义的经济学说主要体现在:其一,强调国家财富的重要性,把金银作为财富的唯一形态;其二,认为对外贸易是一国财富的唯一来源,只有通过对外贸易吸收他国财富(金银)才能增加本国财富;其三,主张民穷国富论,即私人财富的增加会导致国家财富的减少。重商主义者主张国家对国内外经济生活严格地实行全面干预,主张实行促进出口、限制进口的贸易保护政策和低工资的消费政策,从而限制国内非生产部门的发展和工人生活水平的提高,增加国家和商业资本的财富积累。

重商主义仅限于研究流通领域,只有一些浅显的认识和政策主张,甚至有些认识还是不对的、不科学的,因而只是经济学的萌芽阶段。

二、古典经济学:经济学的形成阶段

古典经济学产生于17世纪中期,完成于19世纪70年代,主要代表人物有英国经济学家亚当·斯密、大卫·李嘉图、约翰·穆勒、马尔萨斯,法国经济学家让·巴蒂斯特·萨伊等。其中,最重要的代表人物是亚当·斯密,其代表作是1776年出版的《国民财富的性质和原因研究》(简称《国富论》)。《国富论》的发表被视为经济学史上的第一次革命(重商主义的革命),标志着真正意义上的经济学的开始,以斯密等为代表的一批经济学者建立了以自由放任为中心的古典经济学体系。

古典经济学把经济研究从流通领域转移到生产领域,研究的中心问题是国民财富如何增长。他们认为,国民财富增长的主要途径是通过资本积累和分工来发展生产,而社会生产和整个社会的经济运动"受一只看不见的手的指导",这只看不见的手把无数人盲目的、相互矛盾的经济行为,纳入整个经济有秩序的运动。因此,古典经济学主张自由放任、自由竞争、自由贸易,反对国家对经济生活的干预。斯密这里所论述的"看不见的手",实际上就是市场机制或价格机制思想的最早表述,进而奠定了微观经济学的理论

基础。

古典经济学自由放任的思想,反映了资本主义的自由竞争时期经济发展的要求。至此,经济学逐步成为一门具有独立体系的科学,真正意义上的经济学自此产生。

三、新古典经济学:微观经济学的形成阶段

新古典经济学从19世纪70年代的"边际革命"开始,到20世纪30年代结束。这一时期的经济学思潮仍是自由放任,从这种意义上讲,新古典经济学是古典经济学的延续。同时,新古典经济学采用边际、均衡等新的分析方法,从消费和需求的角度来论述自由放任思想,并明确地把资源配置作为经济学研究的中心,建立了价格如何调节经济的微观经济学体系。在古典经济学前加一"新"字,以示与古典经济学不同,更赋予了经济学新的含义。

19世纪70年代,奥地利经济学家K·门格尔、英国经济学家W·S·杰文斯和法国经济学家L·瓦尔拉斯分别提出了边际效用递减原理,引发了经济学上的边际革命,后经帕累托、马歇尔和克拉克等人的补充和完善,建立了边际效用价值论,开创了经济学一个新的时期。此后,英国剑桥学派经济学家A·马歇尔在1890年出版了《经济学原理》,集古典学派、边际效用学派和边际生产力学派之大成,对效用需求和成本供给共同决定价格等问题第一次作出了完善的论证,成为新古典经济学的代表作。

新古典经济学把消费、需求分析与生产、供给分析结合在一起,建立起以均衡价格论为中心的现代微观经济学的理论体系和基本内容。由于该体系是以完全竞争为前提的,到20世纪初已不能解释资本主义垄断的现实,在20世纪30年代,美国经济学家E·张伯伦和英国经济学家J·罗宾逊分别提出了在垄断竞争和不完全竞争条件下的资源配置理论,是对微观经济学体系的重要补充。

四、当代经济学:宏观经济学的形成与发展阶段

当代经济学产生于20世纪30年代的凯恩斯革命,发展至今。这一阶段是宏观经济学的形成和发展阶段,又可简单分为三个时期。

1. 凯恩斯革命时期:从20世纪30年代到50年代

在20世纪30年代前,在新古典经济学中占统治地位的是萨伊定律。该定律认为,资本主义市场经济的供给能够自动创造需求,资本主义经济能够自动达到并经常处于充分就业的均衡状态,从而在政策上主张实行自由放任主义。但是,20世纪30年代的经济大萧条打破了这种神话,理论与现实发生了尖锐的冲突,新古典经济学面临前所未有的挑战。1936年,英国经济学家J·M·凯恩斯发表了他的划时代著作《就业、利息和货币通论》。在这本书中,凯恩斯抛弃了萨伊定律,指出在资本主义市场经济中,由于存在边际消费倾向递减、资本边际效率递减和流动偏好三大基本心理规律,有效需求会出现不足,经常存在非自愿失业,由此提出了非充分就业均衡论;在政策上,凯恩斯反对自由放任,主张实行国家干预,认为只有通过国家干预实行需求管理,才能有效地摆脱经济萧条和失业困扰,实现经济繁荣。

凯恩斯的理论观点、分析方法及政策主张与新古典经济学完全不同,被称为"凯恩斯革命"。这次革命形成了凯恩斯主义,产生了"凯恩斯时代",诞生了现代西方宏观经济

学,凯恩斯也被尊称为"现代宏观经济学之父"。

2. 凯恩斯主义发展时期:从 20 世纪 50 年代到 60 年代末

"二战"之后,各国都加强了对经济社会的干预并取得了巨大成效,西方社会出现一片繁荣,凯恩斯理论得到了广泛传播,凯恩斯经济学处于鼎盛时期,吸引了大量的追随者。其间,凯恩斯的追随者对凯恩斯经济学进行了重要的补充和发展,形成了新凯恩斯主义的两个重要派别:一个是以美国经济学家萨缪尔森和汉森为首的、以美国麻省理工学院为中心的新古典综合派;一个是以琼·罗宾逊为首的、以英国剑桥大学为中心的新剑桥学派。新古典综合派将新古典经济学的微观经济理论及分析方法与凯恩斯的宏观经济理论及分析方法综合在一起,对凯恩斯经济学说进行了重要的补充和发展。新古典综合派在战后凯恩斯主义经济学中占据主导地位的经济学,是当代经济学的主流,被称为"主流经济学"。

3. 自由放任思潮的复兴时期:从 20 世纪 70 年代发展至今

20 世纪 60 年代以后,西方各国经济出现了经济停滞和通货膨胀同时并存的"滞胀"局面,这种现象是新古典综合派无法解释的,打破了凯恩斯主义一统天下的局面,从而使得各种非凯恩斯主义宏观经济理论得以迅速产生和发展。其中,占重要地位的是自由放任经济学思潮和流派的发展,如形成于 60 年代的以美国著名经济学家弗里德曼为首的现代货币主义学派;形成于 70 年代的以美国经济学家卢卡斯为首的理性预期学派;形成于 70 年代的以蒙代尔为代表的供给学派。这些学派都把凯恩斯主义的国家干预作为经济滞胀的根源,主张减少国家干预,充分发挥市场机制的作用,实行自由放任。20 世纪 70 年代以后,西方各国逐步实行了经济自由化的政策,这便是现代西方经济学史上的"自由放任"复兴时期。自由放任经济学流派的理论在现代宏观经济理论中占有非常重要的地位,是现代宏观经济学的一个重要组成部分。

从经济学的发展历程不难看出,经济学的演变与发展正是现实经济发展的反映,每一时期经济理论的产生都顺应了当时经济发展的要求,这清晰地说明了经济学服务于现实的特征。

思 考 与 练 习

一、关键概念

经济资源　资源配置　机会成本　生产可能性曲线　微观经济学　宏观经济学
经济体制

二、单项选择题

1. 资源的稀缺性是指(　　)。

　　A. 世界上的资源最终会由于人们生产更多的物品而消耗殆尽

　　B. 生产某种产品所需资源的绝对数量很少

　　C. 相对于人们无穷的欲望而言,资源总是不足的

　　D. 以上答案都不正确

2. 在当今的经济社会中,(　　)。

　　A. 因为资源是稀缺的,所以不存在资源的浪费

B. 因为存在资源浪费,所以资源并不稀缺

C. 既存在资源的稀缺,又存在资源的浪费

D. 既不存在资源的稀缺,又不存在资源的浪费

3. 经济学所说的理性是指( )。

　　A. 人们不会作出错误的判断

　　B. 人们总会从自己的角度作出最好的决策

　　C. 人们根据完全信息而行事

　　D. 人们不会为自己所作出的错误决策而后悔

4. 选择的代价,称为( )。

　　A. 机会成本　　　B. 沉没成本　　　C. 会计成本　　　D. 边际成本

5. 下列各项中,会导致一国生产可能性曲线向外移动的是( )。

　　A. 经济周期　　　B. 通货膨胀　　　C. 技术进步　　　D. 失业

6. 下列命题中,( )属于规范分析范畴。

　　A. 去年某型号计算机的价格是 4500 元/台

　　B. 收入分配中有太多的不平等

　　C. 我国城乡居民恩格尔系数呈下降趋势

　　D. 2015 年我国 GDP 增长速度为 6.9%

7. 资源的稀缺性程度可用( )来衡量。

　　A. 资源质量　　　B. 资源数量　　　C. 资源价格　　　D. 人们的欲望

8. 目前,世界上绝大多数国家选择的是( )经济体制。

　　A. 计划　　　　　B. 市场　　　　　C. 单一　　　　　D. 混合

三、多项选择题

1. 下列选项中,( )是经济资源。

　　A. 自来水　　　　B. 电　　　　　　C. 阳光　　　　　D. 棉花

2. 经济资源的稀缺性是( )。

　　A. 相对的　　　　B. 绝对的　　　　C. 可变的　　　　D. 不变的

3. 在经济决策中,人们应选择( )的方案。

　　A. 收益最高　　　B. 机会成本最高　C. 收益最低　　　D. 机会成本最低

4. 经济学可定义为( )。

　　A. 研究企业如何赚取利润的科学

　　B. 研究如何配置和利用稀缺资源的科学

　　C. 研究如何选择的科学

　　D. 研究如何消费的科学

5. 市场机制的功能有( )。

　　A. 传递信息　　　B. 配置资源　　　C. 提供生产动力　D. 调节收入分配

6. 微观经济学研究的基本问题包括( )。

　　A. 生产什么,生产多少　　　　　　B. 如何生产

　　C. 为谁生产　　　　　　　　　　　D. 稳定物价和经济增长

7. 经济学的基本分析方法有( )。

A. 均衡分析法　　B. 边际分析法　　C. 模型分析法　　D. 因素分析法

三、简答题

1. 经济学研究的对象是什么？
2. 经济学的分析方法有哪些？
3. 微观经济学与宏观经济学有哪些区别和联系？

四、应用题

1. 试分析你读大学的会计成本与机会成本。（提示：读大学的会计成本是指在大学期间发生的用于学习的全部费用）
2. 分析你每月生活经费的可能用途，对其进行配置，拟定多种可行性方案，选择适合自身的最佳方案，并说明理由。
3. 分析自身课余时间的可能用途，对其进行配置，拟定多种可行性方案，选择适合自身的最佳方案，并说明理由。

第二章

需求、供给与价格理论

学习目标

 知识目标

☆ 理解商品市场的供给、需求及其与价格的关系。
☆ 掌握供求定律、市场均衡价格和均衡数量。
☆ 对供求与价格的关系进行深入的定量分析。
☆ 理解需求价格弹性的大小与收益的关系。

 **能力目标**

☆ 能够运用供求理论，分析和解释市场上一般商品价格的变动及其原因。
☆ 能够运用均衡价格理论，分析价格管制的用意及其政策效果。
☆ 能够运用有关弹性理论，对一般商品销售作基本的定价决策。
☆ 能够测量一些具体商品的需求价格弹性。

烟草和槟榔

公共政策制定者经常想减少人们吸烟的数量,而他们想达到这一目标的方法有两种。

一种方法是使香烟和其他烟草产品的需求曲线移动。公益广告、香烟盒上有害健康的警示以及禁止在电视上做香烟的广告,都是旨在减少任何一种既定价格水平下对香烟的需求量。如果成功了,这些政策就使香烟的需求曲线向左移动。

另一种方法是政策制定者可以试着提高香烟的价格。例如,如果政府对香烟制造商征税,烟草公司就会以高价的形式把这种税的大部分转嫁给消费者。较高的价格使得吸烟者减少他们吸的香烟量。在这种情况下,吸烟量的减少就不表现为需求曲线的移动。相反,它表现为沿着同一条需求曲线移动到价格更高而数量较少的一点上。

一个相关的问题是,香烟的价格如何影响槟榔?湖南地区的居民喜欢嚼食槟榔这类商品,而且容易上瘾。不过近些年发现嚼食槟榔与口腔疾病特别是癌症直接相关,已经成为公共问题。香烟税的反对者经常争论说,烟草与槟榔是替代品,因此,高香烟价格鼓励使用槟榔。与此相反,许多毒品专家把烟草作为"毒品之门",它引导青年人享用其他有害物质。大多数数据研究与这种观点是一致的,他们发现降低香烟价格与更多使用槟榔是相关的。换句话说,烟草和槟榔是互补品,而不是替代品。

思考讨论:

1. 你怎么看待烟草和槟榔之间的关系?
2. 用经济学原理分析减少吸烟的方法。

第一节　需求

在市场经济制度里,生产资源的配置是依靠价格通过市场进行的。一方面需求与供给决定着商品的价格,另一方面价格又反过来影响供求。正是这种价格和供求的相互作用,使生产资源得到合理的配置。

一、需求、需求表和需求曲线

1. 需求

需求(demand)是指在某一特定时期内,在每一价格水平下消费者愿意而且能够购买的商品或劳务的数量。在这里,要明确以下三点。

(1)"商品或劳务的数量"不能简单地理解成商品的数量,也包括劳务的数量,典型的劳务如理发、教育、导游、律师等。在这里的需求是指对单一某商品或劳务的需求。

（2）"愿意而且能够"说明需求不但是"想"要购买的数量，而且必须是能够支付钱款购买的数量，因而需求是欲望与支付能力的统一。

（3）"某一价格水平"说明需求指总是与一定价格相对应的人们愿意并且有能力购买的数量，因为在影响需求量的其他因素既定不变的条件下，一种商品的价格越高，人们愿意购买的数量越少，价格越低，人们愿意购买的数量越多。

2. 需求表

商品需求通常用表格或曲线来表示。商品的需求表是表示某种商品的不同价格与其对应的需求量之间关系的数字序列表。需求可分为个人需求和市场需求，市场需求是个人需求的汇总。表 2-1 就是一个简单的汇总个人需求的市场需求表。

表 2-1　市场需求表

价格（元）	需求量					市场需求量（吨）
	个人需求量（千克）					
	甲	乙	丙	丁	……	……
6	2	1	4	……	……	7
5	3	2	6	……	……	11
4	4	3	7	……	……	14
3	5	4	8	……	……	17
2	6	5	13	……	……	24
1	8	7	15	……	……	30

3. 需求曲线

用图示法把需求表中需求量与商品价格之间的关系表示出来，就可以得到一条曲线。这种表示需求量与商品价格关系的曲线，就称为"需求曲线"。如图 2-1 所示，把需求表的数据描绘在平面坐标图上，就形成需求曲线。

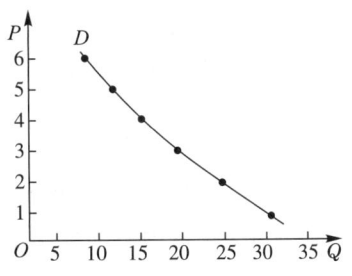

图 2-1　市场需求曲线

在图 2-1 中，横轴 OQ 代表需求量，纵轴 OP 代表价格，D 为需求曲线。需求曲线是一条向右下方倾斜的曲线，表明需求量与价格之间呈反向变动关系，即它的斜率为负值。

4. 需求函数

需求表和需求曲线分别用数字列表和图形的形式表述了需求的概念，反映了价格与需求量之间的关系。同时，这一关系还可以用更一般的数学函数的形式来表示。

商品的需求量与影响商品需求的各因素之间的函数关系可以表述如下：

$$Q_d = f(a, b, c, \cdots, P, \cdots, n)$$

假定其他因素都是给定不变的，只研究价格 P 与需求量 Q 之间的函数关系，则商品的需求函数就可记为：

$$Q_d = f(P)$$

通常，为了研究和表述的方便，假定需求曲线是直线，这样就可得到一条直线的需求函数：$Q_d = a - bP$。如果 $a = 20, b = 2$ 则这一函数可记为：

$$Q_d = 20 - 2P$$

此时，需求曲线如图 2-2 所示：

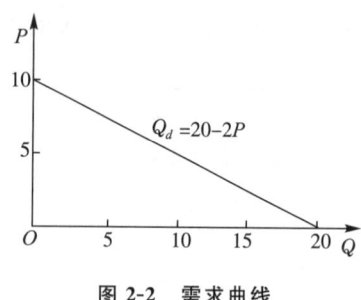

图 2-2 需求曲线

二、影响需求的因素

在一种商品市场上，影响该商品的需求因素一般有以下几个。

1. 商品的价格

人们从大量经验事实中观察到，商品的价格越高或提高，人们对该商品的购买量越少或减少；价格越低或价格下降，人们的购买量越多或增加。商品的价格与其需求量之间，为什么会存在着这种相当稳定的反方向关系？我们将在下文论述"需求定理"时加以说明。

2. 消费者的收入

一般来说，在其他条件给定不变的情况下，人们的收入越高，对商品的需求越多。因此，从市场需求来看，一个市场上消费者的人数和国民收入分配的情况，显然是影响需求的重要因素。

3. 相关商品的价格

人们从经常观察到的事实中发现，某些在效用上能相互替代的互替商品，如棉织品和化纤产品，在棉织品价格既定条件下，对于棉织品的需求量随化纤产品价格的下降而减少，随化纤产品价格的提高而增加。而某些互补商品，如汽车和汽油，汽油价格提高会引起人们对汽车的需求量的减少，反之则反是。由此可见，人们对于一种商品的需求量，除了取决于该商品的价格，还受到与该商品有某种联系的其他商品的价格的影响。

4. 消费者的嗜好或偏好

所谓嗜好或偏好，在一定程度上产生于人类的基本需要，如人们需要粮食充饥、衣服御寒等。经济学论及的嗜好及其变化，更多地涉及人们生活于其中的社会环境，因而主要取决于当时当地的社会风俗习惯，如我们对于衣着的花色款式需要的变化，主要取决于时尚的变化。商业广告的主要目的之一是通过提供该商品的一些信息,影响人们的嗜好,从而影响对该商品的需求。

5. 人们对未来的预期

例如,当人们预料棉布价格上涨时会增加对棉布的购买量;当人们预料猪肉价格上升时一般也会多买一点鸡蛋放在冰箱里。

6. 人口数量和结构的变动

一般来讲,人口数量的增减会使需求发生同方向变动。人口结构的变动主要影响需求的结构,如在人口老龄化的国家,对时髦服装、滑雪等刺激性运动项目的需求会减少,而对保健品和老年常用药的需求会增加。

7. 政府的经济政策

居民的消费都会受到政府政策的影响,政府会通过采取一些鼓励需求或抑制需求的政策来调节需求。例如,政府提高存款利率会使储蓄增加,减少当前的需求,而实行消费信贷制度则会鼓励消费,增加当前需求。

以上只是影响商品需求量的一般因素,不同的商品还有影响其需求量的特殊因素。例如,雨具、啤酒、空调等商品的需求量与季节有关等。

三、需求定理

人们通过大量事实的观察、统计和分析,可以得到这样一条规律:在影响需求量的其他因素给定不变的条件下,一种商品的需求量与其价格之间存在着反方向变动关系,即需求量随着商品本身价格的上升而减少,随着商品本身价格的下降而增加。这种现象普遍存在,被称为"需求定理"或"需求规律"。

需求定理是通过科学的抽象或科学的假设而得出的,它以影响需求量的其他因素给定不变为条件。也就是说,只有在这一条件下,才能揭示商品本身价格与其需求量之间的本质联系,得出科学的需求定理。例如,如果收入有大幅度增加,那么当价格上升时,需求量仍会增加,但这种增加反映不出它与价格的关系。这说明了科学的抽象或科学的假设在理论形成中的重要性。

为什么商品的需求量与价格会呈反比的关系呢?原因主要有两点:第一,商品降价后会吸引新的买者,从而使需求量增加。第二,原先的购买者会因为商品价格下降而感到自己比过去境况好,即实际收入增加,因而也会增加购买,这就是收入效应;同时,该商品价格下降使其他商品显得更贵了,消费者会增加该商品的购买以替代其他商品,这是替代效应。

需求定理是一般商品在正常情况下的规律,特殊商品和非正常情况则常有例外。比较重要的例外有四种。第一种是某些炫耀性商品。例如,珠宝、项链、豪华型轿车之类商品,是用来显示人的社会身份的,如果价格下降,它们就不再代表这种社会地位与身份,从而对它们的需求量就会减少。第二种是某些珍贵、稀罕性商品。例如,古董、古画、珍邮之类珍品,往往是价格越高越能显示出它们的珍贵性,从而对它们的需求量就越大。第三种是某些低档商品,在特定条件下当它们的价格下跌时,需求会减少;而价格上涨时,需求反而增加,最著名的是以英国人吉芬而得名的"吉芬商品"。吉芬发现,在1845年爱尔兰发生灾荒时,马铃薯的价格虽然急剧上涨,但它的需求量反而增加。其原因是灾荒造成爱尔兰人民实际收入急剧下降，不得不增加这类生活必需的低档食品的消费。第四种是投机类商品，常有"追涨杀跌"的现象。如证券、黄金甚至是房地产市场上就常有这种情况。

四、需求量的变动与需求的变动

在研究需求的时候，要区分两个重要的概念：需求量的变动与需求的变动。

影响商品需求的因素大致分为两大类，即商品本身的价格和商品价格以外的其他因素。在其他因素不变的条件下，商品本身价格变动所引起的需求数量的变动称为"需求量的变动"。需求量的变动表现为在同一条需求曲线上点的移动，如图2-3所示。当价格为P_1时，需求量为Q_1，当价格由P_1下降到P_2时，需求量由Q_1增加到Q_2，在需求曲线上表现为从a点向b点的移动。需求曲线上的点向左上方移动是需求量的减少，向右下方移动是需求量的增加。

在商品本身价格不变的条件下，由其他因素变动所引起的需求数量的变动称为"需求的变动"。需求的变动表现为需求曲线的平行移动，如图2-4所示。在商品价格P_0保持不变的情况下，当他因素如收入减少时，需求量由Q_0减少到Q_1，即由a点移动到c点，需求曲线由过a点的D_0移动到过c点的D_1。当收入增加时，需求量由Q_0增加到Q_2，即由a点移动到b点，需求曲线由D_0移动到过b点的D_2。需求曲线向左移动是需求的减少，需求曲线向右移动是需求的增加。

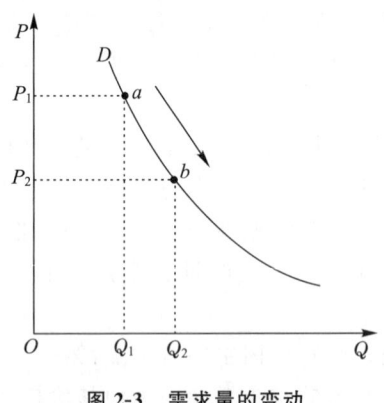
图2-3 需求量的变动

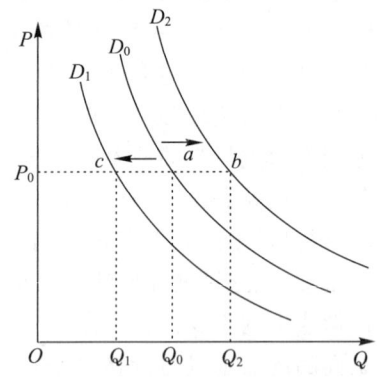
图2-4 需求的变动

总之，需求量的变动与需求的变动是由不同因素引起的，变化的表现形式也不同。一般来说，需求的变动都会引起需求量的变动，而需求量的变动不一定引起需求的变动。例如，一条柑橘生蛆的消息，致使消费者不敢吃柑橘，再低的价格也没人去买，数万果农损失惨重，这种需求量的下降显然与价格没有关系。同样，禽流感使人们不敢消费鸡鸭，再低的价格也没人去买。再如，猪肉价格的上涨减少了人们对猪肉的需求量，而增加了对鱼和牛羊肉的需求量，这是典型的需求量的变动。明确两者之间的区别，便于我们正确理解政府的微观经济政策。如政府规定香烟包装必须明确标注"吸烟有害健康"，这一政策将减少人们对香烟的需求。类似的政策如增加农业补贴、农民购买家用电器补贴等。

第二节 供给

一、供给、供给表与供给曲线

1. 供给

供给(Supply)是指在某一特定时期内,在每一价格水平下生产者愿意而且能够出售的商品或劳务的数量。与需求相类似,在理解这一概念时,同样要注意供给也是意愿与能力的结合。

2. 供给表

表示某种商品供给量与其价格之间数量对应关系的表格就是供给表,如表 2-2 所示。

表 2-2　市场供给表

价格(元)	价格量(吨)
6	11
5	10
4	8
3	6
2	3
1	0

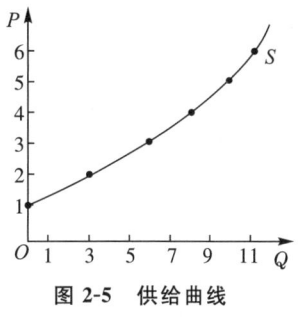

图 2-5　供给曲线

3. 供给曲线

将表 2-2 所列的价格供给量之间的数量对应关系用图示法表示出来就可以得到供给曲线,如图 2-5 所示。

在图 2-5 中,横轴 OQ 代表供给量,纵轴 OP 代表价格,S 为供给曲线。供给曲线向右上方倾斜,表明商品供给量与其价格之间呈同方向变动。

4. 供给函数

商品的供给量与影响商品供给的各因素之间的函数关系可以表述如下:

$$Q_s = g(a, b, c, \cdots, P, \cdots, n)$$

假定其他因素都是给定不变的,只研究价格 P 与供给量之间的函数关系,则商品的供给函数就可记为:

$$Q_s = g(P)$$

通常,为了研究和表述的方便,假定供给曲线是直线的,这样就可得一条直线的供给函数:$Q_s = -c + dP$。若令 $c = 10, d = 4$,则供给函数为:

$$Q_s = -10 + 4P$$

此时,供给曲线如图 2-6 所示:

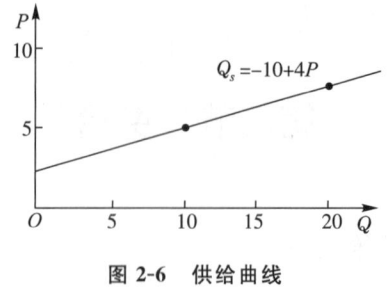

图 2-6 供给曲线

二、影响供给的因素

影响供给的因素很多，有经济因素，也有非经济因素，概括起来主要有以下几种。

1. 商品的价格

在影响某种商品供给的其他因素（如其他有关商品的价格和生产要素的价格）既定不变的条件下，商品卖价越高，生产者愿意供给的产量越高。

2. 生产技术和生产要素价格

技术进步或由于任何原因引起的生产要素价格下降，将由于单位产品的成本下降而使得与任一价格对应的供给量增加。

3. 其他商品的价格

例如，当小麦价格不变而棉花价格提高时，生产者将缩减麦地种植面积，多生产棉花，这表示棉花价格的提高会引起小麦供给的减少。

4. 生产者从事生产的目标

经济分析中一般假定厂商的目标是利润最大化，即耗费给定成本所赚得的利润为最大，或者赚得给定的利润所费成本为最小。但是，假如厂商的目标是使得销售产量或销售金额为最大，则厂商的供给曲线，即与任一给定的销售价格相对应的厂商愿意供应的产量，很可能与以利润极大化为目标的厂商供给曲线有所不同。

5. 政府的税收政策

对一种产品的课税使卖价提高，在一定条件下会通过需求的减少而使供给减少。反之，减低商品税收负担或政府给予补贴，会通过降低卖价刺激需求，从而引起供给增加。

6. 厂商对未来的预期

如果厂商对未来的经济持乐观态度，则会增加供给；如果厂商对未来的经济持悲观态度，则会减少供给。

影响供给的因素要比影响需求的因素复杂得多，在不同的时期和不同的市场上，供给要受多种因素的综合影响。还应该强调的是，供给的变动与时间因素密切相关。一般来说，在价格变动之后的极短期内，供给只能通过调整库存来作出反应，变动不会很大。在短期内厂商可以通过变更原料、劳动力等生产要素来调节供给，变动会较大。但只有在长期中才能变更厂房、设备等生产要素，使供给适应价格而充分变动。

三、供给定理

人们通过大量事实的观察、统计和分析，可以得到这样一条规律：在影响供给量的其他因素给定不变的条件下,某商品的供给量与其价格成同方向变动,即供给量随着商品价格的上升而增加,随着商品价格的下降而减少。这种现象普遍存在,被称为"供给定理"或"供给规律"。

供给定理同样是通过科学的抽象或科学的假设而得出的,它以影响供给量的其他因素给定不变为条件。也就是说,只有在这一条件下,才能揭示商品本身价格与其供给量之间本质联系,得出科学的供给定理。

供给定理所说明的供给量与价格的同方向变动关系可以用生产成本来解释。在经济中,作为生产要素的资源总是有限的。供给增加,使得生产要素的价格上升,因此,只有在商品价格上升时,供给才会增加。

供给定理是一般商品在正常情况下的规律,对于有的特殊商品来说也有例外。一是有些商品的供给量是固定的,如名画、古玩,即使出售价格再高也无法增加供给数量,因而其供给曲线是一条与横轴垂直的线,供给曲线的斜率为无穷大,如图 2-7(a) 所示。二是某些厂商在大规模生产时平均成本锐减,这时商品价格虽有所下降,但厂商仍愿意提供更多的商品。此类商品往往是那些适合机械化大批量生产的高技术产品,如小汽车和电视机的生产等,其供给曲线向右下方倾斜,如图 2-7(b) 所示。三是劳动的供给也有其特殊性。在开始阶段,工资即劳动价格增加,劳动者将会提供更多的劳动。一旦工资提高到很高水平时,劳动者对闲暇的需要极为强烈,这样,工资水平的进一步上升不会吸引更多的劳动供给,反而有可能减少劳动供给。因此,劳动的供给曲线是一条向后弯曲的曲线,如图 2-7(c) 所示。

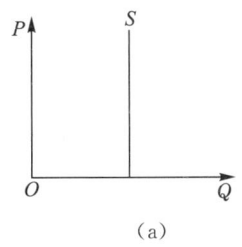
(a)

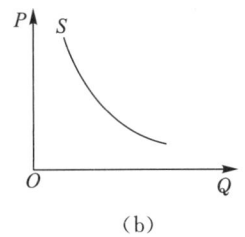
(b)

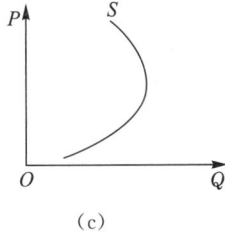
(c)

图 2-7 供给曲线的例外

四、供给量的变动与供给的变动

如同我们要区分需求量的变动与需求的变动一样,我们也要区分供给量的变动与供给的变动。在其他因素不变的条件下,商品本身价格变动所引起的供给数量的变动称为"供给量的变动"。供给量的变动表现为在同一供给曲线上点的移动,如图 2-8 所示。当价格为 P_1 时,供给量为 Q_1,当价格由 P_1 上升到 P_2 时,供给量由 Q_1 增加到 Q_2,在供给曲线上表现为从 a 点向 b 点移动,向左下方移动是供给量的减少,如从 b 点向 a 点移动。

供给的变动是指在商品本身价格不变的条件下,由其他因素变动所引起的供给的变动。供给的变动表现为供给曲线的平行移动,如图 2-9 所示。在商品价格 P_0 保持不变的情况下,由于其他因素如生产要素价格下降了,在同样的价格水平下,厂商获得的利润增加,从而产量增加,供给由 Q_0 增加到 Q_1,供给曲线由 S_0 移动到 S_1;当生产要素价格上升时,供给由 Q_0 减少到 Q_2,供给曲线由 S_0 移动到 S_2。供给曲线向左移动是供给的减少,供给曲线向右移动是供给的增加。

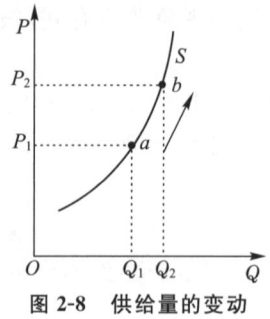

图 2-8　供给量的变动

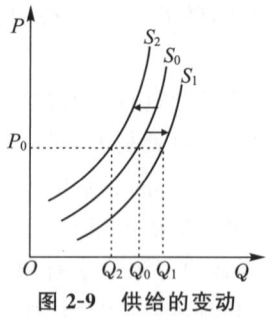

图 2-9　供给的变动

第三节　均衡价格

一、均衡价格

均衡的最一般意义是指经济事物中有关的变量在一定条件下的相互作用所达到的一种相对静止的状态。例如,矛与盾、供给与需求、作用力与反作用力等。

均衡价格是指一种商品的市场需求量与市场供给量相等时的价格。在均衡价格水平下的相等的供求数量被称为"均衡数量"。从几何意义上说,一种商品市场的均衡出现在该商品的市场需求曲线和市场供给曲线相交的交点上,该交点被称为"均衡点"。均衡点上的价格和相等的供求量分别被称为"均衡价格"和"均衡数量"。

对均衡价格的理解应注意以下三点：

第一,均衡价格是需求与供给这两种力量相互作用而使价格处于一种相对静止、不再变动的结果；

第二,需求与供给对于均衡价格的形成作用不分主次；

第三,市场上的均衡价格是最后的结果,其形成过程是在市场背后进行的。

二、均衡价格的形成

在完全竞争的市场环境下,均衡价格是在市场的供求力量的自发调节下形成的。

我们把图 2-2 中的需求曲线和图 2-6 中的供给曲线结合在一起,用图 2-10 说明一种商品的均衡价格的决定。

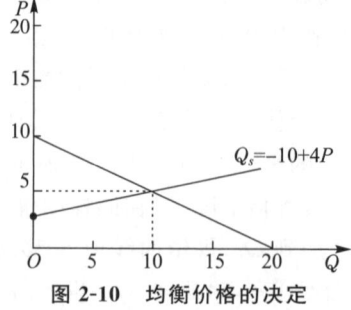

图 2-10　均衡价格的决定

在不存在任何外力干预(政府或垄断企业)的条件下,商品的均衡价格是通过商品市场上需求和供给这两种相反的力量的相互作用及其价格波动自发形成的。这可以从以下两个方面来解释。

一是当市场价格高于均衡价格时,市场出现供大于求的商品过剩或超额供给的状况,在市场自发调节下,一方面会使需求者压低价格来得到他要购买的商品量,另一方面会使供给者减少商品的供给量。这样,该商品的价格必然下降,一直下降到均衡价格的水平。

二是当市场价格低于均衡价格时,市场出现供不应求的商品短缺或超额需求的状况,同样在市场自发调节下,一方面需求者提高价格来得到他所需要购买的商品量,另一方面使供给者增加商品的供给量。这样,该商品的价格必然上升,一直上升到均衡价格的水平。由此可见,当实际价格偏离时,市场上总存在着变化的力量,最终达到市场均衡或市场出清。

均衡价格与均衡数量的求解:从图2-10及举例说明中,我们可以找到均衡价格与均衡量的求解方式。一是在坐标图上将市场需求曲线与市场供给曲线合并到一幅图上,找到两条曲线的交点即可得。在图2-10中,交点E就是供求价格$P=5$与供求数量$Q=10$的交点。二是令供给函数与需求函数相等来求解,例如,将我们列举的需求函数$Q_d=20-2P$和供给函数$Q_s=-10+4P$,令$Q_d=Q_s$,可得到$P=5$,$Q_d=Q_s=10$。

三、均衡价格的变动与供求定理

受需求的变动和供给的变动的影响,均衡价格也会发生变动。

1. 需求变动对均衡价格的影响

需求的变动是指在某商品价格不变的条件下,由于其他因素的变动所引起的该商品的需求数量的变动。这里的其他因素变动是指消费者的收入水平变动、相关商品的价格变动、消费者偏好的变化和消费者对商品的价格预期的变动等。在几何图形中,需求的变动表现为需求曲线的位置发生移动。

如图2-11所示,在供给不变的情况下,需求增加会使需求曲线向右平移,从D_1平移到D_2,均衡点从E_1移到E_2,从而使均衡价格和均衡数量都增加,均衡价格从P_1升到P_2,均衡数量从Q_1升到Q_2。需求减少会使需求曲线向左平移,从D_1平移到D_3,均衡点从E_1移到E_3,从而使得均衡价格和均衡数量都减少,均衡价格从P_1下降到P_3,均衡数量从Q_1下降到Q_3。

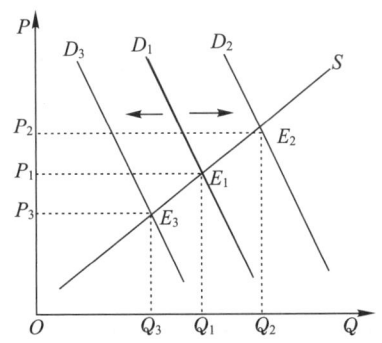

图2-11 需求的变动和均衡价格的变动

2. 供给变动对均衡的影响

供给的变动是指在商品价格不变的条件下，由于其他因素变动所引起的该商品供给数量的变动。这里的其他因素变动可以指生产成本的变动、生产技术水平的变动、相关商品价格的变动和生产者对未来的预期的变化等。在几何图形中，供给的变动表现为供给曲线的位置发生移动。

如图 2-12 所示，在需求不变的情况下，供给增加会使供给曲线向右平移，从 S_1 平移到 S_2，均衡点从 E_1 移到 E_2，从而使得均衡价格下降，均衡数量增加，均衡价格从 P_1 降到 P_2，均衡数量从 Q_1 升到 Q_2。供给减少会使供给曲线向左（上）平移，从 S_1 平移到 S_3，均衡点从 E_1 移到 E_3，从而使得均衡价格上升，均衡数量减少，均衡价格从 P_1 升到 P_3，均衡数量从 Q_1 降到 Q_3。

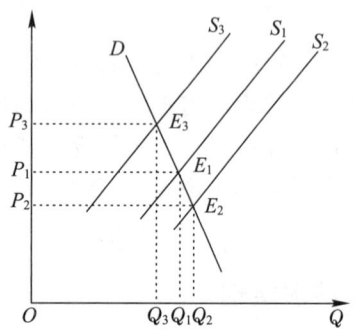

图 2-12　供给的变动和均衡价格的变动

3. 供给和需求同时变动时对均衡的影响

如果需求和供给同时发生变动，则商品的均衡价格和均衡数量的变化是难以肯定的。这要结合需求和供给变化的具体情况来决定。以图 2-13 为例进行分析，假定消费者收入水平上升引起的需求增加，使得需求曲线向右平移；同时，厂商的技术进步引起的供给增加，使得供给曲线向右平移。比较 S_1 曲线分别与 D_1 曲线和 D_2 曲线的交点 E_1 和 E_2 可见，收入水平上升引起的需求增加，使得均衡价格上升。再比较 D_1 曲线分别与 S_1 曲线和 S_2 曲线的交点 E_1 和 E_3 可见，技术进步引起的供给增加，又使得均衡价格下降。最后，这两种因素同时作用下的均衡价格，将取决于需求和供给各自增长的幅度。由 D_2 曲线和 S_2 曲线的交点 E_4 可得：因为需求增长的幅度大于供给增加的幅度，所以最终的均衡价格是上升了。

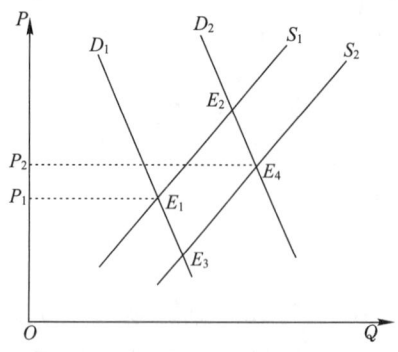

图 2-13　需求和供给的同时变动

4. 供求定理

在完全竞争市场上,在其他条件不变的情况下,需求变动分别引起均衡价格和均衡数量的同方向的变动;供给变动分别引起均衡价格的反方向变动和均衡数量的同方向变动。这就是我们经常所讲的"供求定理"。

四、均衡价格理论的应用

运用均衡价格理论与供求数量之间的关系,可以解释许多经济现象。同时现实中的市场经常会受到政府经济政策的影响。

1. 易腐商品的售卖

有些商品,尤其是一些具有易腐特性的食品,如鲜鱼,必须在一定时期销售出去,否则会使销售者蒙受损失。为此,销售者对这类商品应如何定价,才能使全部数量的商品尽快销售完,又能使自己获得最大的收入呢?如果说销售者能准确地知道市场上的消费者在当时对鲜鱼的需求曲线,便可以根据这一需求曲线以及准备出卖的鲜鱼数量,来决定能使其获得最大收入的最优价格。用图2-14来说明。

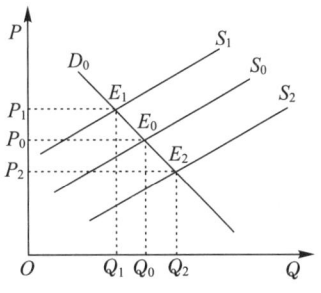

图2-14 鲜鱼的定价

图2-14表示的是某鲜鱼销售者所面临的市场对他的鲜鱼的需求曲线。在既定的鲜鱼需求曲线上,可以发现在此时期内的每一价格水平上的鲜鱼的需求数量,或者说可以了解在此时期内,在每一鲜鱼的销量上消费者愿意支付的最高价格。当销售者在此时期内需要卖掉的鲜鱼数量为Q_1时,他应该根据需求曲线将价格定在P_1的水平。这样,他就能使鲜鱼以消费者所愿意支付的最高价格全部销售,从而得到他所能得到的最大收入。因为如果他把价格定得过高,就将有一定数量的鲜鱼卖不出去;相反,如果他把价格定得过低,则虽然能卖掉全部鲜鱼,但总收入却不是最大。由此可见,如果一定要将所有的鲜鱼全部卖完,则只有P_1的价格水平是能给销售者带来最大收入的最优价格。

2. 限制价格

政府根据不同的经济形势,会对商品价格进行干预,常见的形式是限制价格和支持价格。

限制价格是指政府为了限制某些生活必需品的物价上涨而规定的这些商品的最高价格,如水、电、气等价格。限制价格通常低于市场价格。如图2-15所示,某商品由供求关系所决定的市场均衡价格为P_0,均衡数量为Q_0,但在这一价格水平时,部分生活贫困的人将买不起,因而政府对这一部分商品实行限制价格政策,限制价格为P_1,$P_1<P_0$。此时商品实际供给量为Q_S,需求量为Q_D,供给量小于需求量,产品供不应求。在这种情

形下,政府必须采取配给制或凭证供应该商品。在这一限制下,需求者得不到他想要的商品数量。因此,限制价格常常会产生排队抢购和黑市交易盛行现象,同时生产者可能粗制滥造,降低产品质量,形成变相涨价。而且,如果长期采取限制价格,还会打击生产者的积极性,使短缺变得更加严重。

3. 支持价格

支持价格又称为"最低限价",是指政府为了扶植某一行业的发展而规定的该行业产品的最低价格。支持价格高于市场均衡价格,如图 2-16 所示。

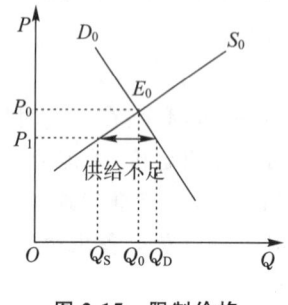
图 2-15 限制价格

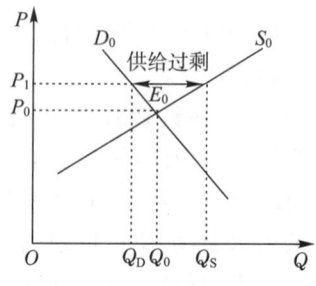
图 2-16 支持价格

从图 2-16 中可以看出,该行业某商品由供求关系所决定的均衡价格为 P_0,均衡数量为 Q_0,政府为了扶植该行业的发展而制定的支持价格为 P_1,$P_1>P_0$。此时供给量为 Q_S,需求量为 Q_D,供给量大于需求量,市场上出现产品过剩。这时政府要维持支持价格,就必须采取收购过剩产品、扩大出口、增加储备等措施消除过剩供给。

4. 商品价格变动趋势预测

人们常用均衡分析法对商品价格变动趋势进行预测。利用均衡分析法进行供求与价格分析,常分为四个步骤。第一步,建立坐标系,确定初始的需求曲线与供给曲线及均衡点。第二步,确定影响因素的类型(是商品自身价格,还是商品自身价格外的其他因素)。第三步,确定供求变动的类型及方向(是点的移动还是线的平移,以及向哪个方向变动)。第四步,画出均衡图,说明供求变动如何影响商品的均衡价格和均衡数量。

例 1 需求变动引起的价格上升。2003 年,突如其来的"非典"疫情,使得人们对板蓝根的需求量大增,这里利用均衡分析法分析板蓝根市场的需求变动与价格趋势的关系。如图 2-17 所示,在板蓝根市场,初始的需求曲线为 D_0,供给曲线为 S_0,均衡点为 E_0,均衡价格为 P_0。2003 年,突发的"非典"疫情使得市场对板蓝根的需求在短时间内急增,需求曲线由 D_0 向右上方平移至 D_1,而此时厂商来不及调整生产能力,供给曲线保持不变,均衡点由 E_0 移动至 E_1,均衡价格由 P_0 上升至 P_1,板蓝根价格呈上升趋势。

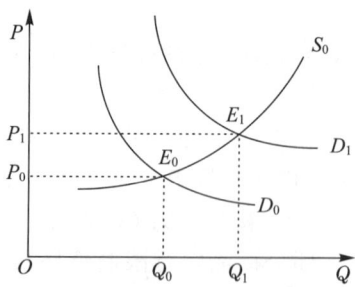
图 2-17 板蓝根价格的变动趋势

例 2 供给变动引起的价格上升。厄尔尼诺现象是秘鲁、厄瓜多尔一带的渔民用以称呼一种异常气候现象的名词,主要指太平洋东部和中部热带海洋的海水温度异常地持续变暖,使整个世界气候模式发生变化,造成一些地区干旱而另一些地区又降雨过多。这里利用均衡分析法分析厄尔尼诺现象对农产品市场的影响。如图 2-18 所示,在农产品市场上,初始的需求曲线为 D_0,供给曲线为 S_0,均衡点为 E_0,均衡价格为 P_0。厄尔尼诺现象导致农产品减产,供给曲线由 S_0 向左上方平移至 S_1,而需求平稳,需求曲线保持不变,均衡点由 E_0 移动至 E_1,均衡价格由 P_0 上升至 P_1,农产品价格呈上升趋势。

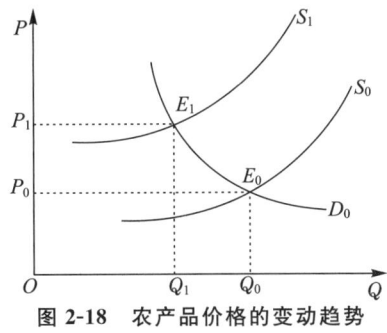

图 2-18 农产品价格的变动趋势

例三,供求变动影响价格趋势的综合分析。当今中国社会,猪肉已经成为人们生活中的一种主要肉食品,家庭、饭店、食堂以及肉食的深加工等市场需求使得生猪需求表现出极大的刚性。造成生猪价格大幅波动的主因是供给。我国生猪生产规模一直较小,多为农户散养。散养户控疫能力弱,抗风险能力低,产销信息不对称,一旦出现损失就难以承担。行情好时散养户一窝蜂补栏,导致供应快速增加,价格下跌;行情不好时散养户大量淘汰能繁母猪,致使生猪供应量快速下降,价格上涨。

为建立生猪生产稳定发展的长效机制,国务院出台了一系列扶持政策,包括能繁母猪补贴、奖励生猪调出大县、生猪政策性保险、建立和健全生猪疫病防控体系和生猪良种繁育体系、扶持标准化规模养殖场(小区)粪污处理和沼气基础设施建设、增加政府储备投放、对城乡低保人员和家庭经济困难的大中专院校学生给予临时补助等。这里利用均衡分析法分析生猪价格暴涨暴跌的原因,以及解释政府的扶持政策对生猪的需求、供给和价格的影响。

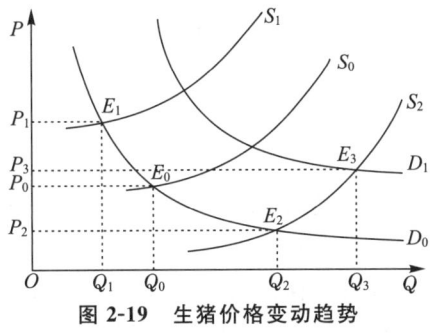

图 2-19 生猪价格变动趋势

生猪价格的变动趋势如图 2-19 所示。在生猪市场上,初始的需求曲线为 D_0,供给曲线为 S_0,均衡点为 E_0,均衡价格为 P_0。在需求 D_0 不变的情况下,饲养成本上升、猪疫病频发等因素导致供给减少,供给曲线由 S_0 平移至 S_1,均衡点由 E_0 移动至 E_1,均衡价格由

P_0 上升为 P_1。政府采取的多项扶持政策及增加储备投放使供给增加,供给曲线由 S_1 平移至 S_2,均衡点由 E_1 移动至 E_2,均衡价格由 P_1 下降为 P_2;对城乡低保人员和家庭经济困难的大中专院校学生给予临时补助等使这部分人群的需求增加,需求曲线由 D_0 平移至 D_1,均衡点由 E_2 移动至 E_3,均衡价格由 P_2 上升为 P_3。

从整体来看,政府的扶持政策可以促进养猪业的规模化发展并提升其应对风险的能力,使生猪供给增加,价格下降。为防止价格暴跌,政府应建立猪肉储备体系,健全中央与地方相结合的猪肉储备制度。一般来说,中央储备主要满足应对突发事件和救灾的需要,地方储备主要用于局部应急和保证节日市场供应。猪肉储备要发挥蓄水池作用。在市场供大于求、猪价过低时,要增加储备数量,缓解"卖猪难"的矛盾;在市场供不应求、猪价过高时,要增加投放,满足需求,平抑价格。

第四节 弹性理论及运用

一、弹性一般定义与表达式

弹性(elasticity)表示因变量对自变量变化的反应的敏感程度,或者说是因变量变动的百分比和自变量变动的百分比之比。弹性的一般表达式为:

$$弹性系数 = \frac{因变量的变动比例}{自变量的变动比例}$$

当两个经济变量之间的函数关系为 $Y=f(X)$,则弹性的一般公式表示为:

$$e = \frac{\frac{\Delta Y}{Y}}{\frac{\Delta X}{X}} = \frac{\Delta Y}{\Delta X} \cdot \frac{X}{Y}$$

当经济变量的变化量趋于无穷小时,即当 $\Delta X \to 0$ 时,则:

$$e = \lim_{\Delta X \to 0} \frac{\frac{\Delta Y}{Y}}{\frac{\Delta X}{X}} = \frac{\frac{dY}{Y}}{\frac{dX}{X}} = \frac{dY}{dX} \cdot \frac{X}{Y}$$

在理解弹性的含义时要注意以下几点。

第一,弹性是相对数之间的相互关系。它的具体含义是:自变量每变动 1 个百分点,因变量要变动几个百分点。

第二,弹性是因变量与自变量之间的依存关系。任何存在函数关系的经济变量之间,都可以建立二者之间的弹性关系或进行弹性分析。例如,能源消耗与 GDP 增长存在依存关系,人口增长与人均财富增长存在依存关系,价格变化与居民需求量变化存在依存关系等。弹性分析是数量分析,对于难以数量化的因素便无法进行计算和精确考察。

第三,弹性有很多种类。按照因变量代表的具体含义来划分,弹性可以分为需求弹性、供给弹性等;按照自变量代表的具体含义来划分,弹性可以分为需求价格弹性、需求收入弹性等。下文重点介绍需求弹性。

二、需求价格弹性

1. 需求弹性的含义

需求弹性,通常是指需求价格弹性。需求价格弹性表示在一定时期内一种商品的需求量变动对于该商品的价格变动的反应程度,或者说,表示在一定时期内当一种商品的价格变化百分之一时所引起的该商品的需求量变化的百分比。

一般用需求价格弹性系数来表示其弹性的大小,以 e_d 来表示,Q 代表需求量,ΔQ 代表需求量的变动量,P 代表价格,ΔP 代表价格的变动量,则需求价格弹性式可用下列公式表示:

$$需求的价格弹性系数 = \frac{需求量变动率}{价格变动率}$$

$$e_d = -\frac{\frac{\Delta Q}{Q}}{\frac{\Delta P}{P}} = -\frac{\Delta Q}{\Delta P} \cdot \frac{P}{Q}$$

当价格变动无穷小时,弹性用微分计算:

$$e_d = \lim_{\Delta p \to o} -\frac{\frac{\Delta Q}{Q}}{\frac{\Delta P}{P}} = \frac{\frac{dQ}{Q}}{\frac{dP}{P}} = -\frac{dQ}{dP} \cdot \frac{P}{Q}$$

在理解需求价格弹性的含义时要注意以下几点。

第一,在需求量与价格这两个经济变量中,价格是自变量,需求是因变量。因此,需求价格弹性就是指价格变动所引起的需求量变动的程度,或者说是需求量变动对于价格变动的反应程度。

第二,需求弹性系数是价格变动的比率与需求量变动的比率之比,而不是价格变动的绝对量与需求变动的绝对量的比率。

第三,弹性系数的数值可以是正值,也可以为负值。如果两个变量为同方向变化,则弹性系数为正值;反之,如果两个变量为反方向变化,则为负值。但在实际运用时,为了方便起见,一般都取其绝对值。由于需求量与价格变动是相反的,在计算时加负号或加绝对值符号。

第四,同一条需求曲线上不同点的弹性系数大小并不相同,这一点可以用点弹性的计算来说明。

2. 需求弹性的计算

这里我们引入一个例子来介绍弹性的计算。设某种商品的需求函数为 $Q_d = 2400 - 400P$,其几何图形如图 2-20 所示。

如图 2-20 所示,需求曲线上 a、b 两点的价格分别为 5 和 4,相应的需求量分别为 400 和 800。当商品的价格由 5 下降为 4 时,或者当商品的价格由 4 上升为 5 时,应该如何计算相应的弹性值呢?根据公式,相应的弹性分别计算如下。

由 a 点到 b 点(即降价时):

$$e_d = -\frac{\Delta Q}{\Delta P} \cdot \frac{P}{Q} = -\frac{Q_b - Q_a}{P_b - P_a} \cdot \frac{P_a}{Q_a} = -\frac{800 - 400}{4 - 5} \times \frac{5}{400} = 5$$

由 b 点到 a 点（即涨价时）：

$$e_d = -\frac{\Delta Q}{\Delta P} \cdot \frac{P}{Q} = -\frac{Q_a - Q_b}{P_a - P_b} \cdot \frac{P_b}{Q_b} = -\frac{400 - 800}{5 - 4} \times \frac{4}{800} = 2$$

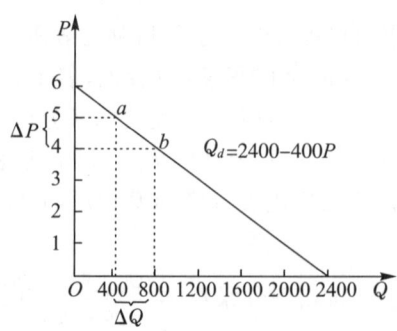

图 2-20 需求的价格弧弹性

由 a 点到 b 点或由 b 点到 a 点的弹性称为"弧弹性"，显然，涨价和降价计算出来的弧弹性数值是不相同的。其原因在于：尽管在上面两个计算中，ΔQ 和 ΔP 的绝对值都相等，但因为 P 和 Q 所取的基数值不相同，所以两种计算结果便不相同。这样一来，在需求曲线的同一条弧上，涨价和降价产生的需求的价格弧弹性系数便不相等。

为了避免不同的计算结果，在计算弧弹性时，一般通常取两点价格的平均值 $\frac{P_1 + P_2}{2}$ 和两点需求量的平均值 $\frac{Q_1 + Q_2}{2}$ 来分别代替公式中的 P 值和 Q 值。因此，需求的价格弧弹性计算公式式又可以写为：

$$e_d = -\frac{\Delta Q}{\Delta P} \cdot \frac{\frac{P_1 + P_2}{2}}{\frac{Q_1 + Q_2}{2}}$$

该公式也被称为"需求价格弧弹性的中点公式"。

根据中点公式，上例中 a、b 两点间的需求的价格弧弹性为：

$$e_d = -\frac{400}{1} \cdot \frac{\frac{5 + 4}{2}}{\frac{400 + 800}{2}} = 3$$

当价格变动无穷小时，我们通常用微分进行计算，此时计算的弹性称为"点弹性"。例如，计算上例中 a 点和 b 点的弹性。

先计算 $\frac{dQ}{dP} = (2400 - 400P)' = -400$

将 a 点的 $Q = 400$，$P = 5$ 代入计算得：

$$e_d = \lim_{\Delta p \to 0} -\frac{\frac{\Delta Q}{Q}}{\frac{\Delta P}{P}} = \frac{\frac{dQ}{Q}}{\frac{dP}{P}} = -\frac{dQ}{dP} \cdot \frac{P}{Q} = -(-400) \times (5/400) = 5$$

将 b 点的 $Q = 800$，$P = 4$，代入计算得：

$$e_d = \lim_{\Delta p \to o} -\frac{\frac{\Delta Q}{Q}}{\frac{\Delta P}{P}} = \frac{\frac{dQ}{Q}}{\frac{dP}{P}} = -\frac{dQ}{dP} \cdot \frac{P}{Q} = -(-400) \times (4/800) = 2$$

由计算可知,在同一条曲线上 a 点的点弹性与 b 点的点弹性是不同的,这也验证了"同一条需求曲线上不同点的弹性系数大小并不相同"这句话。

3. 需求的分类

根据需求弹性的大小,可将需求分为五大类。

(1)需求无弹性,即需求价格弹性等于 0:$e_d = 0$。它表明需求量对价格的任何变动都无反应,或者说,无论价格怎样变动(比率如何),需求量均不发生变化,又称为"全无弹性"。在图形上,需求曲线表现为垂直于横轴的一条直线,见图 2-21 中的(e)。在现实中,一般不存在这类典型的情况,但有一些生存必需品在消费量达到一定量后,接近这种特性。例如,胰岛素对一些糖尿病人至关重要,无论价格怎么变,他们都不会改变购买量;殡葬也类似于这种需求无弹性性质。

(2)需求完全弹性,即价格弹性无穷大:$e_d = \infty$。它表明相对于无穷小的价格变化率,需求量的变化率是无穷大的,即价格趋近于 0 的上升,就会使无穷大的需求量一下子减少为零,价格趋近于 0 的下降,需求量从 0 增至无穷大,又称为"完全弹性"。在图形上,需求曲线表现为一条平行于横轴的直线,见图 2-21 中的(d)。例如,两台相邻的自动售货机,由于同种、同质和同品,在价格相同的情况下,都会拥有一批消费者,而当一台机器中的商品价格上涨时,即使量很小,人们也不会购买,而去购买另一台机器中的商品;货币也类似于这类性质。

(3)需求单位弹性,即需求价格弹性等于 1:$e_d = 1$。它表明需求量的变化率=价格的变化率,或者说,价格变动后引起需求量相同幅度变动,即 $\triangle Q/Q = \triangle P/P$,又称为"单位弹性"或"恒常弹性"。在图形上,需求曲线表现为正双曲线,见图 2-21 中的(c)。例如,接近于生活必需品的商品属于此类。

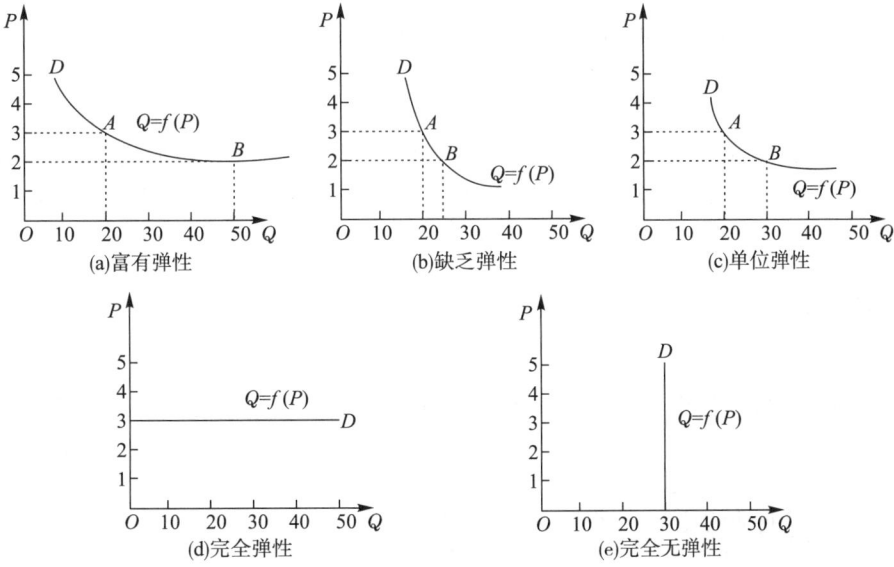

图 2-21　需求的价格弧弹性的五种类型

(4)需求缺乏弹性,即 $0<e_d<1$。它表明需求量的变化率小于价格的变化率,或者说,价格发生一定程度的变化,引起需求量较小幅度的变动,称为"缺乏弹性"。$\triangle Q/Q<\triangle P/P$,在图形上可用一条较为陡直的需求曲线来反映,见图2-21中的(b)。这类在现实生活中较为多见,诸如衣服、食物、轻工产品等。

(5)需求富有弹性,即 $\infty>e_d>1$。它表明需求量的变化率大于价格的变化率,或者说,价格发生一定程度的变化,引起需求量较大幅度的变动,称为"富有弹性",或"充足弹性"。$\triangle Q/Q>\triangle P/P$,在图形上可用一条较为平缓的需求曲线来反映,见图2-21中的(a)。诸如旅游、贵重首饰、私人飞机等奢侈品属于此类。

4. 需求弹性的影响因素

(1)商品对消费者生活的重要程度。一般来说,生活必需品的需求价格弹性较小,非必需品的需求价格弹性较大。例如,馒头的需求价格弹性是较小的,电影票的需求价格弹性是较大的。

(2)商品的可替代性。一般来说,一种商品的可替代品越多,相近程度越高,则该商品的需求价格弹性往往就越大;相反,该商品的需求价格弹性往往就越小。

(3)商品用途的广泛性。一般来说,一种商品的用途越是广泛,它的需求价格弹性就可能越大;相反,用途越是狭窄,它的需求价格弹性就可能越小。这是因为,如果一种商品具有多种用途,当它的价格较高时,消费者只购买较少的数量用于最重要的用途上;当它的价格逐步下降时,消费者的购买量就会逐渐增加,将商品越来越多地用于其他的各种用途上。

(4)商品的消费支出在消费者预算总支出中所占的比重。消费者在某种商品上的消费支出在预算总支出中所占的比重越大,该商品的需求价格弹性可能越大;反之,该商品的需求价格弹性可能越小。例如,火柴、盐、铅笔、肥皂等商品的需求价格弹性就是比较小的,因为消费者每月在这些商品上的支出是很小的,消费者往往不太重视这类商品价格的变化。

(5)消费者调节需求量的时间。一般来说,调节时间越长,则商品的需求价格弹性就可能越大,因为当消费者决定减少或停止对价格上升的某种商品的购买之前,他一般需要花费时间去寻找和了解该商品的可替代品。例如,当石油价格上升时,消费者在短期内不会较大幅度地减少需求量,但在长期内,消费者可能找到替代品如买新能源车,改变交通工具,或者搬家到工作场所附近等,这时石油价格上升会导致石油的需求量较大幅度地下降。

二、供给弹性

1. 含义

供给弹性一般是指供给的价格弹性,它表示某一商品供给量对其价格变动的反应程度。其公式是:

$$e_s = \frac{供给量变动的比率}{价格变动的比率} = \frac{\frac{\triangle Q}{Q}}{\frac{\triangle P}{P}} = \frac{\triangle Q}{\triangle P} \cdot \frac{P}{Q}$$

第二章 需求、供给与价格理论

供给弹性系数一般是正数,因为供给与价格成正比变动关系。

2. 供给弹性的类型

与需求价格弹性一样,根据供给价格弹性的取值,将供给弹性分为五种类型,如表2-4所示。

表2-4 供给价格弹性的分类

类别	e_s 的取值	变量变化特点	图 2-22	图形特点	示例
完全无弹性	$e_s=0$	$\Delta Q=0$	(a)供给完全无弹性	垂直	土地、古画、古董等
缺乏弹性	$0<e_s<1$	$\dfrac{\Delta Q}{Q}<\dfrac{\Delta P}{P}$	(b)供给缺乏弹性	陡峭	石油、航天等资本技术密集型产品及农产品
单位弹性	$e_s=1$	$\dfrac{\Delta Q}{Q}=\dfrac{\Delta P}{P}$	(c)供给单位弹性	45°线	少数机械类产品
富有弹性	$1<e_s<\infty$	$\dfrac{\Delta Q}{Q}<\dfrac{\Delta P}{P}$	(d)供给富有弹性	平缓	餐饮服务服装等劳动密集型产品
完全弹性	$e_s=\infty$	$\Delta P=0$	(e)供给完全弹性	水平	劳动力严重过剩地区的劳动力供给等

3. 影响供给弹性的因素

(1)时间因素是一个很重要的因素。当商品的价格发生变化时,厂商对产量的调整需要一定的时间。在很短的时间内,厂商若要根据商品的涨价及时地增加产量,或者根据商品的降价及时地缩减产量,都存在不同程度的困难,相应地,供给的价格弹性是比较小的。但是,在长期内,生产规模的扩大与缩小甚至转产都是可以实现的,供给量可以对价格变动作出较充分的反应,供给的价格弹性也就比较大了。

(2)生产成本随产量变化而变化的情况和产品的生产周期的长短,也是影响供给的价格弹性的另外两个重要因素。就生产成本来说,如果产量增加只引起边际成本的轻微提高,则意味着厂商的供给曲线比较平坦,供给的价格弹性可能是比较大的。相反,如果产量增加只引起边际成本的较大提高,则意味着厂商的供给曲线比较陡峭,供给的价格弹性可能是比较小的。就产品的生产周期来说,在一定的时期内,对于生产周期较短的产品,厂商可以根据市场价格的变化较及时地调整产量,供给的价格弹性相应就比较大。相反,生产周期较长的产品的供给价格弹性就往往较小。

三、弹性理论的运用

1. 需求弹性与厂商决策

不同行业商品的需求价格弹性是不同的,到底价格如何变化及变化多大才是最合理的呢?答案取决于需求弹性。我们通过以下两例来说明厂商销售收入与需求价格弹性之间的关系。

总收益(Total Revenue,TR),也称为"总收入",是厂商出售一定数量的商品所得到的全部收入。其计算公式为:

$$TR = P \times Q$$

式中,P 为价格,Q 为与需求量一致的销售量。

(1)富有弹性的商品。

假设手机的需求是富有弹性的,弹性系数为2,当价格为800元/部时,销量为200部,现降价10%,总收益会怎样变化?当价格上涨10%,总收益会怎样变化?

解:已知 $e_d = 2$,$P_0 = 800$,$Q_0 = 200$,根据弹性系数公式 $e_d = \dfrac{需求量的变动率}{价格变动率}$,计算如下:

① 当价格下降10%时:

需求量的变动率 $= -e_d \times$ 价格变动率 $= -2 \times (-10\%) = 20\%$

$TR_0 = P_0 \times Q_0 = 800 \times 200 = 160000$(元)

$TR_1 = P_1 \times Q_1 = P_0(1-10\%) \times Q_0(1+20\%)$

$\quad\ = 800 \times 90\% + 200 \times 120\% = 172800$(元)

$TR_1 - TR_0 = 172800 - 160000 = 12800$(元)

由此得出,降价销售使总收益增加了。

② 当价格上升10%时:

需求量的变动率 $= -e_d \times$ 价格变动率 $= -2 \times (10\%) = -20\%$

$TR_2 = P_2 \times Q_2 = P_0(1+10\%) \times Q_0(1-20\%)$

$$=800×110\%+200×80\%=140800(元)$$
$$TR_2-TR_0=140800-160000=-19200(元)$$

由此得出,涨价销售使总收益减少了。

因此,富有弹性的商品,其总收益与价格呈反向变动,原因就在于降价使销售量大增。为增加总收入,富有弹性的商品常常要降价销售,这也是"薄利多销"的原因所在。

(2)缺乏弹性的商品。

假设鸡蛋的需求是缺乏弹性的,弹性系数为 0.20,当价格为 8 元/千克时,销量为 400 千克,现降价 10%,总收益会怎样变化?当价格上涨 10%,总收益会怎样变化呢?

解:已知 $e_d=0.2$,$P_0=8$,$Q_0=400$,根据弹性系数公式 $e_d=\dfrac{需求量的变动率}{价格变动率}$ 计算如下。

①当价格下降 10% 时:

需求量的变动率 $=-e_d×$ 价格变动率 $=-0.2×(-10\%)=2\%$
$$TR_0=P_0×Q_0=8×400=3200(元)$$
$$TR_1=P_1×Q_1=P_0(1-10\%)×Q_0(1+20\%)=8×90\%+400×102\%=2937.6(元)$$
$$TR_1-TR_0=2937.6-3200=-262.4(元)$$

由此得出,降价销售使总收益减少了。

②当价格上升 10% 时:

需求量的变动率 $=-e_d×$ 价格变动率 $=-0.2×(10\%)=-2\%$
$$TR_2=P_2×Q_2=P_0(1+10\%)×Q_0(1-2\%)=8×110\%+400×98\%=3449.6(元)$$
$$TR_2-TR_0=3449.6-3200=249.6(元)$$

由此得出,涨价销售使总收益增加了。

因此缺乏弹性的商品,其总收益与价格呈同向变化,原因就在于涨价并没有减少需求量。对于缺乏弹性的商品,"薄利多销"就不适用了。

为此,厂商要根据自己商品的需求弹性来确定商品的价格,获得最大的销售收入。

2. 政府征税的分析

通常来说,政府税收按税收负担能否转嫁可分为直接税和间接税。

直接税是指纳税义务人同时是税收的实际负担人,纳税义务人不能或不便于把税收负担转嫁给别人的税种,如所得税、房产税等。其课税对象是个人或企业的所得和财产。

间接税是指纳税义务人不是税收的实际负担人,纳税义务人能够用提高价格或提高收费标准等方法把税收转嫁给别人的税种,如关税、消费税、营业税、增值税等。其课税对象是流通中的商品和劳务。

从表面上看,直接税的税收负担不能或不便于转嫁给他人,而间接税的税收负担能够转嫁给他人;从本质上看,事实并非如此。

政府对个人开征直接税,可相对地减少个人收入,抑制个人需求,需求曲线向左下方平移,供给不变,厂商收益减少(可自己画图看一看)。政府对厂商开征直接税,厂商减少供给,供给曲线向左上方平移,需求不变,如图 2-23 所示。政府开征间接税,首先影响的是厂商,在征税后,只有在更高的价格下,厂商才愿意生产并出售产品,因而供给曲线向左上方平移。由于购买者对价格中是否包含税金并不关心,他们关心的只是价格的高低,如果价格提高了,需求量就减少,所以这类征税对需求曲线没有影响。在图 2-24 中, D_0、S_0、E_0、P_0、Q_0 分别是征税前的需求曲线、供给曲线、均衡点、均衡价格和均衡数量。政府对厂商征税 t 后,厂商生产成本增加 t 元,供应价格相应上涨 t 元,即供给曲线垂直向上平移到 S_1,由于需求曲线不受影响,S_1 与 D_0 新的均衡点为 E_1,均衡价格上升为 P_1。可见,税后价格比原均衡价格要高,但价格上升量 P_0P_1 小于税收额 t,这说明消费者分担了一部分税额,分担的部分等于 $(OP_1 - OP_0)$ 即 P_0P_1 元。对于厂商来说,单位产品的税后收入为 $OP_1 - t = OP_2$,比税前减少 P_2P_1 元,即厂商分担的税额为 P_2P_0 元。但同时,整个市场的供求数量下降了,从 Q_0 下降到 Q_1。

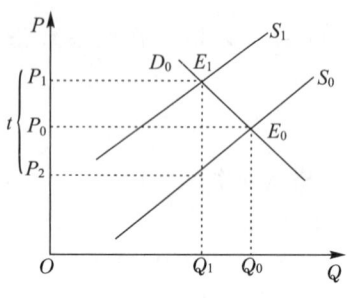

图 2-23 税的分担

由此可以看出,征税抑制了市场活动,买者和卖者共同分担了税收负担。至于买者与卖者税收负担的大小,则取决于商品的需求与供给弹性的大小。从需求方面来看,需求弹性越大,消费者分担的比例越小,需求完全有弹性时,消费者的税收负担为 0,如图 2-24 所示;需求弹性越小,消费者分担的比例越大,当需求完全缺乏弹性时,税额将全部转嫁到消费者身上。从供给方面来看,供给越富有弹性,生产者分担比例越小,当供给完全有弹性时,生产者负担为 0,税收负担完全转嫁给消费者;供给越缺乏弹性,则生产者分担比例越大,当供给完全无弹性时,则生产者负担全部税收,即不能转嫁给消费者。

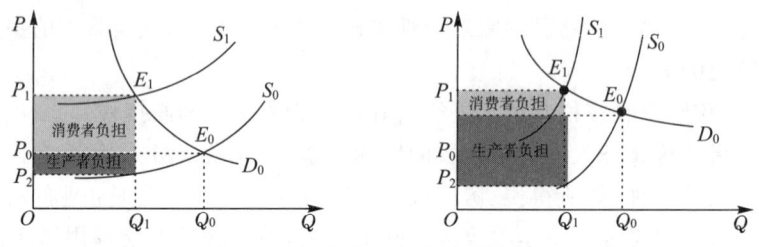

图 2-24 供求曲线影响赋税的分担

3. 需求量的预测

运用需求价格弹性预测需求量主要分两个步骤:其一,进行调查,获得一定时期内商品的需求价格弹性系数;其二,根据需求的价格弹性计算公式,计算价格变动所引起的需求量变动率,从而测出相应的需求量。

示例:假设猪肉的需求是缺乏弹性的,弹性系数为 0.51,当价格为 21 元/千克时,某市场需求量为 4000 千克,现涨价 10%,其需求量为多少?

根据需求价格弹性预测商品需求量,已知 $e_d = 0.51$,$P_1 = 21$,$Q_1 = 4000$,根据公式 $e_d = -$ 需求量变动率/价格变动率,计算如下:

需求量变动率＝－e_d×价格变动率＝－0.51×10％＝－5.1％；

$Q_2=Q_1(1-5.1\%)=4000×94.9\%=3796$（千克）。

此外，在掌握一定时期商品的需求收入弹性（或交叉弹性）计算公式，由收入（或相关商品的价格）变动率推算需求量变动率，从而测出相应的需求量。

思考与练习

一、关键概念

　　需求　供给　需求定理　供给定理　均衡价格　供求定理　需求弹性

二、单项选择题

1. 以市场机制为主要资源配置方式的经济中，（　　）起到了关键的作用。
   A. 需求　　　　B. 供给　　　　C. 价格　　　　D. 均衡价格

2. 如果某种商品如花生的存货过多，卖方会（　　）。
   A. 提高价格以弥补销售量的减低
   B. 提高价格以提高对花生的需求量
   C. 降低价格以吸引额外的买者进入市场
   D. 降低价格以鼓励厂商间的竞争

3. 若保持所有其他因素不变，某种商品的价格下降，将导致（　　）。
   A. 需求增加　　B. 需求减少　　C. 需求量增加　　D. 需求量减少

4. 如果商品 A 可被 B 替代，则 A 的价格下降将造成（　　）。
   A. A 的需求曲线向右移动　　　　B. A 的需求曲线向左移动
   C. B 的需求曲线向右移动　　　　D. B 的需求曲线向左移动

5. 需求量和价格之所以呈反方向变化，是因为（　　）。
   A. 替代效应的作用　　　　B. 收入效应的作用
   C. 上述两种效应同时发生作用　　D. 以上均不是

6. 需求的价格弹性等于（　　）。
   A. 需求曲线上两点间价格的绝对变动除以需求量的绝对变动
   B. 收益变动的百分比除以价格变动的百分比
   C. 需求曲线的斜率
   D. 需求量变动的百分比除以价格变动的百分比

7. 若某行业中许多生产者生产一种标准化产品，我们可以估计到其中任何一个生产者的需求将是（　　）。
   A. 毫无弹性　　B. 有单元弹性　　C. 缺乏弹性　　D. 富有弹性

8. 政府为了扶持农业，对农产品规定了高于其均衡价格的支持价格。政府为了维持支持价格，应当采取的措施是（　　）。
   A. 增加税收　　　　　　　　B. 实行农产品的配给制
   C. 收购过剩的农产品　　　　D. 对农民补贴

9. 2012 年伦敦奥运会期间，奥运场馆附近的房租大涨，为平时的 5 倍，这是（　　）。
   A. 需求量的增加　　　　B. 需求增加

C. 供给量增加   D. 供给增加

三、多项选择题

1. 需求曲线之所以向右下方倾斜,是因为（　　）。
   A. 收入效应　　B. 替代效应　　C. 规模效应　　D. 学习效应
2. 下列商品中,（　　）的需求是富有弹性的。
   A. 戏剧　　B. 大米　　C. 保健品　　D. 钻戒
3. 由买方完全承担税收的情形是（　　）。
   A. 需求无弹性　　　　　　B. 供给无弹性
   C. 需求完全弹性　　　　　D. 供给完全弹性
4. 消费者收入增加了 20%,由此导致其对某商品的需求量增加 10%,该商品为（　　）。
   A. 低档品　　B. 必需品　　C. 奢侈品　　D. 正常品
5. 某商品在需求不变的条件下,供给增加的结果是（　　）。
   A. 均衡数量增加　　　　　B. 均衡数量减少
   C. 均衡价格上升　　　　　D. 均衡价格下降
6. 需求的构成要件是（　　）。
   A. 商品的用途　　　　　　B. 消费者有购买欲望
   C. 消费者有支付能力　　　D. 商品价格
7. 下列选项中,影响供给价格弹性的因素是（　　）
   A. 生产周期　　　　　　　B. 生产技术难度
   C. 生产规模　　　　　　　D. 资源约束
8. 在一般情况下,政府实施最高限价可能产生的结果是（　　）
   A. 供给短缺　　　　　　　B. 生产者变相涨价
   C. 黑市交易　　　　　　　D. 过度生产
9. 下列选项中,（　　）变化,会使需求曲线移动。
   A. 消费者偏好　　　　　　B. 消费者收入
   C. 替代品价格　　　　　　D. 互补品价格

四、简答题

1. 影响需求的因素有哪些？影响供给的因素有哪些？
2. 需求量的变动与需求的变动有何不同？供给量的变动与供给的变动有何不同？
3. 什么是均衡价格？它是如何形成的？
4. 价格在经济中的作用是什么？
5. 影响需求价格弹性的因素有哪些？
6. 什么是限制价格,实行限制价格政策有什么好处？会带来什么不利的后果？
7. 在我国目前的情况下是否应该采取对农业的支持价格政策？为什么？

五、计算题

1. 已知某一时期内某商品的需求函数为 $Q_d = 50 - 5P$,供给函数为 $Q_s = -10 + 5p$。

   (1) 求均衡价格 P_e 和均衡数量 Q_e,并作出几何图形。

   (2) 假定供给函数不变,由于消费者收入水平提高,使需求函数变为 $Q_d = 60 - 5P$。

求出相应的均衡价格 P_e 和均衡数量 Q_e，并作出几何图形。

（3）假定需求函数不变，由于生产技术水平提高，使供给函数变为 $Q_s=-5+5p$。求出相应的均衡价格 P_e 和均衡数量 Q_e，并作出几何图形。

2.假定下表是需求函数 $Q_d=500-100P$ 在一定价格范围内的需求表：

某商品的需求表

价格（元）	1	2	3	4	5
需求量	400	300	200	100	0

（1）求出价格 2 元和 4 元之间的需求的价格弧弹性。

（2）根据给出的需求函数，求 P=2 时的需求的价格点弹性。

（3）根据该需求函数或需求表作出相应的几何图形。

4.假设某商品的需求曲线是 $Q_d=30000-20P$，供给曲线是 $Q_s=5000+5P$，试回答下列问题。

（1）该商品的均衡价格、均衡数量是多少？

（2）若政府规定该商品的最高限价是 400 元/吨，这将对该商品的供求关系产生什么影响？影响有多大？

（3）绘制均衡图。

（4）计算均衡点的需求弹性和供给弹性。

六、分析题

需求弹性与总收益的关系如何？根据需求弹性理论分析"薄利多销"和"谷贱伤农"这两句话的含义。

第三章

消费者行为理论

知识目标

☆ 掌握基数效用论与边际效用分析法。
☆ 掌握序数效用论与无差异曲线分析法。
☆ 掌握消费者均衡及其条件。
☆ 了解消费结构与恩格尔系数。
☆ 了解消费政策。

能力目标

☆ 能够利用边际效用递减理论分析解释现实中的消费现象。
☆ 能够利用消费者均衡理论分析消费者的理性消费行为。
☆ 能够利用消费外在化影响,判断现行的消费政策。

钻石和水的悖论

水对生命不可缺少,价格很低,钻石对生命可有可无,却能卖出很高的价格,这是为什么呢?这个问题就是"钻石和水的悖论"。这个悖论一直困扰着经济学奠基人亚当·斯密,直到边际效用理论的提出,才得到一个令人满意的解答。

水是生命的源泉,它的确能够创造出比钻石更高的总效用。但是,水在世界多数地方都是丰富的,因而它的边际效用很低,服从边际效用递减的规律。因为决定水的价格的是边际效用,而不是总效用,所以水的价格比较低。与此相反,钻石并不像水那么有用。钻石的总效用比水的总效用低得多。但是,钻石的边际效用相对较高。为什么呢?钻石在这个世界上比较稀少,因而对钻石的消费(和水的消费相比)所产生的边际效用相对较高,购买者愿意支付的价格相当高。因此,稀缺提高了钻石的边际效用和价格。

现实当中,类似水和钻石的例子有很多,你能列举一些吗?人们在对水和钻石的消费中,边际效用起到一种什么作用?当人们既要消费水,又要消费钻石时,人们如何取得消费的最大满足?

在计划购买某种商品的时候,我们总是喜欢用"性价比"这个词来衡量该商品值不值得购买,也就是说,此商品的价格是否与其性能相匹配,能否满足消费者的实际需要,使商品的使用效果最大。经济学上我们在解释这类问题时,通常用"效用"这一概念,并且把此概念用数学语言表示,以便对不同消费品的效用进行比较。

效用存在于物品自身的物质属性中,并由于其物质属性不同而不同,同时依赖于消费者的主观感受。效用有助于我们对消费者行为进行预测,从需求的角度对价格的形成作出解释。效用论观点认为,商品价值的大小,取决于它给消费者带来的效用大小。

为了有效分析和合理解释消费者的消费行为,西方经济学家提出了基数效用论与序数效用论,这两种理论又分别采用了边际效用分析法与无差异曲线分析法。下面我们将分别运用这两种理论方法来分析消费者的行为。

第一节 基数效用论

一、基数效用论

1. 效用

效用(Utility)就是人们通过消费某种物品或劳务所能获得的满足程度。消费者消费某种物品能获得的满足程度高就是效用大,反之就是效用小。

值得注意的是，同一种物品对于不同的人来说，其效用是不同的。因此，除非给出特殊的假定，否则效用是不能在不同的人之间进行比较的。但是对于同一个人而言，不同物品的效用是可以进行比较的。

2. 基数效用论

为了比较不同物品的效用大小，一些经济学家提出了基数效用论，把效用的大小用统一计数单位和基数(1,2,3…)来表示，并可加总求和。我们以吃包子为例，吃1个包子所得到的满足程度是12个效用单位，吃2个包子所得到的满足程度为18个效用单位，等等。根据这种理论，我们可以用具体的数字来研究消费者效用的最大化问题。

基数效用论采用的是边际效用分析法。

二、总效用与边际效用

1. 总效用

总效用(Total Utility,TU)是指消费一定数量的某种物品得到的总的满足程度。显然，消费一种物品所得到的总效用取决于消费者的消费数量，若假定消费者对一种物品的消费数量为 Q，对应的总效用为 TU，则总效用函数可表示为：

$$TU = f(Q)$$

总效用是个人所追求的目标，我们平常所说的"满足的最大化"或"效用的最大化"就是指"总效用的最大化"。但是，总效用并不是随着消费数量的增加而无限制增加的，在达到一定数量后，总效用会开始减少。

以吃包子为例，没有吃包子时进食欲望没有得到满足，我们设此时的总效用为0。当吃了第1个包子后，进食欲望得到了一定的满足，即产生了一些效用，我们假设此时的总效用为12。当吃完第2个包子后，进食欲望得到进一步满足，此时效用增加了，假设这时的总效用为18。以此类推，随着吃的包子数量的增加，效用在不断增加。但吃完第6个包子后，总效用变为了20，即总效用开始减少，而且随着吃的包子数量的进一步增加，总效用进一步减少。总效用的变化过程如表3-1所示：

表 3-1 总效用

包子消费量	总效用
0	0
1	12
2	18
3	21
4	22
5	22
6	20
7	17
8	13

2. 边际效用

边际效用(Marginal Utility, MU)是指消费者增加一个单位物品的消费所带来的效用的改变量。也就是说,在其他条件不变的情况下,消费者增加一个消费单位所得到的满足程度叫作边际效用。

若把边际效用记做 MU,根据总效用的定义和函数表达式,当消费者在消费了 Q 个单位物品的基础上,再多消费一个单位时,总效用从 $f(Q)$ 增加到 $f(Q+1)$,则此时的边际效用可表示为:

$$MU = f(Q+1) - f(Q)$$

若消费者在消费了 Q 个单位物品的基础上,再多消费 ΔQ 单位物品时,总效用从 $F(Q)$ 增加到 $f(Q+\Delta Q)$,则此时的边际效用可表示为:

$$MU = \frac{f(Q+\Delta Q) - f(Q)}{\Delta Q}$$

所以,消费者在 Q 处的边际效用可表示为:

$$MU = \lim_{\Delta Q \to 0} \frac{f(Q+\Delta Q) - f(Q)}{\Delta Q} = \frac{df(Q)}{dQ} = f'(Q)$$

沿用上面吃包子的例子,随着包子数量的增加,边际效用的变化如表 3-2 所示:

表 3-2 边际效用

包子消费量	边际效用
0	0
1	12
2	6
3	3
4	1
5	0
6	-2
7	-3
8	-4

3. 总效用与边际效用的关系

将表 3-1 和表 3-2 合在一起,可以得到总效用与边际效用的关系,如表 3-3 所示:

表 3-3 总效用与边际效用的关系

包子消费量	总效用	边际效用
0	0	0
1	12	12
2	18	6
3	21	3
4	22	1

续表

包子消费量	总效用	边际效用
5	22	0
6	20	−2
7	17	−3
8	13	−4

很容易看出,总效用与边际效用的关系为:当边际效用为正数时,总效用是增加的;当边际效用为零时,总效用达到最大;当边际效用为负数时,总效用减少。

将表3-3所列的包子消费量与总效用和边际效用之间的数量对应关系用图示法表示出来就可以得到总效用和边际效用曲线,如图3-1所示。

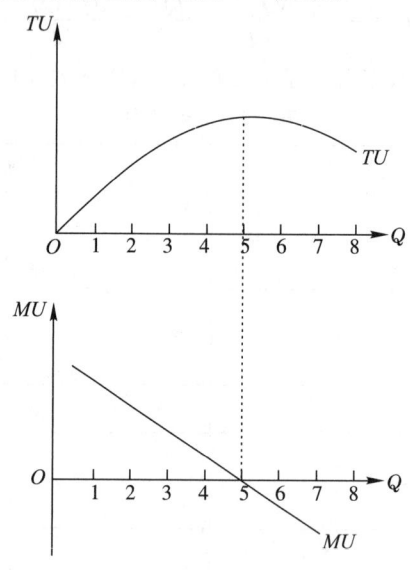

图 3-1 总效用和边际效用曲线

三、边际效用递减规律

从表3-3可以看出,边际效用是递减的。这种现象普遍存在于一切物品的消费中,所以我们称其为"边际效用递减规律"。这一规律可表述为:在一定时间内,在其他物品的消费数量保持不变的条件下,随着消费者对某种物品消费量的增加,消费者从该物品连续增加的每一消费单位中所得到的效用增量即边际效用是递减的。

边际效用递减的原因可以从以下两个角度来解释。

第一,生理和心理的原因。人的欲望虽然是多种多样、永无止境的,但由于受到生理等因素的限制,每个具体的欲望满足是有限的。最初欲望最大,因而消费第一单位物品时得到的满足也最大,随着物品消费数量的增加,欲望也随之减少,从而感觉上的满足程度逐渐递减,以至于当要满足的欲望消失时还在增加消费的话,反而会引起讨厌的感觉。比如上面吃包子的例子,当吃了第1个包子后,人的进食欲望得到了满足,而当吃完第2

个包子后,虽然进食欲望得到了进一步满足,但已经没有吃第1个包子前时那么强烈了。而且随着包子数量的增加,这种满足程度越来越弱,在吃饱后就不再有进食欲了,反而会有越来越厌恶的感觉。

第二,物品有多种多样的用途,并且各种用途的重要程度不同,人们总会把它先用于最重要的用途,也就是效用最大的地方,然后才是次要的用途。所以,后一单位的物品给消费者带来的满足或提供的效用一定小于前一个单位。

四、消费者均衡

消费者在特定条件下(如个人的喜好、商品的价格、消费者的收入既定等),把有限的货币收入分配到各物品的购买中,以达到总效用最大。在这种情形下,消费者货币分配比例达到最佳,此时各类物品的消费数量达到最优,即货币分配比例或各类物品购买比例的任何变动都会使总效用减少,消费者不再改变其各类物品的消费数量,此时的消费状态我们称为"消费者均衡"。消费者均衡是消费者行为理论的核心。

1.消费一种物品的消费者均衡

一个人连续消费某一种物品,所得总效用达到最大的条件是边际效用等于零,即当消费最后一个单位物品的效用为零时,消费者获得的总效用最大。

例1 某人消费砂糖橘的总效用为 $TU=7Q-Q^2$,其中,Q 代表砂糖橘的数量。分别求消费 0~6 个砂糖橘的总效用和边际效用,将结果填入下表:

消费量	0	1	2	3	4	5	6
总效用							
边际效用							

解答:根据总效用和边际效用的概念,消费 0~6 个砂糖橘的总效用和边际效用如下表所示:

消费量	0	1	2	3	4	5	6
总效用	0	6	10	12	12	10	6
边际效用	0	6	4	2	0	−2	−4

2.消费两种物品的消费者均衡

作为理性的消费者,当他把有限的收入去购买两种物品时,他就要对这两种物品购买数量的比例进行权衡,使消费这两种物品所带给他的总效用最大。假设消费者的收入为 M,购买并消费 x 与 y 两种物品,x 与 y 的价格分别为 P_x 与 P_y,所购买的 x 与 y 的数量分别为 Q_x 与 Q_y,x 与 y 所带来的边际效用为 MU_x 与 MU_y。每一单位货币的边际效用为 MU_m。这样,消费者均衡的条件可写为:

$$P_x Q_x + P_y Q_y = M \tag{1}$$

$$\frac{MU_x}{P_x} = \frac{MU_y}{P_y} = MU_m \tag{2}$$

上述(1)式是实现消费者均衡的收入约束条件,说明收入是既定的,购买 x 与 y 物品的支出不能超过收入总额 M,也不能小于收入总额 M。超过收入的购买是无法实现的,而小于收入的购买也达不到既定收入时的效用最大化。(2)式是实现消费者均衡的评价条件,即所购买的 x 与 y 物品带来的边际效用与其价格之比相等,也就是说,每一单位货币不论用于购买 x 物品还是 y 物品,所得到的边际效用都相等。

上述均衡实现的两个条件告诉我们:消费者要想实现消费均衡,首先,要使自己的消费支出必须等于其总收入;其次,要使每种物品消费的边际效用与其价格之比都等于单位货币的边际效用。

为了理解消费者均衡的实现条件,我们举例来说明这一点。

例2 某人计划用 100 元购买 x,y 两种物品,已知两种物品的单价分别为 $P_x=10$ 元,$P_y=20$ 元,设购买 x,y 的数量分别为 Q_x,Q_y,边际效用分别为 MU_x,MU_y,如表 3-4 所示,求达到消费者均衡时的购买数量 Q_x,Q_y。

表 3-4 两种物品的边际效用

Q_x	MU_x	Q_y	MU_y
0	0	0	0
1	5	1	6
2	4	2	5
3	3	3	4
4	2	4	3
5	1	5	2
6	0		
7	−1		
8	−2		
9	−3		
10	−4		

解答:由表 3-4 可求出分别消费这两种物品的总效用,如表 3-5 所示。

表 3-5 两种物品的总效用和边际效用

Q_x	MU_x	TU_x	Q_y	MU_y	TU_y
0	0	0	0	0	0
1	5	5	1	6	6
2	4	9	2	5	11
3	3	12	3	4	15
4	2	14	4	3	18
5	1	15	5	2	20
6	0	15			
7	−1	14			
8	−2	12			
9	−3	9			
10	−4	5			

根据收入约束条件 $P_x Q_x + P_y Q_y = M$ 得:

$$10Q_x + 20Q_y = 100$$

由于购买数量 Q_x, Q_y 均为非负整数,由上式可得到这两种物品的所有购买组合分别为 $(Q_x, Q_y) = (10,0)、(8,1)(6,2)(4,3)(2,4)(0,5)$,由此可求出购买不同组合方式获得的总效用,如表 3-6 所示:

表 3-6 消费者均衡的条件

组合方式	总效用	MU_x/P_x 与 MU_y/P_y
$Q_x=10, Q_y=0$	$5+0=5$	$\frac{-4}{10} \ne \frac{0}{20}$
$Q_x=8, Q_y=1$	$12+6=18$	$\frac{-2}{10} \ne \frac{6}{20}$
$Q_x=6, Q_y=2$	$15+11=26$	$\frac{0}{10} \ne \frac{5}{20}$
$Q_x=4, Q_y=3$	$14+15=29$	$\frac{2}{10} = \frac{4}{20}$
$Q_x=2, Q_y=4$	$9+18=27$	$\frac{4}{10} \ne \frac{3}{20}$
$Q_x=0, Q_y=5$	$0+20=20$	$\frac{0}{10} \ne \frac{2}{20}$

所以,当 $Q_x=4, Q_y=3$ 时,消费这两种物品获得的总效用最大,总效用为 29,则达到消费者均衡的购买数量是 $Q_x=4, Q_y=3$。

在表 3-6 中,通过比较 $\frac{MU_x}{P_x}$ 与 $\frac{MU_y}{P_y}$ 的大小可知,在总效用最大时满足 $\frac{MU_x}{P_x} = \frac{MU_y}{P_y}$,而在其余地方 $\frac{MU_x}{P_x} \ne \frac{MU_y}{P_y}$。

第二节 序数效用论

一、序数效用论

基数效用论认为,效用可以用"效用单位"来衡量,但是,"效用单位"有多大的问题却无法回答;另外,边际效用递减规律是基数效用理论的主要依据,但是,这个规律取决于人们的心理感受,很难得到验证。为了弥补基数效用论的缺点,学者们提出了另一种研究消费者行为的理论,即序数效用论。

序数效用论的基本观点是效用作为一种心理现象无法计量,也不能加总求和,效用之间的比较只能通过顺序或等级来进行,因此,效用只能用序数(第一、第二、第三……)来表示。例如,消费者消费两种不同类型的物品 X 与 Y,他从中得到的效用是无法衡量的,也是无法加总求和的,更不能用基数来表示,但他可以比较消费这两种物品中得到的效用。如果他认为消费一个单位的 X 所带来的效用大于消费一个单位 Y 所带来的效用,那么就说一个单位 X 的效用是第一,一个单位 Y 的效用是第二。

序数效用论用消费者偏好的高低来表示满足程度的高低。该理论建立在以下三个假定上。

第一个是完备性,即消费者对每一种物品都能说出偏好顺序。例如,对于物品 X、Y、Z,消费者最喜欢 X,其次是 Y,最后是 Z。

第二个是可传递性,即消费者对不同物品的偏好是有序的,连贯一致的。例如,对于物品 X,Y,Z,消费者喜欢 X 甚于喜欢 Y,而喜欢 Y 甚于喜欢 Z,则消费者喜欢 X 甚于喜欢 Z。

第三个是不充分满足性,即消费者认为消费物品的数量越多越好。例如,一个袋子里有 3 个苹果,另一个袋子里有 5 个苹果,消费者更愿意选择 5 个苹果。

二、无差异曲线

1. 无差异曲线

序数效用论采用的是无差异曲线分析法。无差异曲线是用来表示两种物品的不同数量的组合给消费者带来效用完全相同的一条曲线。

例如,现在有 X,Y 两种物品,假定它们可以相互替代,且可无限细分,则消费者可通过这两种物品此消彼长的不同组合达到同等的满足程度。表 3-7 给出其中的 a,b,c,d,e,f 六种组合方式:

表 3-7　两种物品不同购买组合下的总效用

组合方式	X 物品	Y 物品
a	5	28
b	7	20
c	10	14
d	14	10
e	20	7
f	28	5

根据表 3-7 可以得到消费这两种物品的无差异曲线 I,如图 3-2 所示:

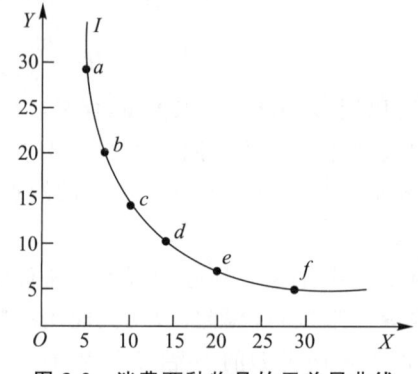

图 3-2　消费两种物品的无差异曲线

无差异曲线 I 上的所有点表示不同的消费组合,而它们带给消费者的效用都是相等的。

无差异曲线有以下三个特征。

第一,无差异曲线是一条向右下方倾斜且凸向原点的曲线,曲线上任意一点处的斜率为负值。这说明,在收入与价格既定的前提下,消费者为了得到相同的总效用,在增加一种物品的消费时,就必须减少另一种物品的消费,两种物品不能同时增加或减少。

第二,在同一平面上有无数条无差异曲线。同一条无差异曲线代表相同的效用,不同的无差异曲线代表不同的效用;离原点越远的无差异曲线代表的效用越大,反之越小。如图3-3所示的三条无差异曲线 I_1、I_2、I_3,它们代表不同的效用,其效用大小顺序为 $I_1 < I_2 < I_3$。

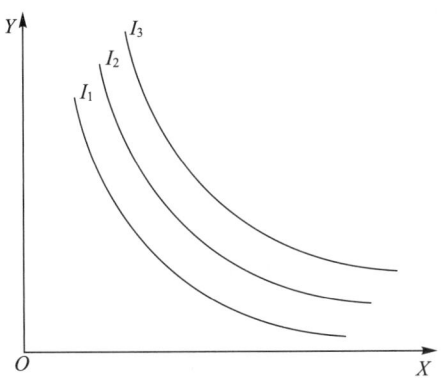

图 3-3　三条不同的无差异曲线

第三,在同一平面上,任意两条无差异曲线都不会相交。因为如果两条无差异曲线相交,那么在交点上两条无差异曲线代表了相同的效用,这与第二个特征相矛盾。

2. 商品的边际替代率

商品的边际替代率(Marginal Rate of Substitution,MRS)是指在维持效用水平不变的条件下,消费者增加一单位某种商品的消费量所需放弃的另一种商品的消费量。商品 X 对商品 Y 的边际替代率可以表达为:

$$MRS_{XY} = -\frac{\text{对商品 Y 的替代量}}{\text{商品 X 的增加量}} = -\frac{\Delta y}{\Delta x}$$

式中,MRS_{XY} 为商品 X 对商品 Y 的边际替代率,Δx、Δy 分别为商品 X、Y 的变动量。由于 Δx 与 Δy 变动方向相反,为便于比较,在公式中添加负号,使边际替代率取正值。

当商品 X 的变动趋于零时,商品 X 对商品 Y 的边际替代率可表达为:

$$MRS_{XY} = -\lim_{\Delta x \to 0}\frac{\Delta y}{\Delta x} = -\frac{dy}{dx}$$

可见,无差异曲线上某一点的边际替代率就是无差异曲线在该点斜率的绝对值。

根据表3-7资料可计算商品边际替代率,如表3-8所示。

表 3-8　商品的边际替代率计算表

变动情况	X (Δx)	Y (Δy)	MRS_{XY}
a→b	2	-8	4
b→c	3	-6	3
c→d	4	-4	1
d→e	6	-3	0.5
e→f	8	-2	0.25

从表3-8中可以看出,商品的边际替代率呈递减的变动趋势。这是商品的边际替代率递减规律,即在维持效用水平不变的前提下,随着一种商品消费量的连续增加,消费者为得到每一单位的这种商品所愿意放弃的另一种商品的消费量是递减的。

三、消费可能线

消费可能线又称为"家庭预算线"或"等支出线",它是一条表明在消费者收入与商品价格既定的条件下,消费者所能购买到的两种商品最大数量组合的直线。

假定消费者的收入为200元,X物品的价格为20元,Y物品的价格为25元,那么用全部收入购买 x 个单位的X物品和 y 个单位的Y物品,要满足以下关系式:

$$20x+25y=200$$

显然,如果全部购买X物品,可以买10个单位(A点),如果全部购买Y物品,可以买8个单位(B点),连接A和B,则线段AB就是消费可能线,如图3-4所示:

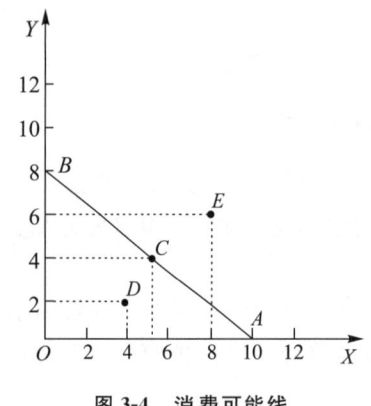
图3-4 消费可能线

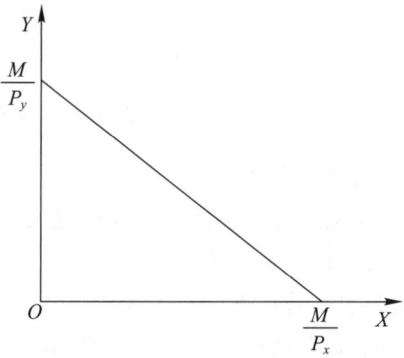
图3-5 消费可能线的一般形式

由图3-4发现,消费可能线有如下特征。

第一,在消费可能线AB上的任何一点都是在收入和价格既定条件下,消费者能购买到的X物品与Y物品的最大数量的组合。例如,在C点,消费者购买5单位X物品和4单位Y物品,正好使用200元,因为 $20\times5+25\times4=200$ 元。

第二,在消费可能线AB内的任何一点,消费者购买的X物品和Y物品的组合都是可以实现的,因为没有用完全部收入。例如,在D点,购买4单位X物品和2单位Y物品,只用了130元,因为 $20\times4+25\times2=130$ 元。

第三,在消费可能线AB外的任何一点,消费者所购买的X物品和Y物品的组合是不能实现的,因为超过了既定的收入。例如,在E点,购买8单位X物品和6单位Y物品,需要310元,因为 $20\times8+25\times6=310$ 元,超出了收入范围。

一般地,消费可能线如图3-5所示:

其中,M为消费者的收入,P_x为物品X的价格,P_y为物品Y的价格。

四、消费者均衡

序数效用论把无差异曲线和消费可能线结合起来,研究消费者均衡。在一个图上,对于一条固定的消费可能线,它与所有的无差异曲线只有三种位置关系,即相交、相切和相离,并且只与其中唯一的一条无差异曲线是相切的,在这个切点上,就实现了消费者均衡。

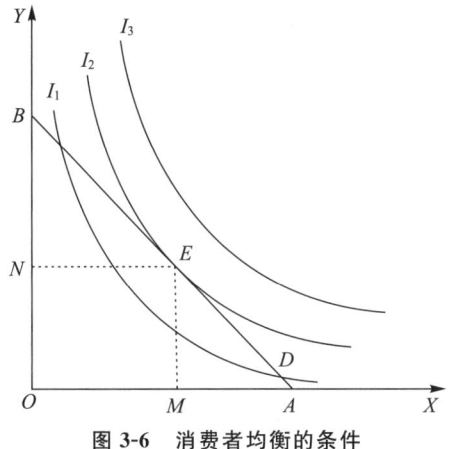

图 3-6　消费者均衡的条件

如图 3-6 所示,三条无差异曲线的效用大小顺序为 $I_1<I_2<I_3$,消费可能线 AB 与 I_2 相切于 E 点,这时实现了消费者均衡,即在收入与价格既定的条件下,消费者购买 OM 个单位 X 物品和 ON 个单位 Y 物品,获得的效用最大。

为什么只有在 E 点才能实现消费者均衡呢?我们知道,消费者均衡是指消费者把全部收入用来购买和消费两种物品组合,以获得最大的效用,而消费可能线是消费者所能买到的两种物品数量最大组合的线,因此,在收入与价格既定的情况下,消费者均衡只能在消费可能线上实现。在图 3-6 中,消费可能线 AB 与无差异曲线 I_1 交于 C,D 两点,与 I_2 相切于 E 点,与 I_3 没有交点,因此消费者均衡只有在 C,D,E 三点有可能实现。因为 $I_1<I_2$,所以在 E 点的效用比 C,D 两点的效用大,故在 E 点达到消费者均衡。

第三节　消费结构与恩格尔系数

人们的生活离不开衣、食、住、行等各种消费品,但由于收入水平的高低不同,不同的人对各类物品的需求数量和比例也不相同,即使是同一个人,随着其收入水平的不断提高,他的消费偏好和消费结构也在不断发生变化。研究一个国家居民消费结构及变化情况,对调整国家的产业结构和产品结构、有效衔接供求关系具有重要意义。

一、消费结构

消费结构是指在一定的社会经济条件下,人们消费的各种不同类型的消费品的比例关系。消费结构包括实物和价值两种表现形式:实物形式是指人们消费了哪些消费品以及它们各自的数量;价值形式是指以货币形式表示的人们消费的不同类型消费品的比例关系,即人们的各项生活支出比例。

二、恩格尔系数

恩格尔系数是指食品支出总额占个人消费支出总额的比重。其计算公式可表示为：

$$恩格尔系数 = \frac{食品支出}{总消费支出} \times 100\%$$

19世纪，德国统计学家恩格尔根据统计资料，得出消费结构的变化规律，即一个家庭收入越少，家庭收入中用来购买食物的支出所占的比例就越大，随着家庭收入的增加，家庭收入中用来购买食物的支出比例则会下降。推而广之，一个国家越穷，每个国民的平均收入中用于购买食物的支出所占比例就越大，而随着国家的富裕，这个比例将呈下降趋势。

恩格尔系数可以用来衡量个人或家庭、一个地区或一个国家生活水平的高低。众所周知，食物是人类生存的第一需要，在收入水平较低时，其在消费支出中必然占有重要地位。随着收入的增加，在食物需求基本满足的情况下，人们消费的重心才会开始向穿、用等其他方面转移。因此，恩格尔系数越大，一个国家或家庭的生活越贫困；反之，恩格尔系数越小，生活越富裕，这就是恩格尔定律。

联合国根据恩格尔系数的大小，对世界各国的生活水平有一个划分标准，即一个国家的平均家庭恩格尔系数大于60%为贫穷国家；50%～60%为温饱国家；40%～50%为小康；30%～40%属于相对富裕国家；20%～30%为富裕国家；20%以下为极其富裕国家。

1978年，中国农村家庭的恩格尔系数约为68%，城镇家庭的恩格尔系数约为59%，平均计算超过了60%，当时中国是贫困国家，温饱还没有解决，没有解决温饱的人口有两亿四千八百万人。改革开放以后，随着国民经济的发展和人们整体收入水平的提高，中国农村家庭、城镇家庭的恩格尔系数都在不断下降。

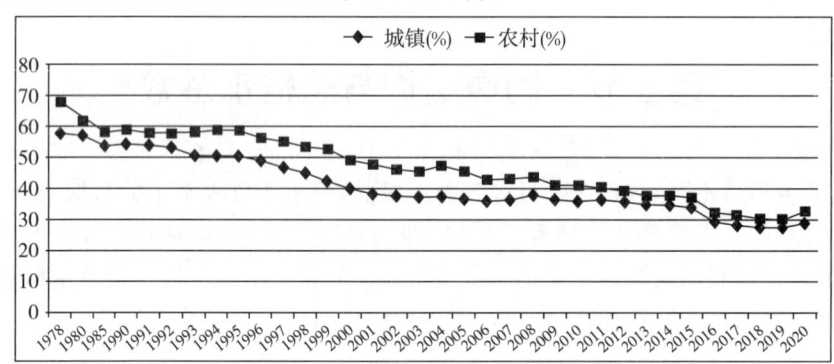

图 3-7 我国城乡恩格尔系数的变化

数据来源：中国统计年鉴。

第四节　消费政策

消费政策是指国家权衡某一时期国民经济综合状况和矛盾特点,根据本国经济发展原则,以实现经济健康发展为前提,确保城乡居民收入、消费水平稳步提高的经济目标,由此而作出的决策选择和采取的具体措施。消费政策是一个国家整个经济政策的一部分。

一、消费者行为理论的局限性

基数效用论和序数效用论都认为,消费者可以自行决定如何进行消费并实现效用的最大化,而不需要政府来干预消费者的行为。但是这种观点是以消费者是完全理性和完全自由为前提的。

第一,消费者是完全理性的,即他们完全了解自己消费的物品,并且把效用最大化作为自己消费的最终目标。但是,在现实中消费者并不能做到完全理性消费,其消费行为会受到他的文化修养、思想意识、风俗习惯、消费环境等各种因素的影响。

第二,消费者有消费主权,即自己能够决定如何消费,而消费者的消费决策能够决定生产。但是在现代社会,消费者的需求经常受到生产者的左右。例如,生产者通过各种形式的广告来宣传推销自己的产品和创造需求,这样就用生产者主权代替了消费者主权。

因此,以个人为中心的消费者行为理论认为,只要消费者是完全理性且自由的,就能够实现满足程度的最大化,而实现了个人满足程度的最大化,也就实现了整个社会福利的最大化。但事实并非如此,消费者的行为需要社会的保护和引导,也就需要各种消费政策。

二、保护消费者的政策

在市场上,由于信息不对称且势单力薄,消费者常常处于弱势地位。因此,为了保护消费者的权益,各国一般都会采取以下一些政策。

1. 确保商品质量

由政府及有关组织颁布的商品最低限度的质量标准,规定任何商品都必须符合相应的质量标准,并由政府的有关机构对商品进行检验。同时,政府要求厂商把商品的成分和商品可能的效用向消费者公布,不得保密,这样使消费者能享受到合乎标准的产品。

2. 正确的消费宣传

首先,政府要求商品广告和商品说明书必须诚实可靠,对广告有一定的限制。例如,烟和烈性酒等不利于健康的商品不得进行广告宣传,广告要对商品作如实介绍等。其次,社会还要通过学校教育与其他宣传形式向公众进行有关商品效用的教育,指导消费者正确地进行消费。

3. 禁止不正确的消费

例如,禁止出售枪支和毒品,通过宣传、税收或其他强制性措施,限制烟、烈性酒、某些刺激性药物等的销售与消费。特别是为保护儿童的身心健康,不让儿童消费一些不利于成长的商品,诸如禁止儿童进入成人影院,禁止向儿童出售一些不健康的玩具或书刊等。

4. 强制某些特殊消费

有一些消费,如教育、医疗、保险等,对整个社会和个人都是十分必要的,社会通过法律或经济手段来强制人们进行这类消费。

5. 对提供某些劳务的人员素质进行限制

这主要是指对提供医疗服务的医生、提供法律服务的律师和提供教育服务的教师的资历和素质作出规定,并进行考核,考核合格方可从事这类职业,这样就可以保证消费者能得到合乎标准的服务。

6. 限制价格政策

这也是一种保护消费者的政策。这种政策可以防止消费者受垄断厂商的剥削,并能保证社会上所有的人都得到基本生活品。例如,对粮食、公共事业服务、房租等商品与劳务的限制,能为普通消费者提供基本生活保障。

7. 建立非官方的消费者协会组织

此类组织可以接受消费者对产品和劳务质量、价格等方面的申诉,代表消费者向厂商提出诉讼,以及通过各种形式保护消费者的利益不受侵害。

三、消费外在化的干预政策

消费外在化是指个人消费对社会的种种影响。对消费外在化制定一些干预政策,是有益于社会的健康发展的。

消费者行为理论认为,消费完全是消费者个人的问题。但是实际上,消费者的消费行为对整个社会有很大的影响,例如,对自然资源的过度消耗,对自然环境的严重破坏以及产生铺张浪费等不良的消费风气等。因此,政府必须采取一些干预政策,来限制消费者在某些领域的过度消费或不正当消费。

首先,限制影响社会资源配置与利用的某些消费。为了保护社会资源,尤其是某些稀缺资源,就要用法律或经济手段来限制。例如,用资源保护法禁止或限制人们对某些珍稀动物的消费,用阶梯式水价的方法来限制人们对水资源的浪费等。

其次,限制影响社会生活环境与秩序的某些消费。例如,汽车普及率越来越高,导致环境污染越来越严重,交通秩序越来越混乱。因此,社会需要通过法律法规和社会舆论等手段引导消费者绿色出行。又如,吸烟不仅影响自身健康,对周围的人群也会产生危害,这就要对吸烟这种消费行为进行限制,禁止在公共场合吸烟,大力开展吸烟有害的宣传活动。

最后,限制影响社会风气的某些消费。例如,对于奢侈品消费,可以采取高税收来进行限制。又如,对于日常生活中出现的具有攀比性的或者铺张浪费的消费行为,可以通过舆论宣传或地方法规等形式引导正确的消费。

总之,个人消费不仅仅是个人的问题,也是整个社会的问题。国家在制定消费外在化的干预政策时,既要充分尊重消费者的个人选择,也要维护整个社会的利益。

思 考 与 练 习

一、关键概念

边际效用　无差异曲线　消费可能线　消费者均衡　恩格尔系数

二、单项选择题

1. 边际效用(　　)。
   A. 总是大于总效用
   B. 总是正值
   C. 与总效用无关
   D. 多消费一单位商品或服务所得到的额外效用

2. 当总效用增加时,边际效用应该(　　)。
   A. 为正值,且不断增加　　B. 为正值,但不断减少
   C. 为负值,且不断减少　　D. 为负值,且不断增加

3. 假定消费1瓶矿泉水所获得的效用为50个效用单位,消费2瓶矿泉水所获得的效用为70个效用单位,则第2瓶矿泉水的边际效用为(　　)。
   A. 20　　　　B. 50　　　　C. 70　　　　D. 120

4. 当总效用达到最大时,边际效用(　　)。
   A. 为最小值　　B. 大于 0　　C. 小于 0　　D. 等于 0

5. 实现消费者均衡的条件是(　　)。
   A. $\dfrac{MU_x}{P_x} < \dfrac{MU_y}{P_y}$　　　　B. $\dfrac{MU_x}{P_x} > \dfrac{MU_y}{P_y}$
   C. $\dfrac{MU_x}{P_x} = \dfrac{MU_y}{P_y}$　　　　D. 无法确定

6. 两种商品的不同数量组合给消费者带来的效用完全相同的曲线是(　　)。
   A. 需求曲线　　B. 供给曲线　　C. 无差异曲线　　D. 消费可能线

7. 同一条无差异曲线上的不同点表示(　　)。
   A. 效用水平不同,但所消费的两种商品的比例相同
   B. 效用水平相同,但所消费的两种商品的比例不同
   C. 效用水平不同,所消费的两种商品的比例也不同
   D. 效用水平相同,所消费的两种商品的比例也相同

8. 根据无差异曲线和消费可能线结合在一起的分析,获得消费者均衡的点是(　　)。
   A. 无差异曲线与消费可能线相切的点
   B. 无差异曲线与消费可能线相交的点
   C. 离原点最近的无差异曲线上的任何一点
   D. 离原点最远的无差异曲线上的任何一点

9. 消费者张某用 200 元准备购买两种商品 X 和 Y,X 的价格为 10 元,Y 的价格为 20 元。若张某买了 12 个单位的 X 和 4 个单位的 Y,所获得的边际效用值分别为 8 个单位和 24 个单位,则为了获得消费者均衡,张某应(　　)。

A. 同时增加 X 和 Y 的购买

B. 增加 X 的购买,减少 Y 的购买

C. 增加 Y 的购买,减少的 X 购买

D. 同时减少 X 和 Y 的购买

10. 恩格尔定律反映了(　　)。

A. 一个家庭收入越少,家庭收入中用来购买食物的支出所占的比例就越大

B. 一个家庭收入越多,家庭收入中用来购买食物的支出所占的比例就越大

C. 一个家庭收入越少,家庭收入中用来购买衣服的支出所占的比例就越大

D. 一个家庭收入越少,家庭收入中用来购买食物的支出所占的比例就越小

三、多项选择题

1. 由于人们对效用的认识不同,就形成了两种效用理论,即(　　)。

A. 总效用论　　B. 基数效用论　　C. 序数效用论　　D. 边际效用论

2. 下列关于总效用和边际效用的关系表述正确的是(　　)。

A. 总效用增大时,边际效用为正值

B. 总效用增大时,边际效用为负值

C. 总效用减小时,边际效用为正值

D. 总效用减小时,边际效用为负值

3. 无差异曲线的特征有(　　)。

A. 无差异曲线凸向原点

B. 任意两条无差异曲线都不相交

C. 离原点越远的无差异曲线表示的效用越大

D. 无差异曲线上任意一点的斜率为负值

4. 关于消费者均衡的下列看法正确的有(　　)。

A. 均衡点位于预算线上

B. 均衡点是预算线与无差异曲线的切点

C. 收入既定时的均衡点是唯一的

D. 收入既定时的均衡点是不唯一

5. 已知某人用 60 元购买 X 和 Y 两种商品,X 和 Y 的价格分别为 3 元和 4 元,则下列购买组合恰好满足消费可能线的有(　　)。

A.(20,0)　　　B.(0,15)　　　C.(8,9)　　　D.(10,10)

四、简答题

1. 什么是边际效用递减规律?

2. 用边际效用分析法说明消费者均衡的条件。

3. 用无差异曲线分析法说明消费者均衡的条件。

4. 保护消费者利益的消费政策有哪些?

五、应用题

1. 假设某人每天的收入是 90 元,他需要购买 A 和 B 两种商品,A 和 B 的价格分别为 20 元和 10 元,消费 A 和 B 的边际效用如下表所示。

物品单位数	MU_A	TU_A	MU_B	TU_B
1	10		8	
2	8		7	
3	6		6	
4	4		5	
5	3		4	
6	1		3	
7	−1		1	
8	−2		−1	
9	−3		−2	

(1)求出分别消费 A 商品和 B 商品的总效用,将结果填在表中。

(2)已知收入条件,求出所有可能的 A,B 商品购买组合。

(3)求出消费者均衡时的商品购买组合以及最大总效用。

2.设消费者计划用收入 200 元,购买 x 个单位的 X 商品和 y 个单位的 Y 商品。已知 X 商品的价格为 20 元,Y 商品的价格为 25 元,从而可以得到如下图所示的消费可能线:

(1)若两种商品价格不变,消费者打算增加 100 元收入来购买 X 商品和 Y 商品,则消费可能线将如何变化?在图中画出此时的消费可能线 A_1B_1,并说明 A_1B_1 和 AB 有何关系。

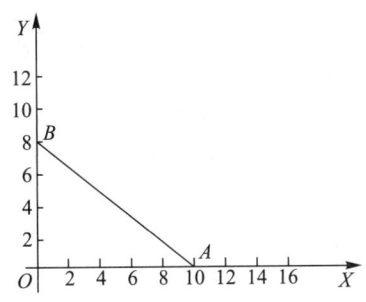

(2)若收入和 Y 商品的价格不变,X 商品的价格变为 25 元,则消费可能线将如何变化?在图中画出此时的消费可能线 A_2B_2,并说明 A_2B_2 和 AB 有何关系。

(3)若收入和 X 商品的价格不变,Y 商品的价格变为 20 元,则消费可能线将如何变化?在图中画出此时的消费可能线 A_3B_3,并说明 A_3B_3 和 AB 有何关系。

(4)根据(1)(2)(3),分析收入的变化和商品价格的变化对消费可能线的影响。

第四章

生产理论

学 习 目 标

 知识目标

☆ 了解几种常见的厂商组织形式及其特征。
☆ 掌握生产要素、生产函数等基本概念。
☆ 理解边际收益递减规律。
☆ 掌握生产者均衡及其条件。
☆ 理解规模经济和适度规模的概念。

 能力目标

☆ 能够利用边际产量递减理论,分析和解释企业"减员增效"的行为。
☆ 能够利用生产者均衡理论,分析和解释企业的产量决策。
☆ 能够利用规模经济理论,分析和解释为什么一些企业规模大、一些企业规模小。
☆ 能够利用最佳要素投入区间理论,分析企业生产目标与要素投入之间的关系。

1958年"大跃进"是一个不讲理性的年代,当时有一个口号是:"人有多大胆,地有多高产"。于是,一些地方把传统的两季稻改为三季稻,结果总产量反而减少了。因为两季稻是我国农民长期生产经验的总结,它行之有效,说明在传统农业技术下,两季稻让土地、设备、水利资源、肥料等生产要素得到了充分利用。在农业耕作技术没有发生重大改变的条件下,将两季稻改为三季稻并没有改变上述生产要素,只是增加了劳动、种子的投入量,这使土地因过度利用而导致肥力下降,设备、水利资源、肥料等由两次使用改为三次使用,使得每次使用的数量不足。这样,三季稻的总产量反而低于两季稻。

后来,四川省把三季稻改为两季稻之后,全省的粮食产量反而增加了。江苏省邗江县1980年的试验结果表明,两季稻每亩总产量达2014斤,而三季稻只有1510斤,更不用说两季稻还节省了生产成本。

思考讨论:

是什么原因导致三季稻的产量低于两季稻的产量?谈谈你从中得到的启示?

厂商的最终目标是实现利润最大化。在实现这一目标的过程中,厂商常常需要考虑以下三个问题:一是如何在生产要素既定时使产量最大或者在产量既定时使投入的生产要素最少;二是如何在扣除成本后使得收益最大化;三是在不同的市场环境下,如何确定产量和价格使得利润最大化。

本章我们将讨论第一个问题,在接下来的两章中将分别讨论后面两个问题。

第一节 厂商概述

在经济学中,厂商又称为"生产者"或"企业",是指能作出统一生产决定的单个经济单位。厂商既是产品市场的供给者,也是生产要素市场的需求者。

一、厂商的主要组织形式

1. 个人企业

个人企业家既是企业的所有者,也是企业的经营者。个人企业的优点是经营决策自由灵活,易于管理;缺点是资金有限,限制了生产的发展,也较易于破产。

2. 合伙制企业

合伙制企业是指两个人以上合资经营的厂商组织。相对于个人企业而言,合伙制企业的优点是资金较多,规模较大,较易于管理,分工和专业化程度能得到加强;缺点是由于多人参与管理,不利于协调统一,资金和规模仍然有限,合伙人之间的契约关系不稳定。

3. 公司制企业

公司制企业又称为"股份制企业",是指按公司法建立和经营的具有法人资格的厂商组织,是一种重要的现代企业组织形式。公司由股东所有,公司的控制权在董事监督下的总经理手中。在资本市场上,公司制企业是一种非常有效的融资组织形式,它主要利用发行债券或股票来筹集资金。公司制企业的优点是资金雄厚,有利于实现规模生产,也有利于进一步强化分工与专业化;公司的组织形式相对稳定,有利于生产的长期发展。它的缺点是由于企业规模庞大,内部管理协调难度大;所有权与管理权的分离也会产生一系列问题,例如经营积极性下降,经营成本与风险上升,管理者在经营上能否符合所有者意愿等问题。

二、生产要素

生产要素是指进行社会生产经营活动时所需要的各种社会资源,是维系国民经济运行及市场主体生产经营过程中所必须具备的基本因素。生产要素包括土地、劳动、资本和企业家才能四种。

1. 土地

土地是指人类在生产过程中所使用的各种自然资源,包括土地、森林、矿藏和河流等。

2. 劳动

劳动是指人类在生产过程中使用的体力和智力的总和。

3. 资本

资本是指人类在生产过程中所需的工具、机器设备、厂房和原料等。

4. 企业家才能

企业家才能是指企业家组织生产、经营管理、努力创新和承担风险的能力总和,有时将之简称为"企业家"或"管理才能"。

生产要素是稀缺的,因此在生产过程中,厂商投入以上生产要素是需要付出报酬的。土地的报酬是租金或地租,即使用土地的生产者需要向土地的提供者支付租金,由于土地日益稀缺,租金呈上升趋势。劳动的报酬是工资,即生产者雇佣劳动者开展生产,应该支付给劳动者相应的工资。资本的报酬是利息,即生产者通过借贷来建厂房、购买生产设备,需要向贷款方支付利息。企业家才能的报酬是利润,由于企业家才能在现代社会生产中起到了决定性的作用,当企业盈利显著时,企业会给企业家远远高于普通员工的报酬。

三、生产函数

生产函数是指在一定时期内,在技术水平不变的情况下,生产中所使用的各种生产要素的数量与所能生产的最大产量之间的关系。

生产函数有如下两个特征:首先,生产函数以既定的生产技术条件为前提,如果技术条件改变,投入与产出之间的数量关系就会随之改变,从而产生新的生产函数;其次,生产函数反映的是某一特定要素投入组合在现有技术条件下能且只能产生的最大产量。

生产函数的一般表达式为：
$$Q = f(L, K, N, E)$$

其中，Q 为产品产量，L 为劳动投入量，K 为资本投入量，N 为土地投入量，E 为企业家才能投入量。

在经济学分析中，通常只使用劳动(L)和资本(K)这两种生产要素，因而生产函数可以简写成：
$$Q = f(L, K)$$

生产函数既可以用于描述某个厂商或行业的生产特征，也可以作为总生产函数应用于整个经济。

经济学中最著名的两种生产函数分别是固定投入比例生产函数和柯布－道格拉斯生产函数。固定投入比例生产函数是指在每一个产量水平上任何一对要素投入量之间的比例固定的生产函数。柯布－道格拉斯生产函数是美国数学家柯布和经济学家道格拉斯根据美国1899－1922年制造业历史统计资料所得到的生产函数，其一般表达式为：
$$Q = AL^{\alpha}K^{\beta}$$

其中，Q 为总产量，L、K 分别为劳动投入量和资本投入量，$A>0$ 为规模参数，它反映了一定时期内的综合技术水平，α、β 分别为劳动和资本的产出弹性系数，它们反映的是劳动和资本对总产出的贡献份额，取值区间都是(0,1)。

柯布和道格拉斯给出的1899－1922年美国制造业生产函数为：
$$Q = AL^{\frac{3}{4}}K^{\frac{1}{4}}$$

此函数说明，在这一时期，劳动对总产出的贡献份额是 $\frac{3}{4}$，资本对总产出的贡献份额是 $\frac{1}{4}$。

生产函数可分为一种可变要素投入的生产函数和多种可变要素投入的生产函数。一种可变投入的生产函数是对既定产品在技术条件和其他投入要素不变的前提下，一种可变投入要素与产品最大产量间的对应关系，通常又被称作"短期生产函数"。多种可变投入要素的生产函数所考察的时间足够长，存在两种或两种以上的投入要素发生变动，甚至所有的投入要素都在变动，通常被称为"长期生产函数"。

第二节 短期生产函数

由上一节知，短期生产函数是指在技术水平不变的条件下，当其他生产要素投入量固定不变时，一种可变生产要素的投入量与所能生产产品的最大产量之间的函数关系。

在研究短期生产函数时，我们通常假定除了"劳动"这一生产要素可变，其他生产要素都是固定不变的，即我们考察分析劳动投入量的变动对产品产量大小的影响。

一、总产量、平均产量和边际产量

为了探讨短期生产规律，我们需要从总产量、平均产量和边际产量这三个概念及其相互关系说起。

总产量(Total Product，TP)是指短期内在技术水平既定的条件下，投入一定数量的可变生产要素(通常是劳动)所生产产品的全部产量，其表达式为：

$$TP_L = f(L)。$$

平均产量(Average Product，AP)是指平均每一单位可变生产要素(通常是劳动)所能生产出的产品数量，即每一单位可变生产要素所分摊的总产量，其表达式为：

$$AP_L = \frac{TP_L}{L}$$

边际产量(Marginal Product，MP)是指每增加一单位可变生产要素(通常是劳动)的投入所引起的总产量的改变量，其表达式为：

$$MP_L = \frac{\Delta TP_L}{\Delta L}$$

或

$$MP_L = \lim_{\Delta L \to 0} \frac{\Delta TP_L}{\Delta L} = \frac{dTP_L}{dL}$$

下面我们举例来说明这三个概念之间的关系。

表 4-1 某服装公司的生产情况

固定投入量(K)	可变投入量(L)	总产量（TP_L）	平均产量（AP_L）	边际产量（MP_L）
10	0	0	—	—
10	1	5	5	5
10	2	12	6	7
10	3	27	9	15
10	4	36	9	9
10	5	40	8	4
10	6	42	7	2
10	7	42	6	0
10	8	40	5	−2

表 4-1 描述了某服装公司的生产情况。假定其拥有的机器设备和厂房在短期内是固定的，但是所雇用的操作缝衣机器设备的劳动力是可以调整的，工厂的管理人员必须根据销售情况作出雇用多少工人的决策。

表 4-1 给出了该服装公司劳动的投入与产出之间的关系。第一列表示资本固定不变，第二列表示不同的劳动投入，第三列表示与不同劳动投入所对应的总产出量。随着劳动投入量的增加，总产出在逐渐增加，当劳动投入达到 6 个单位时，总产出达到最大值，再增加 1 个单位劳动，即当劳动投入达到 7 个单位时，总产出没有发生变化。当投入的劳动继续增加时，总产出反而开始减少。

利用表 4-1 中的数据可以绘制成图 4-1。在图 4-1 中，横轴表示劳动投入量，纵轴表示产出量。图 4-1（Ⅰ）中 TP_L 表示总产量曲线，从图中我们可以看出，服装公司的总产量伴随劳动投入从零开始逐渐增加,总产量曲线 TP_L 先以递增的速度增加,到达拐点 b 以后,增速开始减慢,到达点 d 时总产量到达最大值,过点 d 后总产量则变为递减。图 4-1（Ⅱ）中的 AP_L 和 MP_L 分别表示平均产量曲线和边际产量曲线。从图中我们可以看出,服装公司的平均产量先随劳动投入的增加而增加,达到最高点 c 后不断下降。而边际产量从几何意义上看即为总产量曲线上相对应的某点的斜率。根据总产量曲线的特点,在总产量到达拐点之前,其切线的斜率为正且递增,过拐点之后,切线的斜率虽为正但呈递减趋势,达最高点之后,切线的斜率变为负。因此,与总产量相对应的边际产量 MP_L 起先可能有短暂的上升,到达点 b' 后不断下降,过了点 d' 后 MP_L 变为负数。

从表 4-1 和图 4-1 中,我们可以看出,随着可变投入使用量的不断增加,边际产量最终可能变为负值。比如,当企业每天雇用 8 个工人时,工作场所会变得十分拥挤,劳动者在工作的时候会相互碍事。因此,如果雇用第 8 个工人,总产量实际上则会减少,边际产量变为负值,这就是所谓"人多反而误事"的现象。

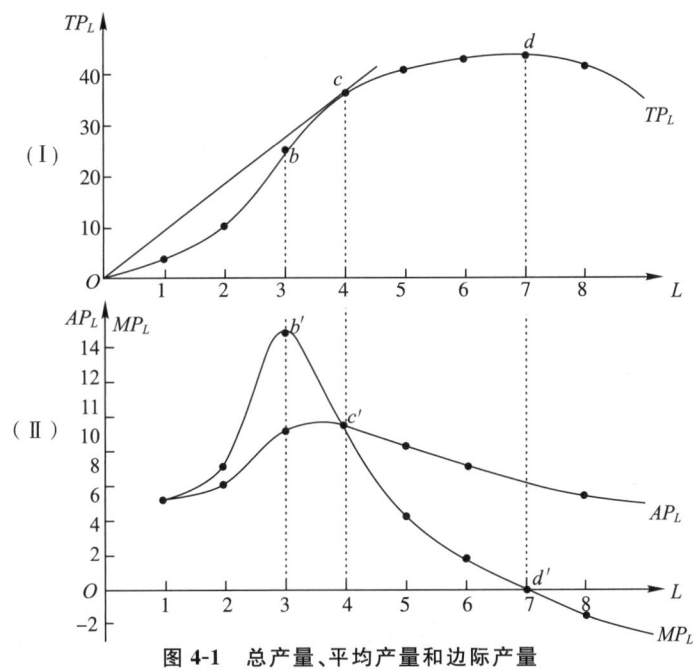

图 4-1　总产量、平均产量和边际产量

根据图 4-1,我们得出总产量、平均产量和边际产量具有以下关系。

第一,在资本不变情况下,随着劳动投入量的不断增加,产品的总产量、平均产量和边际产量都是先上升后下降。

第二,边际产量曲线与平均产量曲线相交于平均产量曲线的最高点。相交前,平均产量递增,边际产量大于平均产量;相交时,平均产量达到最大,边际产量等于平均产量;相交后,平均产量递减,边际产量小于平均产量。

第三,当边际产量大于零时,总产量递增;当边际产量等于零时,总产量达到最大;当边际产量小于零时,总产量递减。

二、边际产量递减规律

边际产量递减规律又称为"边际报酬递减规律"或"边际收益递减规律",是指在技术水平和其他生产要素投入量不变的条件下,连续增加一种生产要素的投入量,当该生产要素投入量小于某一特定值时,增加该要素投入量所带来的边际产量是递增的;当这种可变要素投入量连续增加并超过这一特定值时,增加该要素投入所带来的边际产量是递减的。

边际产量递减规律表明,当一种投入如劳动被更多地追加于既定数量的土地、机器或其他投入要素时,每单位劳动所能发挥作用的对象越来越有限,比如,土地会越来越拥挤,机器会被过度地使用,从而劳动的边际产量会下降。换言之,技术水平不变,并且土地、机器和其他投入要素按照既定数量不作变化,仅仅增加劳动的投入带来的产量的变化就是边际报酬,而且通常这种边际报酬会先增加再减少。

对这一规律的正确理解需要注意以下几点:

首先,随着可变要素的连续增加,边际产量变化要经历递增、递减、最后变为负数的全过程。先递增是因为固定要素在可变要素很少时潜在的效率未发挥出来,一旦固定要素潜在的效率全部发挥出来了,边际产量就开始出现递减了。则这个规律的意义在于:当一种要素连续增加时,迟早会出现边际报酬递减的趋势,而不是规定它一开始就递减。

其次,边际报酬递减规律只适用于可变要素比例的生产函数。如果要素比例是固定的,则这个规律不成立。

最后,边际报酬递减规律的前提条件是技术水平不变。若技术水平发生变化,这个规律就不存在。在历史上,英国经济学家马尔萨斯正是没有考虑到长期的技术进步,错误地预计了人口增加带来的后果。

边际报酬递减规律给我们提出了一个问题:既然可变要素投入的增加到最后反而引起总产量的减少,那么对厂商来说就有必要了解可变要素的最佳投入量,这就涉及对产量三个阶段的分析。

三、短期生产的三个阶段

根据短期生产的总产量、平均产量和边际产量曲线的关系,可将短期生产划分为三个阶段,如图4-2所示。

在第Ⅰ阶段,可变生产要素从零增加到L_1,L_1即边际产量等于平均产量的要素使用量,边际产量大于平均产量,总产量和平均产量一直上升,这说明可变要素的投入量不足,此时理性的生产者应该继续增加可变要素的投入量,使不变生产要素得到充分利用。

在第Ⅱ阶段,可变生产要素从L_1增加到L_2,L_2即边际产量为0的要素使用量。边际产量大于零但小于平均产量,平均产量开始下降,边际产量下降至零,总产量继续上升,直至最大值。这表明,随着可变要素的不断投入,不变要素的作用逐步得到充分发挥,使得总产量不断提高,直到最大。

在第Ⅲ阶段,可变生产要素从L_2继续增加,边际产量开始变为负值,总产量、平均产量和边际产量同时下降,这表明可变生产要素的投入量过多,反而制约了不变生产要素的发挥,此时理性的生产者应该减少可变要素的投入量。

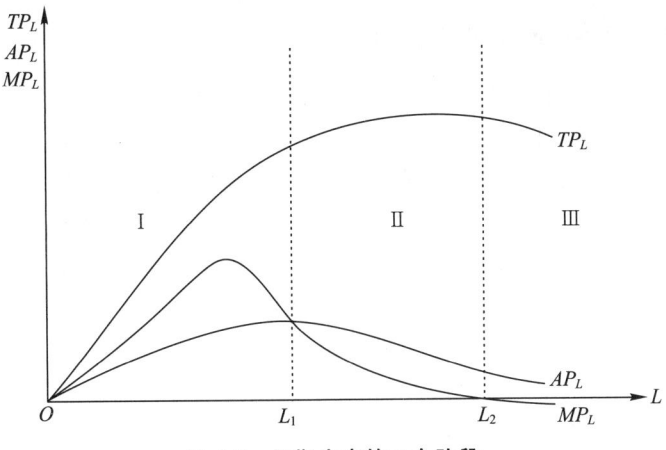

图 4-2　短期生产的三个阶段

四、厂商的短期生产决策

由上述分析知,第Ⅱ阶段是厂商短期生产的最佳决策区域,区间$[L_1,L_2]$是可变生产要素投入量的合理区间,所以对于上面的例子,服装公司对劳动投入量的合理区间是$[4,7]$。

但是,具体应该取第Ⅱ阶段中的哪一点最合适,还需要考虑其他因素。首先,厂商的生产目标是使平均产量最大还是总产量最大,若是平均产量最大,则可变要素投入量增加到L_1即可;若是总产量最大,则可变要素投入量要增加到L_2。其次,如果厂商的生产目标是利润最大化,那么还需要考虑成本、产品价格等其他因素,因为无论是平均产量达到最大,还是总产量达到最大,利润都不一定达到最大。

第三节　长期生产函数

长期生产函数是指在技术水平不变的条件下,当全部生产要素投入量可变时,多种可变生产要素的投入组合与所能生产产品的最大产量之间的函数关系。

从长期来看,所有的生产要素都是可变的。例如,在短期内,企业的厂房、设备以及原材料也许不会发生变化,但是经过相当长的一段时间,企业的这些生产要素都可能会发生变化。因此,讨论两种及两种以上的可变生产要素组合变化对最大产量的影响,具有重要意义。此时的最大产量不再是关于一种可变生产要素的一元函数,而是关于两种及两种以上的可变生产要素的多元函数。例如,当我们讨论最大产量与劳动及资本这两种可变生产要素的依存关系时,最大产量Q关于劳动L和资本K的二元函数可表示为:
$$Q=f(L,K)$$

根据生产要素间的比例关系是否变化,长期生产函数可分为可变投入比例生产函数和固定投入比例生产函数。其中,可变投入比例生产函数用于分析要素投入的最优组合,而固定投入比例生产函数多用于研究厂商的规模报酬和适度规模问题。

一、两种生产要素投入的最优组合

在经济学分析中,为了简化分析,我们通常假设生产中只使用劳动和资本这两种生产要素。在长期中,劳动和资本都是可变的,且二者可以相互替代。比如生产某种产品,既可以采取劳动密集型生产方式(即手工生产),也可以采取资本密集型生产方式(即机器生产),或者兼而有之。因此,厂商在生产产品时,可以选择不同的劳动与资本的投入组合,比如多投入劳动而少投入资本,或者少投入劳动而多投入资本等。

生产要素的最优组合是研究厂商如何用有限的生产资源(即成本)购买各种生产要素以获得最大产量,或者如何在产量既定的前提下实现成本最小化。

与消费者行为理论利用消费可能线和无差异曲线来研究消费者均衡类似,生产理论利用等成本线和等产量曲线来研究生产者均衡。其中,等成本线类似于消费可能线,等产量曲线类似于无差异曲线。

二、等产量曲线

等产量曲线是指在技术水平不变的条件下,两种生产要素的不同数量的组合所产生的相同产量的一条曲线。在这条曲线上的各点代表投入要素的各种组合比例,其中每一种组合比例所能生产的产量都是相等的。

例如,现在投入劳动和资本两种生产要素进行生产,表 4-2 给出其中的 a、b、c、d、e 五种生产要素组合方式。

表 4-2 等产量下的不同生产要素组合

要素组合方式	劳动(L)	资本(K)	产量(Q_1)
a	1	6	100
b	2	4	100
c	3	3	100
d	4	2	100
e	6	1	100

根据表 4-2 可以画出等产量曲线 Q_1,如图 4-3 所示:

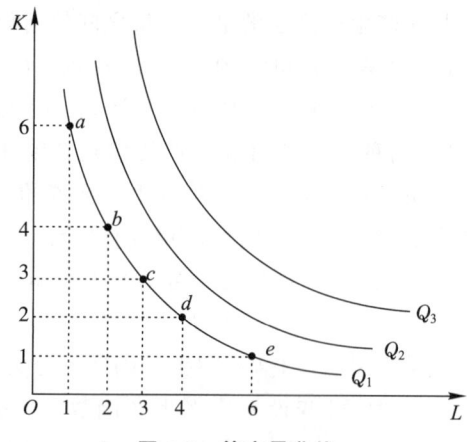

图 4-3 等产量曲线

等产量曲线具有以下四个特征。

第一,同一条等产量曲线上的每一个点代表不同的要素投入组合,但是它们对应的产量都是相等的。

第二,在同一平面图上,有无数条等产量曲线,距离原点越远,产量就越大。如图 4-3 所示,$Q_1 < Q_2 < Q_3$。

第三,任意两条等产量曲线不会相交。

第四,等产量曲线向右下方倾斜且凸向原点。

三、等成本线

等成本线又称为"企业预算线",是指在成本和生产要素价格既定的条件下,生产者可以购买的两种生产要素的最大数量组合的直线。在同一条等成本线上的各点,两种生产要素的数量组合不同,但总成本相等。

在现实生活中,各种生产要素都是有价的。例如,雇佣工人需要支付工人工资,到银行贷款需要支付银行的利息,办工厂租用土地需要支付地租等。厂商要想购买这些生产要素,就必须有一定的货币支出,这种货币的支出就构成了厂商的生产成本。一个厂商若想追求最大利润,就必须考虑成本。

等产量曲线告诉我们,生产一定数量的某种产品可以采取多种生产要素的组合方式,同时这些要素组合还要受到生产者支付要素总的预算开销和要素价格的限制,即要受到总成本和要素价格的制约,大于货币成本的生产是无法实现的,小于货币成本则无法实现产量最大化。

假设厂商生产某种产品需要投入劳动和资本两种生产要素,既定的总成本为 C,劳动和资本的数量分别为 L 和 K,劳动和资本的价格分别为 w 和 r,从而等成本线方程为:

$$C = wL + rK$$

等成本线 AB 如图 4-4 所示:

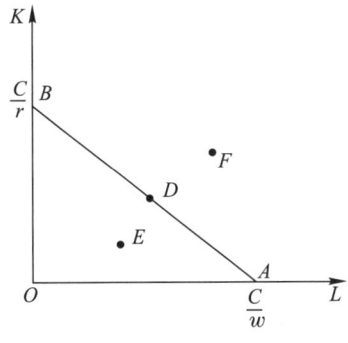

图 4-4 等成本线

由图 4-4 知,在成本既定条件下,厂商可以购买劳动的最大数量为 $\dfrac{C}{w}$,购买资本的最大数量为 $\dfrac{C}{r}$,等成本线 AB 上任何一点(比如 D 点)都是一种可行的生产要素购买组合;购买等成本线内的任何一点(比如 E 点)表示的生产要素组合,所需的费用都不超过 C;

而购买等成本线以外的任何一点(比如 F 点)表示的生产要素组合,所需的费用都超过了 C,因此在成本既定的条件下是无法实现的。

当劳动和资本的价格不变、总成本发生变化时,我们可以得到一组平行的等成本线簇,如图 4-5 所示。

等成本线代表了厂商在成本和生产要素价格既定的条件下,各种可能的要素组合,但等成本线并不能说明哪种组合可以实现最大产量。类似于消费者均衡的分析方法,我们需要把等成本线与等产量曲线结合起来,进一步分析如何实现厂商的产量最大化,即实现生产者均衡。

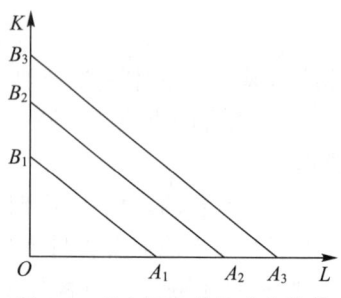

图 4-5 成本可变的等成本线簇

四、生产者均衡

生产者均衡是指生产者在给定的成本约束下,将两种生产要素进行最优组合,以达到产量最大化;或者在产量既定的条件下,使成本最小。

1. 成本既定条件下的产量最大

在成本既定的条件下,可以作出一条确定的等成本线。如果将这条等成本线与无数条等产量曲线放在一个坐标系中,这条既定的等成本线必定与某一条等产量线相切,切点所表示的生产要素组合就实现了产量最大,即达到生产者均衡。

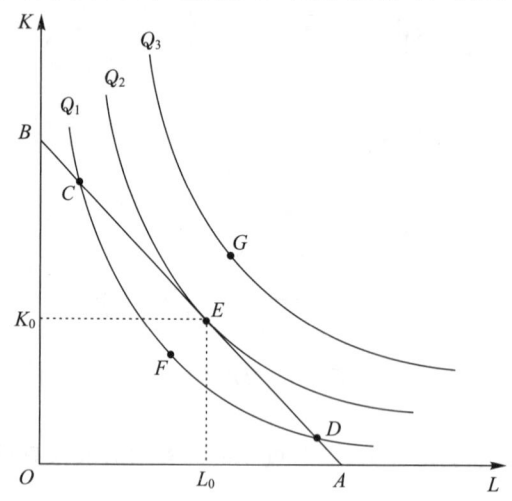

图 4-6 成本既定下产量最大的生产者均衡

如图 4-6 所示,等成本线 AB 与等产量曲线 Q_2 相切于 E 点,则 E 点是生产者均衡点,它表示的生产要素组合是最优要素组合。下面可以举例说明。

首先,假设 F 点是均衡点,因为 F 点在等成本线内,这表示厂商没有将所有的货币成本花完,所以 F 点不符合条件。

其次,假设 G 点是均衡点,因为 G 点在等成本线外,这表示厂商的成本超过了既定的货币成本,虽然在该点的产量比其他点的产量大,但是无法实现,所以 G 点也不符合条件。

最后,假设 C 或 D 点是均衡点,因为 C 或 D 点在等成本线上,这表示厂商刚刚将所有的货币成本花完,但是它们对应的产量 Q_1 比 E 点对应的产量 Q_2 小,所以 C 或 D 点也不符合条件。

所以,E 点是均衡点。

2. 在产量既定条件下的成本最小

在产量既定的条件下,可以作出一条确定的等产量曲线。如果将这条等产量曲线与无数条等成本线放在一个坐标系中,则这条既定的等产量曲线必定与某一条等成本线相切,在切点处的生产要素组合使成本最小,即达到生产者均衡。

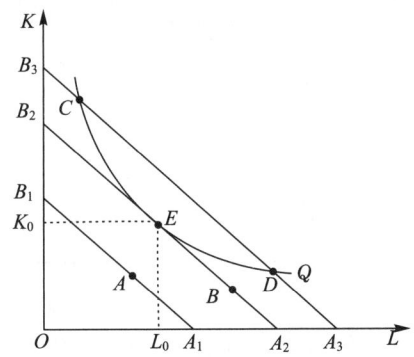

图 4-7 产量既定下成本最小的生产者均衡

如图 4-7 所示,等产量曲线 Q 与等成本线 A_2B_2 相切于 E 点,则 E 点是生产者均衡点,它表示的生产要素组合是最优要素组合。下面可以举例说明。

首先,假设 A 点是均衡点,因为 A 点不在等产量曲线 Q 上,所以 A 点不符合条件。

其次,假设 B 点是均衡点,与 A 点一样,B 点也不在等产量曲线 Q 上,所以 B 点也不符合条件;

最后,假设 C 或 D 点是均衡点,虽然 C 或 D 点在等产量曲线 Q 上,但是这两个点代表的成本比 E 点代表的成本高,因此 C 或 D 点也不符合条件。

因此,E 点是均衡点。

3. 边际技术替代率

边际技术替代率(Marginal Rate of Technical Substitution,MRTS)是指在维持产量水平不变的条件下,厂商增加一单位某种生产要素投入量时所减少的另一种生产要素投入数量。劳动 L 对资本 K 的边际技术替代率可表达为:

$$MRTS_{LK} = -\frac{\Delta K}{\Delta L}$$

式中，$MRTS_{LK}$ 为劳动 L 对资本 K 的边际技术替代率，ΔL、ΔK 分别为劳动和资本投入的变动量。由于 ΔL 与 ΔK 的变动方向相反，为便于比较，在公式中添加负号，使边际技术替代率取正值。

当劳动 L 的变动量趋于零时，劳动 L 对资本 K 的边际技术替代率可表达为：

$$MRTS_{LK} = -\lim_{\Delta L \to 0} \frac{\Delta K}{\Delta L} = -\frac{dK}{dL}$$

可见，等产量曲线上某一点的边际技术替代率就是等产量曲线在该点斜率的绝对值。

对于任意一条等产量曲线而言，如图 4-3 中等产量曲线 Q_1 所示，当用劳动投入替代资本投入时，在维持产量水平不变的条件下，由增加劳动投入量所带来的总产量的增加量与由减少资本投入量所带来的总产量的减少量必定是相等的，即 $|\Delta L * MP_L| = |\Delta K * MP_K|$，由此得出

$$MRTS_{LK} = -\frac{\Delta K}{\Delta L} = \frac{MP_L}{MP_K}$$

可见，边际技术替代率等于两种要素的边际产量之比。

根据表 4-2 的资料可计算生产要素的边际技术替代率，如表 4-3 所示。

变动情况	劳动（ΔL）	资本（ΔK）	$MRTS_{LK}$
a→b	1	−2	2
b→c	1	−1	1
c→d	1	−1	1
d→e	2	−1	0.5

从表 4-3 中可以看出，边际技术替代率呈递减的变动趋势。这是边际技术替代率递减规律，即在维持产量水平不变的前提下，随着一种生产要素投入量的连续增加，每一单位的这种生产要素所能替代的另一种生产要素的数量是递减的。边际技术替代率递减的主要原因在于任何一种产品的生产技术都要求各要素投入有适当的比例，这也意味着要素之间的替代是有限的。

例 1 已知生产函数 $Q=LK$，劳动的价格为 2，资本的价格为 1。

(1) 当 C=400 时，求达到生产者均衡时的生产要素最优组合和最大产量。

(2) 当 Q=20000 时，求达到生产者均衡时的生产要素最优组合和最小成本。

解：(1) 由题意得 $2L+K=400$，则 $K=400-2L$，从而得：

$$Q=LK=L(400-2L)$$

将上式化成关于 L 的一元二次方程为：

$$2L^2-400L+Q=0 \tag{1}$$

由生产者均衡条件知，当等成本线与等产量曲线相切时，劳动和资本达到最优组合，即判别式 $\triangle = 400^2-8Q=0$，解得 $Q=20000$，代入 (1) 式得：

$$2L^2-400L+20000=0$$

解得 $L=100$，所以 $K=400-2L=200$。故生产者均衡时的生产要素最优组合是：劳动数量为 100，资本数量为 200，最大产量为 20000。

(2)设厂商总成本为 C,由题意得 $2L+K=C$,则 $K=C-2L$,从而得:
$$Q=LK=L(C-2L)=20000$$
将上式化成关于 L 的一元二次方程为:
$$2L^2-CL+20000=0 \qquad (2)$$
由生产者均衡条件知,当等成本线与等产量曲线相切时,劳动和资本达到最优组合,即判别式 $\triangle=C^2-160000=0$,解得 $C=400$,代入(2)式得:
$$2L^2-400L+20000=0$$
解得 $L=100$,所以 $K=C-2L=200$。故达到生产者均衡时的生产要素最优组合是:劳动数量为 100,资本数量为 200,最小成本为 400。

五、生产扩展线

通过对生产者均衡的分析,我们知道,在生产技术水平和生产要素价格不变的前提下,当厂商不断增加投入成本时,成本线就会不断向右上方平移,相应的生产者均衡点也会不断地向右上方移动,我们称这些均衡点的运动轨迹为"生产扩展线"。如图 4-8 所示,ON 就是生产扩展线。

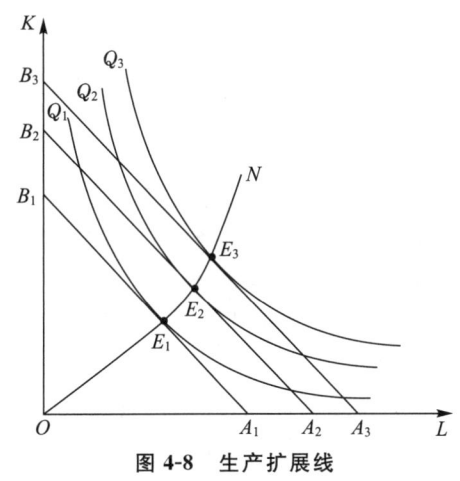

图 4-8 生产扩展线

因为生产扩展线上的每一点都会使厂商得到一定产量下的最小成本或一定成本下的最大产量,所以生产扩展线上的各点都表示相应情况下的最优生产要素组合。因此,当厂商调整产量或成本时,应沿着生产扩展线选择要素投入组合。

六、规模报酬和适度规模

1. 规模报酬

规模报酬是指在其他条件不变的情况下,企业内部各种生产要素按相同比例变化时所带来的产量变化。规模报酬分析的是企业的生产规模变化与所引起的产量变化之间的关系。

假定某厂商的生产过程中只需要投入劳动和资本两种生产要素,则其投入量分别为 L 和 K,这时,当两种要素的投入量同时增加一倍,即增加到 $2L$ 和 $2K$ 时,则称之为厂商的生产规模扩大了一倍。规模报酬是要说明,当生产要素同时增加了一倍,那么产量会如何变化,是增加一倍、增加多于一倍还是增加少于一倍。如果产量的增加正好是一倍,则称之为"规模报酬不变";如果产量增加多于一倍,则称之为"规模报酬递增";如果产量增加少于一倍,就称之为"规模报酬递减"。

一般情况下,随着厂商按照同一比例持续地增加各生产要素投入量,扩大其生产规模,产量即规模报酬变化会经历以下三个阶段。

第一阶段,规模报酬递增,即生产要素同比例增加一倍,产量增加大于一倍。规模报酬递增的主要原因是厂商生产规模扩大带来了生产效率的提高。比如,厂商利用更先进的设备,内部专业化分工更加合理,从而提高了各类生产要素的使用效率。

第二阶段,规模报酬不变,即生产要素同比例增加一倍,产量也增加一倍。

第三阶段,规模报酬递减,即生产要素同比例增加一倍,产量增加小于一倍。规模报酬递减的主要原因是厂商生产规模过大带来了生产效率的下降。比如,厂商内部合理分工被破坏,获取生产决策所需的各种信息的难度加大,决策执行不力等导致生产效率低下。

规模报酬变化的一般规律告诉我们:当企业从最初的小企业创业阶段开始快速成长时,它处在规模报酬递增阶段;在追逐利润的驱动下,企业在尝到生产规模扩张的好处后,会继续扩大生产规模,此时企业的收益慢慢进入规模不变的阶段;如若企业再过分地追求市场的主导权和市场占有率,继续扩大企业规模,就有可能进入规模报酬递减阶段。

2. 适度规模

从规模报酬变化的一般规律不难看出,企业的规模并不是越大越好,也不是越小越好,即应该保持适度规模。在适度规模下,厂商既获得了扩大规模带来的效率增加的全部好处,又避免了继续扩大规模带来的效率下降所造成的损失。

但是,适度规模的大小随着行业的不同而不同,没有统一标准。适度规模大可以有效降低成本,形成规模经济;适度规模小则可以更加灵活地适应市场的变化。在确定适度规模时应考虑以下几方面因素:

(1)行业的技术特点。对于所需投资大、所用设备先进复杂的行业,适度规模较大。比如,冶金、机械、汽车制造、造船、化工等重工业厂商,生产规模越大,经济效益越高。相反,所需投资少、所用的设备比较简单的行业,适度规模较小。例如,服装、服务类行业,生产规模小能更灵活地适应市场需求的变化。

(2)市场条件。生产市场需求量大且标准化程度高的产品的厂商,适度规模应该较大,比如汽车制造等重工业行业。相反,生产市场需求量小且标准化程度低的产品的厂商,适度规模也应该较小,比如服装行业。

(3)其他条件。根据行业不同,在确定适度规模时还需要考虑其他因素。比如,开采企业要考虑自然资源储藏量的大小,发电企业要考虑能源供给量的大小,物流企业要考虑区域交通便利条件等。

思考与练习

一、关键概念
总产量　平均产量　边际产量　等产量线　等成本线　生产者均衡　规模报酬
适度规模

二、单项选择题
1. 对生产过程进行组织与管理的生产要素是(　　)。
   A. 劳动　　　　　　B. 资本　　　　　　C. 土地　　　　　　D. 企业家才能
2. 生产函数表示(　　)。
   A. 一定数量的投入,至少能生产多少产品
   B. 生产一定数量的产品,最多要投入多少生产要素
   C. 投入与产出之间的关系
   D. 以上都对
3. 在总产量、平均产量和边际产量的变化过程中,(　　)。
   A. 总产量首先开始下降
   B. 平均产量首先开始下降
   C. 边际产量首先开始下降
   D. 平均产量下降速度最快
4. 边际收益递减规律发生作用的前提条件之一是(　　)。
   A. 连续增加某种生产要素的投入而保持其他要素不变
   B. 按比例增加各种生产要素
   C. 不一定按比例增加各种生产要素
   D. 以上都对
5. 对于短期生产函数而言,当总产量为最大值时,(　　)。
   A. 平均产量为最大值　　　　　　B. 平均产量等于 0
   C. 边际产量为最大值　　　　　　D. 边际产量等于 0
6. 等产量曲线是指这条曲线上的各点代表(　　)。
   A. 为生产同样产量,投入要素的各种组合的比例是不能变化的
   B. 为生产同样产量,投入要素的价格是不变的
   C. 不管如何投入各种要素,产量总是相等的
   D. 投入要素的各种组合所能生产的产量都是相等的
7. 等产量曲线向右上方平移表明(　　)。
   A. 产量提高了　　　　　　　　　B. 成本增加了
   C. 要素价格降低了　　　　　　　D. 要素价格按不同比例提高了
8. 等成本线向右上方平移表明(　　)。
   A. 产量提高了　　　　　　　　　B. 成本增加了
   C. 要素价格降低了　　　　　　　D. 要素价格按不同比例提高了
9. 某厂商按 50% 的比例同时增加某产品的各种生产要素,使该产品的产量提高

30%，则这种情况属于规模报酬（　　）。

A. 递增　　　　B. 递减　　　　C. 不变　　　　D. 不能确定

10. 当某企业雇佣第 8 个工人时，每天的产量从 100 单位增加到 110 单位，当雇佣第 9 个工人时，每天产量从 110 单位增加到 118 单位，这种情况是（　　）。

A. 边际收益递减　　　　　　　　B. 边际效用递减
C. 边际成本递减　　　　　　　　D. 规模收益递减

三、多项选择题

1. 厂商在生产过程中投入的生产要素主要有（　　）。

A. 劳动　　　　B. 资本　　　　C. 土地　　　　D. 企业家才能

2. 下列说法中正确的有（　　）。

A. 只要总产量减少，边际产量一定是负数
B. 只要边际产量减少，总产量一定也减少
C. 随着某种生产要素投入量的增加，边际产量和平均产量增加到一定程度将趋于下降；其中边际产量的下降一定先于平均产量
D. 边际产量曲线一定在平均产量曲线的最高点与之相交

3. 边际收益递减规律成立的条件有（　　）。

A. 生产技术水平不变
B. 按比例增加各种生产要素
C. 只改变一种生产要素，保持其他生产要素投入量不变
D. 边际产量递减发生在可变投入增加到一定程度之后

4. 等产量曲线的特征有（　　）。

A. 等产量曲线凸向原点
B. 等产量曲线有无数多条，其中每一条代表一个产量，并且离原点越远，代表的产量越大
C. 等产量曲线互不相交
D. 等产量曲线上任一点的斜率为负值

5. 下述行业中，厂商适度规模应适度小的有（　　）。

A. 汽车制造　　　B. 服装　　　C. 餐饮　　　D. 玩具

四、简答题

1. 什么是边际产量递减规律？
2. 等产量曲线的特征有哪些？
3. 如何确定两种可变生产要素投入的最优组合？
4. 厂商规模报酬变化的一般规律是什么？

五、应用题

1. 已知一种可变的生产要素投入量与总产量的关系，如下表所示：

要素投入量(L)	总产量(TP)	平均产量(AP)	边际产量(MP)
0	0	—	—
1	6		
2	18		
3	27		
4	32		
5	32		
6	27		

(1)在表中写出平均产量和边际产量的值。

(2)写出要素投入的合理区间。

2.已知生产函数 $Q=LK$，劳动的价格为 4，资本的价格为 1。

(1)当 $C=160$ 时，求劳动和资本的最优组合是多少？此时的最大产量是多少？

(2)当 $Q=1600$ 时，求劳动和资本的最优组合是多少？此时的最小成本是多少？

第五章

成本收益理论

知识目标

☆掌握几种重要的成本概念。
☆掌握各类短期成本和长期成本的概念以及变化规律。
☆掌握各类收益和利润的概念。
☆掌握利润最大化原则。

能力目标

☆能够利用短期成本理论，分辨企业的固定成本和可变成本。
☆能够利用边际成本理论，分析企业的投资决策。
☆能够利用长期成本理论，解释企业规模扩大的原因。
☆能够运用利润最大化原则，分析企业产量决策。

经济学家与会计师计算的成本与利润为什么不同

某私营业主小王用自己的 20 万元资金办了一个服装厂,到了年终,会计拿来会计报表,如表 5-1 中的"会计报表"栏所示。小王的经济学家朋友看了报表后,也列出了一张报表,如表 5-1 中的"经济学家报表"栏所示。

表 5-1　某服装厂的经济报表

单位：万元

会计报表		经济学家报表	
销售收益	100	销售收益	100
设备折旧	10	设备折旧	10
厂房租金	11	厂房租金	11
原材料	40	原材料	40
电力等	6	电力等	6
工人工资	25	工人工资	25
贷款利息	5	贷款利息	5
		业主应得的工资	3
		自有资金利息	1
总成本	97	总成本	101
利润	3	利润	－1

思考讨论：

由此案例看出,经济学家与会计师计算的成本与利润不同,会计师算的是赚了 3 万元,而经济学家算的则是亏了 1 万元,为什么?

成本与收益综合反映了一个企业的经济活动结果。

企业投入各种生产要素,生产出产品在市场上销售,获得一定的收益。然而,体现企业经营效果好坏的不仅仅是它的收益,还要考虑到它所消耗的成本。如何使得收益减去成本(利润)的结果最大,才是企业真正关心的问题,这就是成本收益分析,它是厂商经营决策的基本理论依据。

第一节　成本概述

一、成本的基本概念

成本是经济学中的一个重要概念。人们在进行生产经营活动时,必定会耗费一定的资源,其所费资源的货币表现就是成本。

从厂商角度分析的成本,也称为"生产费用",一般是指厂商在生产活动中所使用的各种生产要素的价格,也就是生产要素提供者得到的补偿或报酬。生产要素包括劳动、资本、土地和企业家才能,这些生产要素价格的总和以及固定资产的折旧费用等,构成了生产成本的全部内容。

微观经济学所指的成本包括了正常利润。正常利润是指厂商认为值得营业的起码利润或阻止现有生产向其他生产转移的最低限度利润。而微观经济学中通常所说的利润，实际上是超额利润，即总收益减去总成本。

二、几组重要的成本概念

下面从不同角度对成本进行分类，这有助于我们正确理解和掌握成本的概念。

1. 显性成本与隐性成本

（1）显性成本是指厂商在生产要素市场上购买或租用生产要素的实际支出，即企业支付给企业以外的经济资源所有者的报酬。例如，厂商雇佣了一定数量的工人，从银行取得了一定数量的贷款，租用了一定数量的土地，为此这个厂商就需要向工人支付工资，向银行支付利息，向土地出租者支付地租，这些支出便构成了该厂商的显性成本。

显性成本由厂商支付并记录在会计账目上，因而也被称为"会计成本"。

（2）隐性成本是指厂商使用自身生产要素的机会成本。相对于显性成本，隐性成本是厂商自己所拥有的且被用于该企业生产过程中的那些生产要素的总价格。因此，隐性成本包括厂商自己投入资金的利息，厂商自有土地的地租，企业主本人为该厂提供劳务应得的报酬以及机器设备等固定设备的折旧费等。其中，企业主本人的收入又被称为"正常利润"。正常利润之所以作为隐性成本的一部分，是因为从长期来看，这笔报酬是使企业主继续留在该行业，从而该产品得以被提供出来的必要条件。否则，假如厂商产品的售价仅能补偿工资、原料和固定资产的折旧费，企业主将会把他的资金转移到别的行业，该产品将不会再被提供给市场。因此，隐性成本包括正常利润在内的成本，具有产品得以被提供出来所必须支付的代价的含义。

隐性成本虽被冠以"成本"的称谓，但并不是真实发生的成本。因为成本的本质是付出，但隐性成本是厂商自己给自己的利息，自己给自己的地租，自己给自己的薪水，这些支付都是自己支付给自己的，不涉及所有权转移问题。

显性成本和隐性成本之间的区别反映了经济学和会计对企业经营活动分析角度的区别。经济学研究的是厂商如何作出生产和定价决策，因此在衡量成本时包含隐性成本，而会计研究的是企业资金流入和流出情况，因此只衡量显性成本，而不考虑隐性成本。

2. 机会成本

机会成本是指把一定的经济资源用于生产某种产品时，放弃生产其他产品所能获得的各项收益中最大的收益。例如，假设一个农民每年如果养猪可以获得4万元收入，养鸡可以获得5万元收入，养鸭可以获得4.5万元收入，则该农民养猪的机会成本是5万元，养鸡的机会成本是4.5万元，养鸭的机会成本是5万元。

3. 短期成本和长期成本

（1）短期成本是指厂商在短期内生产一定产量需要的成本总额，它是短期内每一产量水平的固定成本和可变成本之和。

短期是指在这期间厂商只有一部分生产要素是可以变动的，而另一部分生产因素则固定不变。例如，在短期内厂商可以调整原料、燃料及生产工人数量这类生产要素，而不能调整厂房、设备等生产要素。

(2)长期成本是指在规模可以变动、各种生产要素的数量都能够变动的情况下,生产一定产量的产品所需要支出的成本。

长期是指在这期间厂商可以调整所有生产要素,因而长期成本都是可变成本,没有固定成本。

4. 总成本、平均成本和边际成本

(1)总成本是指生产某一特定产品所花费的成本总额,它随产量的变化而变化。

(2)平均成本是指平均每单位产量所花费的成本。

(3)边际成本是指每增加一个单位产量所引起的总成本的改变量。

第二节　短期成本函数

一、成本函数

成本函数是指成本与产量之间的一种对应关系,若成本为 C,产量为 Q,则成本与产量的函数记为:

$$C=f(Q)$$

二、短期成本函数

短期成本函数是指在短期生产过程中产品成本与产量之间的对应关系,它揭示了短期成本的变化规律。

我们一般从短期总成本、短期平均成本和短期边际成本三个角度来研究短期成本。

1. 短期总成本(STC)

短期总成本(Short-run Total Cost,STC)是指在短期内生产一定产量产品所付出的成本总和,它是固定成本(Fixed Cost,FC)和可变成本(Variable Cost,VC)的总和。

固定成本是指短期内必须支付的不变生产要素的费用,它不随着产量的变动而变动,一般包括厂房、机器折旧费以及管理费等。

可变成本是指为生产一定产量产品所支付的可变生产要素的费用,它随着产量的变动而变动,一般包括工人工资、原材料、燃料费和运输费等。

用公式可表示为:

$$短期总成本=固定成本+可变成本$$
$$STC=FC+VC$$

2. 短期平均成本(SAC)

短期平均成本(Short-run Average Cost,SAC)是指在短期内每一单位产品所分摊的短期总成本,用公式表示为:

$$短期平均成本=\frac{短期总成本}{产量}$$

$$SAC=\frac{STC}{Q}$$

因为短期总成本是固定成本和可变成本之和,所以短期总成本也就是平均固定成本(Average Fixed Cost,AFC)和平均可变成本(Average Variable Cost,AVC)之和,即用公式表示为:

短期平均成本＝平均固定成本＋平均可变成本
$$SAC=AFC+AVC$$

这里,平均固定成本是指每一单位产品分摊的固定成本,即 $AFC=FC/Q$;平均可变成本是指每一单位产品分摊的可变成本,即 $AVC=VC/Q$。

3. 短期边际成本(SMC)

短期边际成本(Short-run Marginal Cost,SMC)是指在短期内每增加一个单位产量所引起的总成本的改变量,用公式可表示为:

$$SMC=\frac{\Delta STC}{\Delta Q}$$

或

$$SMC=\lim_{\Delta Q \to 0}\frac{\Delta STC}{\Delta Q}=\frac{dSTC}{dQ}$$

三、各类短期成本的变动规律及其关系

1. 短期总成本、固定成本和可变成本

固定成本是不随产量变动而变动的,因此固定成本的图像是一条水平直线。

可变成本的变化规律是:当产量为零时,可变成本为零;当产量从零开始增加时,由于固定生产要素与可变生产要素的效率没有得到充分发挥,可变成本增加的速度大于产量增加的速度,从而可变成本上升比较快;然后随着产量的增加,固定生产要素和可变生产要素的效率得到充分发挥,可变成本增加的速度小于产量增加的速度,从而可变成本上升的速度变慢;最后,由于边际产量递减规律,可变成本增加的速度又大于产量增加的速度,可变成本的上升速度又逐渐加快。

短期总成本是固定成本与可变成本之和,因此,短期总成本的变化规律与可变成本的变化规律一致。

短期总成本、固定成本和可变成本的变化规律及其关系用图 5-1 表示:

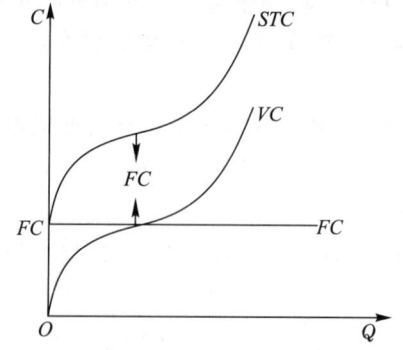

图 5-1　总成本、固定成本和可变成本曲线

在图 5-1 中，固定成本曲线 FC 是一条水平直线，表示固定成本不随产量的变动而变动，是常数。

可变成本 VC 随着产量的增加而增加，是一条从坐标原点开始并逐渐上升的曲线，但是，最初曲线比较陡峭，表示可变成本的增加速度大于产量的增加速度；然后，曲线趋向平坦，表示可变成本的增加速度小于产量的增加速度；最后，曲线又变得陡峭，表示可变成本的增加速度又大于产量的增加速度。

短期总成本曲线 STC 是可变成本曲线 VC 向上平移 FC 后得到的一条曲线，因而其形状与可变成本曲线 VC 完全一致，二者之间的距离为固定成本 FC。

2. 短期平均成本、平均固定成本和平均可变成本

平均固定成本随着产量的增加而减少，这是因为固定成本是常数，当产量增加时，分摊到每一个单位产量上的固定成本就减少了。它的变动规律是起初减少的幅度大，之后减少的幅度越来越小，其形状是一条双曲线。

平均可变成本的变动规律是：起初由于生产要素的效率逐渐发挥作用，平均可变成本会随着产量的增加而减少；但当产量增加到一定程度后，由于边际收益递减规律，平均可变成本又会随着产量的增加而增加。

短期平均成本是平均固定成本和平均可变成本之和。起初，当产量增加时，平均固定成本迅速下降，而平均可变成本也在下降，因此短期平均成本也迅速下降；随后，平均固定成本越来越小，且它在短期平均成本中所占的比重越来越小，这时短期平均成本的变动和平均可变成本的变动一致，即先随着产量的增加而下降，产量增加到一定程度后，又随着产量的增加而增加。

短期平均成本、平均固定成本和平均可变成本的变动规律和关系用图 5-2 表示：

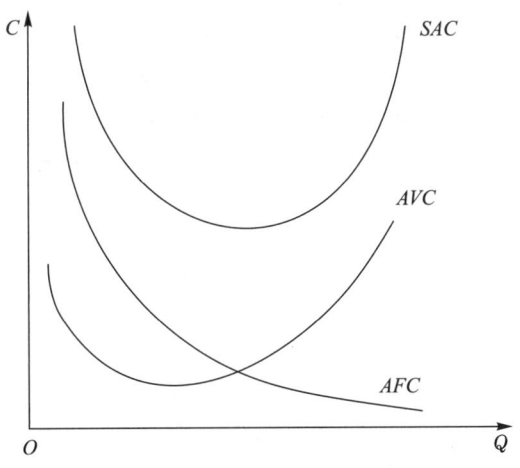

图 5-2　短期平均成本、平均固定成本和平均可变成本

在图 5-2 中，AFC 是平均固定成本，它起先比较陡峭，这说明在产量开始增加时，它下降的速度很快；后来它越来越平坦，表明随着产量的增加，它下降的速度越来越慢。

3. 短期边际成本、短期平均成本和平均可变成本

（1）短期边际成本和短期平均成本的关系

短期边际成本是指增加一单位产量所增加的成本，而当产量增加时，增加的成本是可变成本,因而边际成本的变动取决于平均可变成本。在开始时,边际成本随着产量的增加而下降,且边际成本总是小于平均成本,这是因为边际成本的变动中不包含固定成本;在边际成本小于平均成本时,平均成本也是下降的,因为增加的可变成本减少,平均成本自然也减少;当边际成本大于平均成本时,平均成本就要增加。因此,边际成本和平均成本的关系是:当平均成本下降时,边际成本低于平均成本;当平均成本上升时,边际成本高于平均成本;在平均成本的最低点,边际成本等于平均成本。

短期边际成本和短期平均成本的关系用图 5-3 表示:

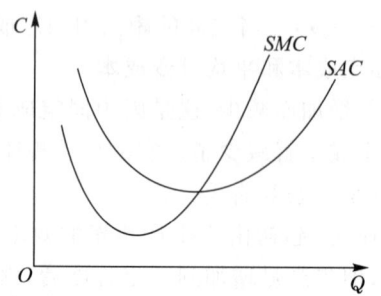

图 5-3　短期边际成本和短期平均成本的关系

在图 5-3 中,边际成本曲线和平均成本曲线都是 U 型曲线,即两种成本都是先随着产量的增加而下降,然后随着产量的增加而上升。两种成本曲线交于平均成本曲线的最低点,即在该点边际成本等于平均成本。相交前,边际成本曲线在平均成本曲线的下方,说明边际成本小于平均成本;相交后,边际成本曲线在平均成本曲线的上方,说明边际成本大于平均成本。

(2)短期边际成本和平均可变成本的关系

同理,短期边际成本曲线 SMC 和平均可变成本曲线 AVC 相交于平均可变成本曲线 AVC 的最低点。相交之前,边际成本小于平均可变成本,且平均可变成本呈下降趋势;相交后,边际成本大于平均可变成本,且平均可变成本呈上升趋势。

我们将短期边际成本曲线 SMC、短期平均成本曲线 SAC 和平均可变成本曲线 AVC 放在一个坐标系中,如图 5-4 所示:

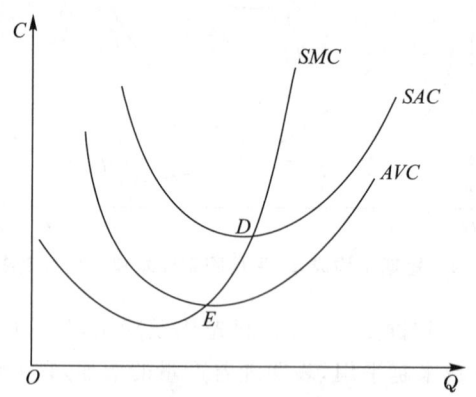

图 5-4　短期边际成本、短期平均成本和平均可变成本

在图 5-4 中,边际成本曲线 SMC 与平均成本曲线 SAC 的交点是曲线 SAC 的最低点 D,边际成本曲线 SMC 与平均可变成本曲线 AVC 的交点是曲线 AVC 的最低点 E。

在经济学中,D 点被称为"收支相抵点",也称为"盈亏平衡点",在这一点上,产品价格等于平均成本,平均成本等于边际成本,此时厂商刚好达到收支平衡。E 点称为"停止营业点",在这一点上,产品价格等于平均可变成本,即厂商生产的产品价格只能弥补平均可变成本,这时厂商损失的是不生产也要支付的固定成本,如果低于这一点,厂商连可变成本都会损失,因此,厂商必须停止生产。

第三节 长期成本函数

1. 长期总成本

在长期中没有固定成本和可变成本之分,一切生产要素都是可以调整的,一切成本都是可变的,于是短期中的固定成本在长期也是可变成本。长期成本函数用来研究长期生产过程中的成本和产品产量之间的关系,从而揭示长期成本的一般变动规律。本节主要研究长期总成本、长期平均成本和长期边际成本三种长期成本。

一、长期总成本(LTC)

长期总成本(Long-run Total Cost,LTC)是指在长期内生产一定产量的产品所需要的成本总和,它是由每一产量水平上的最低短期成本构成的。

长期总成本随着产量的增加而增加,在开始生产时,生产要素无法得到充分利用,此时成本的增加速度大于产量增加速度;当产量增加到一定程度后,生产要素得到充分利用,此时成本的增加速度小于产量增加的速度;最后,由于边际收益递减规律,成本增加的速度又大于产量增加的速度。长期总成本曲线 LTC 的变动规律可由图 5-5 表示:

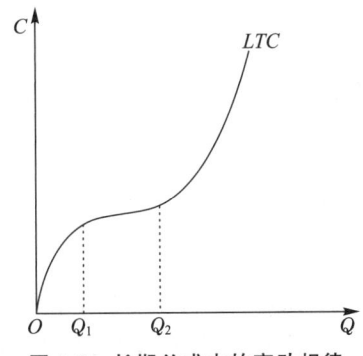

图 5-5 长期总成本的变动规律

在图 5-5 中,当产量在 0 到 Q_1 之间时,长期总成本曲线 LTC 比较陡峭,说明成本增加速度大于产量增加速度;当产量在 Q_1 到 Q_2 之间时,长期总成本曲线 LTC 比较平坦,说明成本增加速度小于产量增加速度;当产量在 Q_2 以后,长期总成本曲线 LTC 又变得陡峭,说明成本增加速度又大于产量增加速度。

2. 长期总成本与短期总成本的关系

长期总成本与短期总成本的关系如图 5-6 所示。长期总成本曲线 LTC 是各个短期总成本曲线的包络线，长期总成本曲线从短期总成本曲线的下方包络众多短期总成本曲线。长期总成本曲线从原点开始，表示长期总成本是完全随产量的变化而变化的。每一条短期总成本曲线都不是从原点开始，表示一旦从短期的角度看待成本，就存在一些固定成本，这一部分成本不随产量而变化。短期总成本曲线在纵坐标上的截距越大，代表企业规模越大，因为比较大的经营规模总是以较高的固定成本为保证的。

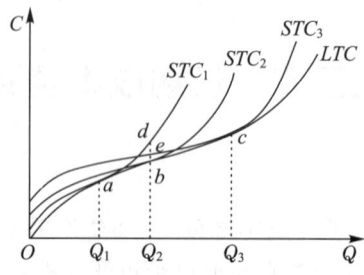

图 5-6　长期总成本与短期总成本

在图 5-6 中，短期总成本曲线 STC_1、STC_2、STC_3 分别代表三种不同的生产规模，$STC_1 < STC_2 < STC_3$。在长期，厂商可以在任何一个产量水平上，找到相应的最优生产规模，把总成本降到最低。

在图 5-6 中，生产 Q_1 产量的最优规模是 STC_1 所代表的规模，因为 STC_2 和 STC_3 所代表的规模生产 Q_1，其所费的成本都超过 STC_1 所代表的生产规模。同理，生产 Q_2 产量的最优规模只能是 STC_2 所代表的生产规模，生产 Q_3 产量的最优规模只能是 STC_3 所代表的生产规模，其他生产规模生产 Q_2 和 Q_3 产量，所耗费的成本必然大于 STC_2 和 STC_3 所代表的生产规模。将这些最优规模的点连接起来，就形成了长期总成本曲线。因此，长期总成本曲线是短期总成本曲线的包络线，这些点就是长期总成本曲线与短期总成本曲线的切点。

在连续变化的每一产量水平上，都存在着长期总成本与一条短期总成本曲线的相切点。这条短期总成本曲线所代表的生产规模是生产该产量的最优生产规模。该切点所对应的总成本就是生产该产量的最低总成本。

二、长期平均成本(LAC)

1. 长期平均成本

长期平均成本(Long-run Average Cost，LAC)是在长期内平均生产每一单位产量所消耗的成本，它是由不同生产规模上的短期平均成本推导而来的。

图 5-7 是长期平均成本曲线 LAC 的变动规律。

从图 5-7 可以看出，长期平均成本曲线 LAC 也是一条先下降后上升的"U"型曲线，与短期平均成本相同。但长期平均成本曲线与短期平均成本曲线的区别是：长期平均成本曲线无论在下降时还是上升时都比较平坦，这说明在长期中平均成本无论是减少还是增加都比较缓慢。这是由于在长期中全部生产要素可以随时调整，从规模收益递增到规模收益递减有一个较长的规模收益不变阶段，而在短期中，规模收益不变阶段很短，甚至没有。

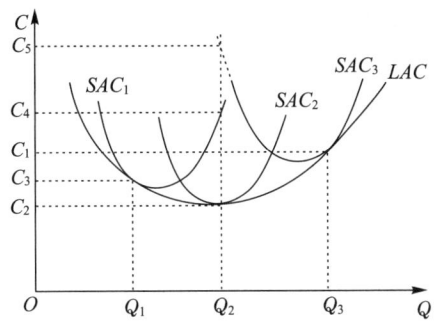

图 5-7　长期平均成本曲线的变动规律

2. 长期平均成本曲线与短期平均成本曲线的关系

长期平均成本曲线与短期平均成本曲线的关系如图 5-7 所示。如同长期总成本曲线和短期总成本曲线一样,长期平均成本曲线是无数条短期平均成本曲线的包络线。

在图 5-7 中,短期平均成本曲线 SAC_1、SAC_2、SAC_3 分别代表三种不同生产规模,厂商根据产量大小来决定生产规模,以使平均成本最低。当产量为 Q_2 时,选择 SAC_2 这一生产规模,此时平均成本 OC_2 最低。因为选择 SAC_1 这一生产规模,平均成本为 OC_4,OC_4 大于 OC_2;若选择 SAC_3 这一生产规模,平均生产成本为 OC_5,OC_5 大于 OC_2。同理,当产量为 Q_1 时,选择 SAC_1 这一生产规模,此时平均成本 OC_1 最低;当产量为 Q_3 时,选择 SAC_3 这一生产规模,此时平均成本 OC_3 最低。将每一产量所对应的最低平均成本联结起来,就形成了长期平均成本曲线。因此长期平均成本曲线是短期平均成本曲线的包络线。这些点就是长期平均成本曲线与短期平均成本曲线的切点。

在连续变化的每一产量水平上,都存在 LAC 与一条 SAC 曲线的相切点。该 SAC 曲线所代表的生产规模就是生产该产量的最优规模。该切点所对应的平均成本就是生产该产量的最低平均成本。

另外,长期平均成本曲线把所有短期平均成本曲线包含在内,并且与每一条短期平均成本曲线都相切,但要注意的是,这些切点并不一定是短期平均成本曲线的最低点。

三、长期边际成本(LMC)

长期边际成本(Long-run Marginal Cost,LMC)是在长期内增加一单位产品所增加的成本。长期边际成本也是随着产量的增加先减少后增加,因此,长期边际成本曲线也是一条先下降而后上升的"U"型曲线,但它比短期边际成本曲线要平坦。长期边际成本与长期平均成本的关系和短期边际成本与短期平均成本的关系一样,即长期边际成本曲线与长期平均成本曲线相交于长期平均成本曲线的最低点,在该点长期边际成本与长期平均成本相等。相交前,长期平均成本随产量的增加而下降,且长期边际成本小于长期平均成本;相交后,长期平均成本随产量的增加而上升,且长期边际成本大于长期平均成本。

长期边际成本与长期平均成本的变动规律可用图 5-8 表示。

在图 5-8 中,长期边际成本曲线 LMC 与长期平均成本曲线 LAC 相交于 LAC 曲线的最低点。相交前,LAC 在 LMC 的上方,表示长期平均成本大于长期边际成本;相交后,LAC 在 LMC 的下方,表示长期平均成本小于长期边际成本。

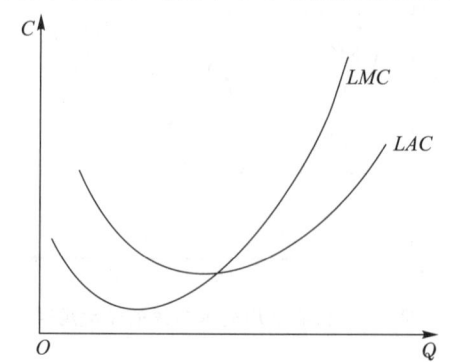

图 5-8　长期边际成本与长期平均成本的变动规律

四、规模经济

规模经济是指通过扩大生产规模而引起长期平均成本下降的特性。规模经济概念中的"规模"指的是伴随着生产能力扩大而出现的生产批量的扩大,"经济"则含有节省、效益和好处的意思。

但是,并不是生产规模越大,长期平均成本越低。规模经济一般界定为初始阶段,厂商由于扩大生产规模而使经济效益得到提高,产生规模经济;一旦企业生产规模扩大到超过一定的规模,边际效益会逐渐下降,甚至趋向零,乃至变成负值,导致规模不经济。

规模经济可分为内部规模经济和外部规模经济。

1. 内部规模经济

内部规模经济是指由于厂商自身生产规模的扩大而引起平均生产成本的下降。内部规模经济产生的主要原因是:①生产规模的扩大使专业分工更细,提高了生产和管理效率;②随着产量的增加,工人的熟练程度提高,劳动效率提高,学习效应明显;③大厂商更具研发能力,从而可以采用更加先进的设备和技术,生产出新产品;④大厂商在大宗产品的运输、销售及原材料采购方面可获得各种优惠条件,在价格谈判上具有强势地位。

2. 外部规模经济

外部规模经济是指由于整个行业规模的变化而使个别厂商的收益增加。外部规模经济主要来源于行业内企业数量增加所引起的产业规模的扩大,使整个行业内各厂商的生产成本降低,行业内的各厂商获得相应收益。

五、学习效应

学习效应是指企业的工人、技术人员、经理等人员在长期生产过程中,可以积累产品生产、技术设计以及管理工作经验,从而随着产量的增加,长期平均成本逐渐下降。

如果产品在市场上的销售价格不变,那么学习效应会导致单位产品成本下降,单位产品利润提高,从而可以刺激企业扩大生产规模,增加市场供给。

学习效应通常用学习曲线来表示。学习曲线描述的是企业累积性产品产量与每一单位产量所需要投入要素数量之间的关系。

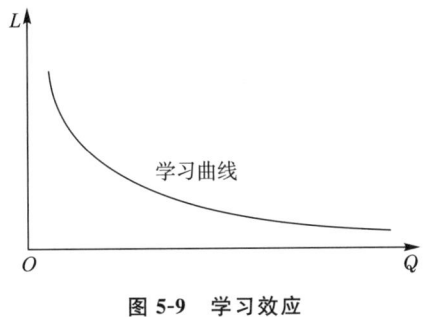

图5-9 学习效应

如图5-9所示,横坐标表示累积性加工的产品批量(比如每批量产品是1000件),纵坐标表示每一批产品所需劳动投入量。图5-9中的学习曲线向右下方倾斜,表示随着产品生产批量的累积性增加,每批产品所需的劳动投入量在相当大的范围内呈下降趋势。

学习效应导致单位产品劳动投入量下降,从而必然导致产品长期平均成本下降,使企业能够用较低的劳务成本生产更多的产品。当学习效应完全实现后,学习曲线与横坐标相平行。

学习曲线对于一个进入新行业的厂商进行新产品经营决策是非常重要的。当一个企业从事某种新产品生产时,在最初阶段产品的生产成本是很高的,这往往会使不少企业在进入这一新行业时望而却步。但是,如果在该行业的产品的生产过程中存在着学习效应,则企业不应该被开始阶段较高的生产成本所吓倒。从长期来看,进入该行业也许是有利的。对于存在学习效应的行业,当企业生产规模扩大到足够大时,进入该行业的企业可以通过提高生产技术水平、降低劳务成本和提高经营管理水平等措施获得比较好的经济效益。

第四节 成本与收益理论

一、收益

收益是指厂商销售产品所得的货币收入。收益分为总收益、平均收益和边际收益。

总收益(TR)是指厂商销售一定量产品所得到的全部货币收入。设商品单价为P,销售量为Q,则总收益可用公式表示为:

$$TR = PQ$$

平均收益(AR)是指厂商销售每一单位产品平均所得到的收入,可用公式表示为:

$$AR = \frac{TR}{Q}$$

边际收益(MR)是指厂商每增加销售一单位产品所获得的总收益的增量,可用公式表示为:

$$MR = \frac{\Delta TR}{\Delta Q}$$

或

$$MR = \lim_{\Delta Q \to 0} \frac{\Delta TR}{\Delta Q} = \frac{dTR}{dQ} = TR'$$

二、利润

利润是企业盈利的表现形式,经济学中的利润一般是指经济利润,也称为"超额利润"。

1. 经济利润、会计利润与正常利润

经济利润是指总收益与总成本之间的差额,可表示为:

$$\pi(Q) = TR(Q) - TC(Q)$$

其中,Q 为产量,π 为利润,TR 为总收益,TC 为总成本,π、TR、TC 都是 Q 的函数。

因为经济成本是由显性成本和隐性成本构成的,其中显性成本又称为"会计成本",所以存在经济利润、会计利润和正常利润的区别。会计利润是指总收益与会计成本之间的差额,正常利润则是隐性成本的一部分,是厂商投入生产要素应得的报酬,也是厂商继续留在该行业从事生产经营的最低报酬,如果得不到正常利润,厂商将退出该行业。

为了更好地理解经济利润与会计利润的区别,下面我们对其举例说明。

例 1 假设张先生有一间店铺,如果出租一年有 6 万元租金收入;他另有 30 万元存款,按照年利率 1%,一年的利息收入为 0.3 万元;如果他给别人打工,一年有 12 万元的纯收入。张先生决定利用自己的店铺和资金开一家饭店,一年的收入为 60 万元,会计成本为 30 万元。求张先生一年的会计利润和经济利润分别是多少?

解:会计利润=总收益-会计成本=60-30=30(万元)

经济利润=总收益-总成本

=总收益-显性成本-隐性成本=60-30-6-0.3-12=11.7(万元)

2. 利润最大化原则

利润最大化特指经济利润最大化,而经济利润等于总收益与总成本之间的差额,即 $\pi(Q) = TR(Q) - TC(Q)$。由极值的必要条件知,利润最大化的必要条件是 $\pi'(Q) = 0$,用公式表示为:

$$\pi'(Q) = TR'(Q) - TC'(Q) = MR - MC = 0 \Rightarrow MR = MC$$

所以,当 $MR=MC$,即边际收益等于边际成本时,利润最大。

为什么是边际收益等于边际成本($MR=MC$)时利润最大呢?因为如果厂商的边际收益大于边际成本,意味着厂商每多生产一单位的产品用于销售所增加的收益大于因多生产这一单位产品所增加的成本,厂商仍有利可图,因而会增加产量;如果厂商的边际收益小于边际成本,意味着厂商每多生产一单位的产品用于销售所增加的收益小于因多生产这一单位产品所增加的成本,厂商会亏损,因而会减少产量。

无论是边际收益大于还是小于边际成本,厂商都会改变产量,以使利润增加,而只有在边际收益等于边际成本时,厂商才不会调整产量。

第五章 成本收益理论

我们知道,现实中存在不同的市场结构,不同市场条件下收益的变化规律是不同的,厂商在追求利润最大化时会受到不同市场条件的限制,但是无论在什么样的市场条件下,利润最大化的基本原则都是不变的。

思 考 与 练 习

一、关键概念

短期成本　长期成本　总成本　平均成本　边际成本　总收益　平均收益　边际收益　经济利润　会计利润

二、单项选择题

1. 下列项目中,(　　)是可变成本。
   A. 管理人员的工资　B. 生产工人的工资　C. 机器设备的折旧　D. 房屋的租金

2. 边际成本是指(　　)。
   A. 厂商支付给生产要素所有者报酬的成本
   B. 厂商自己拥有的生产要素的报酬
   C. 平均每单位产量所花费的成本
   D. 每增加一单位产量所引起的总成本的增量

3. 假如总产量从 1000 单位增加到 1002 单位,总成本从 2000 元上升到 2020 元,那么边际成本等于(　　)。
   A. 10 元　　　　　　B. 20 元　　　　　　C. 2020 元　　　　　D. 2000 元

4. 已知产量为 99 单位时,总成本等于 995 元,产量增加到 100 单位时,平均成本为 10 元,由此可知产量增加到 100 单位时的边际成本等于(　　)。
   A. 10 元　　　　　　B. 5 元　　　　　　　C. 15 元　　　　　　D. 20 元

5. 假如某家厂商的总收益不足以补偿他付出的总可变成本,为了把损失减少到最低程度,他应该(　　)。
   A. 减少产量　　　　　B. 停止生产　　　　　C. 增加产量　　　　　D. 维持原产量

6. 随着产量的增加,固定成本(　　)。
   A. 增加　　　　　　　B. 不变　　　　　　　C. 减少　　　　　　　D. 先增后减

7. 随着产量的增加,平均固定成本(　　)。
   A. 先降后升　　　　　B. 先升后降　　　　　C. 一直下降　　　　　D. 一直上升

8. 随着产量的增加,平均可变成本(　　)。
   A. 先降后升　　　　　　　　　　　　　　　B. 先升后降
   C. 按固定比率上升　　　　　　　　　　　　D. 按固定比率下降

9. 短期边际成本曲线与短期平均成本曲线的交点称为(　　)。
   A. 收支相抵点　　　　　　　　　　　　　　B. 停止营业点
   C. 利润最大点　　　　　　　　　　　　　　D. 以上答案都不正确

10. 利润最大化原则是(　　)。
    A. $MC = AC$　　　　B. $MR = MC$　　　　C. $AR = MR$　　　　D. $MR = AC$

三、多项选择题

1. 下列选项中,可计入显性成本的是(　　)。
   A. 设备购置费　　B. 场地租金　　C. 借款利息　　D. 增值税
2. 下列选项中,随产量而变化的成本有(　　)。
   A. 总成本　　B. 固定成本　　C. 可变成本　　D. 边际成本
3. 总收益与总成本之间的差额叫(　　)。
   A. 经济利润　　B. 超额利润　　C. 正常利润　　D. 会计利润
4. 边际成本与平均成本的关系是(　　)。
   A. 边际成本小于平均成本时,边际成本上升
   B. 边际成本小于平均成本时,平均成本下降
   C. 边际成本大于平均成本时,平均成本上升
   D. 边际成本大于平均成本时,边际成本上升
5. 长期平均成本曲线与短期平均成本曲线的关系是(　　)。
   A. 长期平均成本曲线是短期平均成本曲线的包络曲线
   B. 长期平均成本曲线与每一条短期平均成本曲线相切
   C. 长期平均成本曲线在每一条短期平均成本曲线的下方
   D. 长期平均成本曲线上的每一点都对应着一个短期平均成本曲线上的一点

四、简答题

简述利润最大化的原则。

五、计算题

1. 已知某厂商的短期成本函数是:
$$STC = 10000 + 600Q - Q^2$$
写出 $FC, VC, AC, AFC, AVC, SMC$ 的函数式。

2. 某厂商的总成本函数为 $TC = 4 + 3Q^2$,产品价格为18,求利润最大化的产量是多少?此时最大利润是多少?

第六章

市场结构理论

 知识目标

☆ 了解市场结构的划分标准。
☆ 理解四种市场类型的基本特征。
☆ 理解不同市场类型的优缺点。
☆ 掌握不同市场类型厂商的均衡条件。

 能力目标

☆ 能够利用市场结构划分的原则,分析和判断市场上一些比较熟悉的行业的市场结构类型。
☆ 能够利用各种市场类型的优缺点分析比较竞争与垄断各自的优势。
☆ 能够利用各种市场的厂商均衡原则,分析判断市场结构与企业行为的关系。
☆ 能够利用厂商均衡理论,分析和解释一些企业现实运行中的行为方式和所采取的策略。

案例导引

经过 30 多年的发展,我国家电行业已经成为市场化竞争最充分、产业链最完整、竞争优势最明显的产业之一。在"十一五"期间,涌现出一批销售额超百亿元甚至超千亿元及单品类产销量超 1000 万台的企业。在"十二五期间",大企业阵容进一步扩大,行业集中度进一步提高。2014 年,家电行业主营业务收入约为 1.41 万亿元,其中销售收入超百亿元的企业集团有七家:美的、格力、海尔、海信科龙、小天鹅和美菱,它们的销售收入合计超过 4600 亿元,占家电行业销售收入总额的三分之一。

2014 年,中国空调市场前三家格力、美的和海尔的市场占有率合计达 69%,其中格力占 36.5%,美的占 22.4%,海尔占 10.1%;中国冰箱市场销售总量为 5334.6 万台,前三家海尔、海信科龙和美的的市场占有率合计达 42%,其中海尔占 20.3%,海信科龙 11.8%,美的占 9.9%;中国洗衣机市场整体销量 3275 万台,销售额同比增长 2.5%,达到 595 亿,前十位公司占据行业 80% 以上的市场份额,其中海尔和美的两大国产洗衣机占市场份额比重高达 46.57%,其余市场份额主要被三洋、松下、西门子、LG、三星、海信等品牌占据。

我国家电行业竞争格局总体稳定,市场集中度稳步提高,包括品牌、渠道、规模和研发等因素在内,行业已经形成一定的软壁垒。空调行业的前两位企业销量已占据市场的半壁江山,一线品牌凭借强大的品牌张力、渠道控制力、规模地位和售后服务,不断巩固和强化其龙头地位。冰箱与洗衣机行业经过多年的产业整合,品牌集中度也在逐渐提升,竞争格局及发展趋势日渐清晰。我国家电市场基本由销量稳定且品牌影响力强劲的海尔、格力、美的和海信垄断。

家电产业被认为是竞争最为充分的行业之一,如果不能在核心技术上占据优势,则意味着产品利润的压缩。自 2014 年以来,受经济形势影响,我国家电行业陷入低迷状态,家电企业必须进行深度的转型和变革,通过研发高端、智能等具有差异化、个性化的产品,找到市场的刚性需求和潜在消费,推动整个产业在行业低谷时期的经营转型和结构调整,打造具有国际竞争力的民族品牌,从而赢得市场竞争。

思考讨论:
当前我国家电行业的市场结构有什么特点?

在日常生活中,我们会使用来自不同行业的企业生产和销售的商品。我们发现,有些商品的市场竞争很激烈,厂商经常会开展价格促销活动,而有些商品是被垄断企业控制的,价格变动很小,有些商品则处于前两者的中间状态。经济学把这些厂商划分为不同的市场类型,不同类型下的厂商决策是不同的,不同的市场类型也各自存在利弊。本章将对不同市场类型下的厂商均衡条件进行分析。

第一节　市场结构概述

一、划分市场结构的标准

市场结构是指一个行业内部买方和卖方的数量和规模分布、产品差别的程度,以及新企业进入该行业的难易程度的综合状态。

我们经常说,某个市场竞争程度高或者某个市场垄断程度高,而当我们作出这种判断时,依据是什么呢?这就需要确定一些划分市场结构的标准。经济学家划分市场结构的标准是市场竞争的强弱程度,而影响市场竞争程度的主要因素有以下三个方面。

1. 市场集中度

市场集中度是指大企业对市场的控制程度。如果一个市场上大企业的控制程度高,这个市场的垄断程度就高;反之,如果一个市场上没什么大企业,大企业的控制程度低,这个市场的竞争程度就高。企业对市场控制程度的大小取决于一个市场上企业的数量和规模。如果一个市场上企业数量少,而且每个企业规模都很大,企业就可以通过自己的产量来控制市场;如果一个市场上企业数量多,而且每个企业规模又小,少数企业就难以控制一个市场。

2. 产品差别

在经济学中,产品差别是一个十分重要的概念。产品差别是指同一种产品在质量、外形、包装、品牌和服务等方面的细微差别。例如,同样的自行车,质量高低不同,型式不同,颜色不同,品牌不同以及放在不同商店出售,这些都属于自行车的产品差别。

有产品差别就会引起垄断,因为有差别的产品可以用自己的产品特色垄断一部分消费者,即垄断自己的目标客户。例如,同样的西装,质地好、做工精细的名牌西装可以对高收入消费者形成垄断;颜色鲜艳、式样时尚的西装可以靠这些特色垄断年轻一代消费者。这样,西装行业尽管企业规模并不大,企业数量也相当多,也没有什么进入限制,但仍然存在垄断。因此,在划分市场结构时需要考虑产品差别。一个市场产品差别越小,竞争程度越高;反之,产品差别越大,垄断程度越高。

3. 进入限制

进入限制是指企业能否自由进入或退出一个市场。一般来说,一个市场进入限制越低,越容易进入,竞争程度就越高;反之,如果进入限制越高,越难进入,垄断程度就越高。

一个市场进入限制的高低取决于自然条件与政府的立法。从自然条件来看,主要取决于资源的可获得性和规模经济。如果一个行业所需要的资源越容易获得,其进入限制就越低;如果一个行业所需要的资源越难获得,其进入限制越高。从政府立法看,进入限制取决于特许经营、许可证制度和专利法。在实行这些立法限制的行业,进入限制就高,而没有这些立法限制的行业进入当然容易。

进入限制与市场结构相关,主要是因为在进入限制低的行业,企业数量多;而在进入限制高的行业,企业数量少。在极端情况下,任何企业无法进入一个行业,该行业由一家企业控制,这就是完全的垄断。

二、市场结构的分类及其特征

根据以上划分标准,我们将市场结构划分为完全竞争、垄断竞争、寡头垄断和完全垄断四种市场类型。其中,完全竞争市场和完全垄断市场是两个极端,垄断竞争市场和寡头垄断市场是介于两种极端之间的状态,是竞争和垄断不同程度的结合。各类市场的主要特征如表 6-1 所示:

表 6-1 各类市场的主要特征

市场和厂商的类别	厂商的数量	产品的差异程度	对价格的影响程度	进入行业的难易程度	实际中相近的行业
完全竞争	很多	完全无差别	没有	很容易	农产品
垄断竞争	很多	有差别	有一些	比较容易	服装、食品
寡头垄断	几个	有差别或无差别	相当程度	比较困难	电信、钢铁、汽车
完全垄断	一个	唯一的产品	很大程度但经常受到管制	非常困难,几乎不可能	公用事业,如水、电

第二节 完全竞争市场

一、完全竞争市场的含义及其特征

完全竞争市场是指竞争充分而不受任何阻碍和干扰的一种市场结构。它具有以下四个特征。

1. 拥有大量买者和卖者

完全竞争市场上有众多的生产者和消费者,任何一个生产者或消费者都不能影响市场价格。由于存在着大量的生产者和消费者,与整个市场的生产量(即销售量)和购买量相比较,任何一个生产者的生产量(即销售量)和任何一个消费者的购买量所占的比例都很小,因而他们都无能力影响市场的产量(即销售量)和价格。因此,任何生产者和消费者单独的市场行为都不会引起完全竞争市场上产量(即销售量)和价格的变化。

2. 产品不存在差异

完全竞争市场上有许多企业,每个企业生产的产品都是同质的,包括质量、性能、外形和包装等方面都是无差别的,以至于任何一个企业都无法通过自己的产品具有与他人产品的特异之处来影响价格而形成垄断。

对于消费者来说,无论购买哪一个企业的产品都是无差别的,以至于众多消费者无法根据产品的差别而形成偏好,从而使生产这些产品的生产者无法形成一定的垄断性而影响市场价格。也就是说,只要生产同质产品,各种商品互相之间就具有完全的替代性,这很容易接近完全竞争市场。

3. 没有进入或退出行业的限制

任何一个生产者,既可以自由进入某个市场,也可以自由退出某个市场,即进入市场或退出市场完全由生产者自己决定。由于无任何进出市场的障碍,当某个行业市场上有净利润时,就会吸引许多新的生产者进入这个行业市场,从而引起利润的下降,以至于利润逐渐消失。而当行业市场出现亏损时,许多生产者又会退出这个市场,从而引起行业市场利润的增长。这样,在一个较长的时期内,生产者只能获得正常利润,而不能获得垄断利益。

4. 信息完全

市场上的每一个买者和卖者都掌握着与自己的经济决策有关的一切信息。这样,每一个消费者和每一个厂商都可以根据自己掌握的完全信息,作出对自己最优的经济决策,从而获得最大的经济效益。而且,由于每一个买者和卖者都知道既定的市场价格,且都按照这一既定的市场价格进行交易,这也就排除了由于信息不通畅可能导致的同一市场同时按照不同的价格进行交易的情况。因此,任何市场主体都不能通过权力、关税、补贴、配给或其他任何人为的手段来控制市场供需和市场价格。

完全竞争市场在现实经济中并不存在,一般认为农产品市场比较接近完全竞争市场。因为在农业生产中,农户的数量多,而且每个农户的生产规模一般都不大;同时,每个农户生产的农产品产量及其在整个农产品总产量中所占的比例都极小,因而每个农户的生产和销售行为都无法影响农产品的市场价格,只能被动接受农产品的市场价格。

二、完全竞争市场的需求曲线和收益曲线

1. 需求曲线

对于整个行业而言,需求曲线是一条向右下方倾斜的曲线,供给曲线是一条向右上方倾斜的曲线。因此,整个行业产品的市场价格就是这种需求曲线和供给曲线相交时的均衡价格 P_0,如图 6-1(a) 所示。

因为完全竞争市场上的卖者和买者数量众多,没有任何一方能够操纵市场价格,所以厂商是既定市场价格的接受者,完全竞争厂商的需求曲线 D 就是从行业产品的均衡价格 P_0 出发的水平直线,如图 6-1(b) 所示。

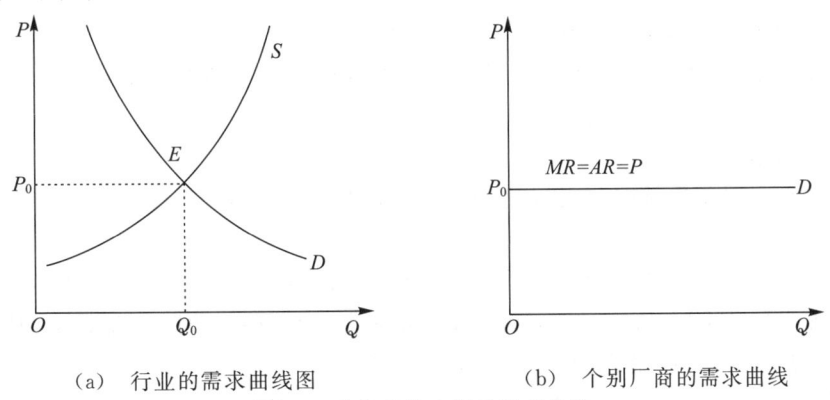

(a) 行业的需求曲线图　　　　(b) 个别厂商的需求曲线

图 6-1　完全竞争市场的需求曲线

2. 收益曲线

在完全竞争市场上,厂商的总收益曲线是从原点出发,斜率是产品价格的一条直线,

如图 6-2 所示。

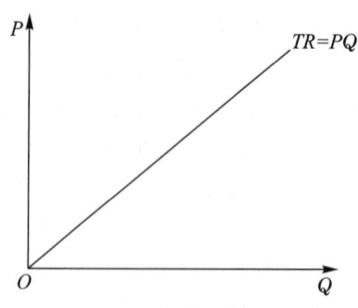

图 6-2 个别厂商的收益曲线

厂商按既定价格 P 销售 Q 个单位商品，则总收益为 $TR=PQ$，从而厂商的平均收益为：

$$AR=TP/Q=PQ/Q=P$$

这说明厂商的平均收益等于产品价格。

另一方面，厂商的边际收益为：

$$MR=dTR/dQ=(PQ)'=P$$

这说明厂商的边际收益也等于产品价格。这是因为在完全竞争市场上，个别厂商销售量的变动并不会影响市场价格，厂商每增加一单位产品的销售，所增加的收益是不变的。

由以上两个公式得：

$$AR=MR=P$$

因此，在完全竞争市场，厂商的平均收益、边际收益和市场价格三者相等，它们表示的三条曲线重合，如图 6-1(b) 所示。

三、完全竞争市场的短期均衡

在完全竞争市场条件下的短期生产中，不但市场的产品价格是既定的，而且生产中的不变要素投入量是无法改变的，即厂商只能用既定的生产规模进行生产，因而厂商只有通过对产量的调整来实现 $MR=MC$ 的利润最大化原则。

在整个行业，市场供求状况会出现供不应求或供过于求两种情形，下面分别分析这两种供求关系下的厂商短期均衡。

1. 供不应求的情形

当一种商品供不应求时，价格就会上涨，从而市场价格高于均衡价格，此时厂商的均衡状态如图 6-3 所示。

在图 6-3 中，市场价格为 P_0，平均收益曲线 AR、边际收益曲线 MR 与厂商需求曲线 dd 重合，即 $AR=MR=P_0$。此时，短期边际成本曲线 SMC 与边际收益曲线 MR 的交点为 E，它决定了厂商的产量为 Q_0，从而厂商的利润为：

利润＝总收益－总成本＝$AR \times Q_0 - SAC \times Q_0 = (AR-SAC) \times Q_0$

因为 $AR>SAC$，所以厂商获得的利润是超额利润，利润额为图 6-3 中阴影部分 $EFGP_0$ 的面积。

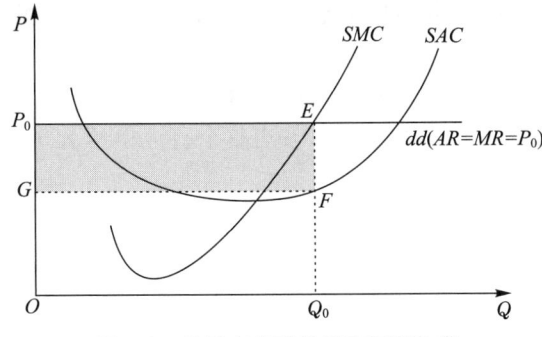

图 6-3 供不应求时的厂商短期均衡

2. 供大于求的情形

当一种商品供大于求时,价格就会下跌,从而市场价格低于均衡价格,此时厂商的均衡状态如图 6-4 所示。

在图 6-4 中,市场价格为 P_0,平均收益曲线 AR、边际收益曲线 MR 与厂商需求曲线 dd 重合,即 $AR=MR=P_0$。此时,短期边际成本曲线 SMC 与边际收益曲线 MR 的交点为 E,它决定了厂商的产量为 Q_0,从而厂商的利润为:

利润 = 总收益 − 总成本 = $AR \times Q_0 - SAC \times Q_0 = (AR - SAC) \times Q_0$

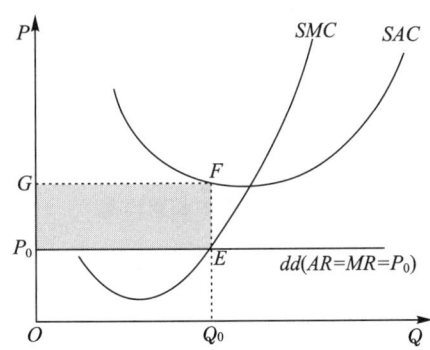

图 6-4 供大于求时的厂商短期均衡

因为 $AR<SAC$,所以厂商获得的利润是负的,即存在亏损,亏损额为图 6-4 中阴影部分 $EFGP_0$ 的面积。

综上可知,在短期中,厂商均衡的条件是边际收益等于边际成本,即可表示为:

$$MR=MC$$

四、完全竞争市场的长期均衡

在长期中,各个厂商可以根据市场价格来调整全部生产要素和生产,也可以自由进入或退出该行业。这样,整个行业供给的变动就会影响市场价格,从而影响各个厂商的均衡。

当市场供给小于市场需求使价格变高时,各厂商就会扩大生产,其他厂商也会涌入该行业,从而整个行业的供给增加,价格水平下降。

同样,当市场供给小于市场需求使价格变低时,各厂商就会减少生产,有些厂商会退出该行业,从而整个行业供给减少,价格水平上升。

最终价格水平会达到使各个厂商既无超额利润又无亏损的状态,此时整个行业的供求达到平衡,各个厂商的产量也不再调整,于是就实现了长期均衡。厂商的长期均衡状态如图 6-5 所示。

在图 6-5 中,LMC 是长期边际成本曲线,LAC 是长期平均成本曲线。当整个行业供给小于需求时,个别厂商的需求曲线为 dd_1;当整个行业供给大于需求时,个别厂商的需求曲线为 dd_2。

由上面分析知,当整个行业供给小于需求时,由于价格高会引起整个行业供给增加,从而导致价格下降,个别厂商的需求曲线 dd_1 向下移动;当整个行业供给大于需求时,由于价格低会引起整个行业供给减少,从而导致价格上涨,个别厂商的需求曲线 dd_2 向上移动。最终,需求曲线会移动到 dd,而且边际成本曲线 LMC 与边际收益曲线 MR(即 dd)相交于 E,相应的产量为 Q_0,这时总收益 = 平均收益 × 产量 = P_0Q_0,总成本 = 平均成本 × 产量 = P_0Q_0,故总收益等于总成本,厂商既无超额利润又无亏损,不用再调整产量,即实现了长期均衡。

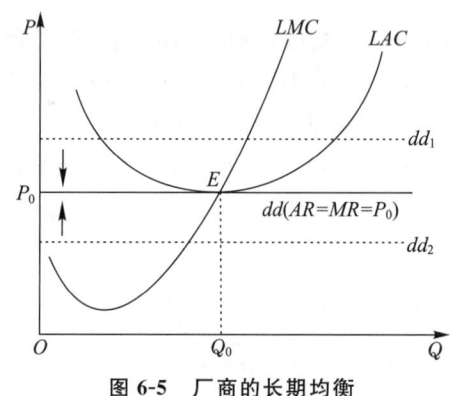

图 6-5 厂商的长期均衡

由图 6-5 知,当实现了长期均衡时,长期边际成本曲线 LMC 与长期平均成本曲线 LAC 都相交于 E 点。这就说明,长期均衡的条件是:

$$MR = AR = MC = AC$$

五、对完全竞争市场的评论

通过以上对完全竞争市场上均衡的分析可以看出,在完全竞争的市场条件下,价格可以充分发挥其"看不见的手"的作用,调节整个经济的运行。这种调节有三个好处:第一,实现了社会资源的最优配置,生产者既不会生产不足也不会生产过剩,消费者的需求也得到了满足;第二,完全竞争与资源的自由流动使生产要素的效率得到了最有效的发挥;第三,此时产品的价格也是最低的,这对消费者是很有利的。所以说,完全竞争市场是最理想的。

但是,完全竞争市场也有以下缺点:第一,各厂商的平均成本最低并不一定是社会成本最低;第二,产品无差别使得消费者的多种需求无法得到满足;第三,完全竞争市场上生产者的规模都比较小,这导致他们都没有能力开展新技术研发,从而不利于先进生产技术的发展。

在现实中,完全竞争市场的情况是很少的,但是对完全竞争市场的分析为我们研究其他市场提供了一个理论基础。

第三节 完全垄断市场

一、完全垄断市场的含义及其特征

完全垄断市场是指在市场上只存在一个供给者和众多需求者的市场结构,它具有以下三个特征。

第一,厂商数目唯一。一家厂商控制了某种产品的全部供给,由于整个行业仅存在唯一的供给者,企业就是行业,也是市场价格的制定者。

第二,不存在替代品。否则,其他企业可以生产替代品来代替垄断企业的产品,完全垄断企业就不可能成为市场上唯一的供给者。

第三,进入壁垒非常高。其他任何厂商想进入该行业都极为困难或不可能,要素资源难以流动。例如,铁路、供电、供水等公共事业,为保证民生,政府会通过法律政策限制其他企业进入该行业。

完全垄断市场在现实中也非常少见,垄断行业一般都是国家支柱产业,关系到国家安全或民生,在政府层面上支持企业垄断。

二、完全垄断市场的需求曲线和收益曲线

1. 需求曲线

在完全垄断市场上,一家厂商就是整个行业。因此,整个行业的需求曲线也就是一家厂商的需求曲线,则需求曲线就是一条表明需求量与价格成反方向变动的向右下方倾斜的曲线。

2. 平均收益与边际收益曲线

在完全垄断市场上,每一单位产品的售价就是它的平均收益,因此,平均收益就是产品价格,从而平均收益曲线与需求曲线重合。

但是,在完全垄断市场上,随着产品销售量的增加,产品的价格会下降,从而边际收益减少,这样平均收益就不会等于边际收益,而且边际收益下降的速度比价格下降的速度要快,这时边际收益曲线不再与需求曲线重合,而是在需求曲线的下方。

平均收益与边际收益的关系可以通过表 6-2 来理解。

表 6-2 平均收益与边际收益的关系

产量	价格	总收益	边际收益	平均收益
1	10	10	10	10
2	9	18	8	9
3	8	24	6	8
4	7	28	4	7
5	6	30	2	6
6	5	30	0	5

从表 6-2 可以看出，对于同一产量水平，平均收益等于产品价格，边际收益小于平均收益。

因此，完全垄断市场的需求曲线 dd、平均收益曲线 AR 和边际收益曲线 MR 之间的关系可以用图 6-6 表示。

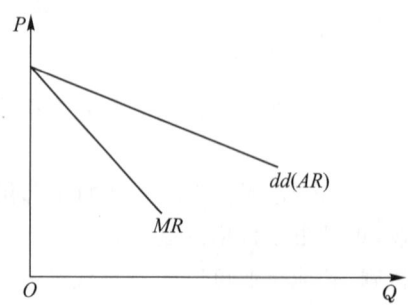

图 6-6　完全垄断市场的需求曲线和收益曲线

三、完全垄断市场的厂商均衡

1. 完全垄断市场的短期均衡

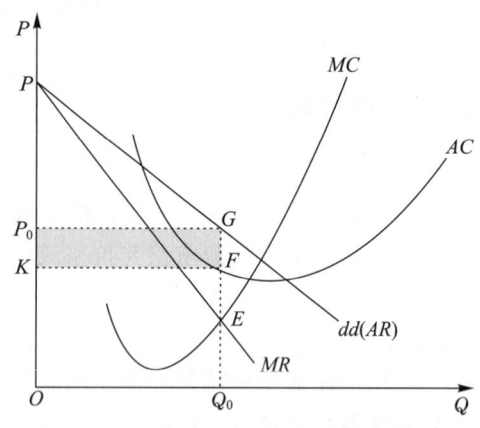

图 6-7　完全垄断市场的短期均衡

如图 6-7 所示，根据利润最大化原则 MR＝MC 知，产量由边际收益曲线 MR 与边际成本曲线 MC 的交点决定，即 E 点对应的产量 Q_0。过 E 点垂直横轴的直线分别与平均成本曲线 AC 交于 F 点、与平均收益曲线 AR 交于 G 点。这时，总收益＝平均收益×产量，总成本＝平均成本×产量，而在产量 Q_0 的地方，平均收益大于平均成本，从而总收益大于总成本，厂商可以获得超额利润。这种情况下的超额利润是由垄断引起的，因而被称为"垄断利润"。此时，均衡条件为：

$$MR = MC$$

2. 完全垄断市场的长期均衡

在完全垄断市场，长期均衡和短期均衡的条件相同，都是 MR＝MC，也存在垄断利润。但在长期中，为获得更多的垄断利润，垄断厂商也会调整产量，并且要在"高价少销"和"低价多销"之间进行选择。这时，垄断厂商要考虑到该产品的需求弹性，生产要素的供给与价格等因素。

四、完全垄断市场的价格歧视

在垄断市场,由于垄断厂商控制了整个行业,他就可以通过实行价格歧视获取超额利润。所谓价格歧视,是指在同一时间对同一种产品向不同的消费者索取不同的价格。

1. 实行价格歧视的条件

一般情况下,实行价格歧视需要具备以下三个条件。

(1)各个市场对同种产品的需求弹性不同。这时,垄断厂商可以针对需求弹性不同的市场实行不同的价格,在弹性比较小的市场上实行高价格,以获得超额利润。

(2)市场存在不完善。即市场不存在竞争,市场信息不畅通或因其他原因市场被分割,消费者不了解其他市场的价格,垄断厂商就可以实行价格歧视。

(3)能有效地把不同市场之间或市场的各部分之间分开。比如在电力行业,只有把工业用电网和农业用电网分开,才能实行不同的价格。

2. 价格歧视的类型

根据价格差别的程度,价格歧视可分为三个等级。

(1)一级价格歧视,又称为"完全价格歧视",就是厂商对每一个消费者都实行不同的价格。比如,一个牙医可以对每个患者征收不同的医疗费用。这是一种极端的情况,在现实中很少发生。

(2)二级价格歧视是指垄断厂商了解消费者的需求曲线,把这种需求曲线分为不同段,根据不同购买量确定不同价格。公用事业中的差别价格就是典型的二级价格歧视,比如电力行业实行阶梯式电价就属于二级价格歧视。

(3)三级价格歧视是指垄断厂商对不同市场的不同消费者实行不同的价格,在实行高价格的市场上获得超额利润。例如,电力行业把电力分为工业用电、农业用电、商业用电和居民用电等类型,这些类型的用电价格是不同的。

五、对完全垄断市场的评论

一般认为,完全垄断对经济的影响有利有弊,但是弊大于利。

一方面,完全垄断市场对社会稳定和发展有积极的作用,其优越性体现在以下两个方面。

第一,完全垄断市场可以有效利用生产资源,形成规模经济,降低产品的成本,从而降低消费者的消费成本,增加社会福利。特别是投资大、投资周期长、利润率低且与民生密切相关的产业,完全垄断市场可以起到提高人民生活水平和维护社会稳定的作用。

第二,完全垄断市场下的垄断企业拥有丰厚的超额利润,从而有实力进行新产品和新技术的研发,促进产品品种的增加和产品质量的提高,进而给企业带来更多的超额利润,又促使企业投入更多的资金用来研发,形成良性循环,这有利于整个社会的科技进步和发展。

同时,完全垄断市场对社会发展有负面作用,其缺陷体现在以下两个方面。

第一,完全垄断会扼杀竞争,降低社会生产效率。在完全垄断市场条件下,垄断企业虽然可以扩大生产规模、降低产品成本、提高产品产量,以获得丰厚的利润。但是,因为垄断了市场供给,没有竞争者,所以垄断企业也可以通过降低产量和提高产品价格的手段来获取利润,也就是说,完全垄断有可能助长垄断企业不思进取的思想,造成社会生产效率的下降。

第二,完全垄断会滋生腐败,造成社会财富分配不公,加剧贫富差距。由于部分完全垄断市场与政府有关,垄断企业会通过"寻租"行为巩固其垄断地位,促使本企业利润进一步增加,与其他行业的经济效益形成巨大反差,造成整个社会财富的分配不公平,从而使整个社会的贫富差距不断扩大。

完全垄断市场和完全竞争市场一样,都是一种极端的市场类型,在现实经济实践中几乎是不可能存在的。因为在现实中,大多数垄断企业总是要受到政府或政府代理机构各个方面的干预和调节,政府不可能任由垄断企业去完全垄断市场。

第四节 垄断竞争市场

一、垄断竞争的含义及特征

垄断竞争是一种既有垄断又有竞争,既不是完全垄断又不是完全竞争的市场结构,它具有以下三个特征。

第一,同种产品存在差别。这里的产品差别不仅指同一产品在质量、构造、外观、销售服务方面的差别,还包括商标、广告上的差别和以消费者的想象为基础的虚构的差别。一方面,由于市场上的每种产品之间存在差别,每种带有自身特点的产品都是唯一的,因此,每个厂商对自己的产品价格都有一定的垄断力量,从而市场中存在着垄断。另一方面,由于有差别的产品之间又是非常相似的替代品,每一种产品都会遇到其他相似产品的竞争,因此,市场中也存在竞争。总之,产品差别导致市场中垄断和竞争并存,形成了一种垄断竞争的局面。

第二,厂商数量比较多。某一行业的各个厂商要想在激烈的市场竞争中生存发展,都会认真分析消费者的实际需要,创造出自己产品的特色,吸引一部分消费者购买,从而在该消费群体中形成垄断。同时,厂商通过各种宣传手段,扩大市场份额,争夺其他厂商的客户,这就使得每个厂商都处于垄断竞争的市场中。

第三,厂商的生产规模都比较小,因而进入和退出市场都比较容易。

现实经济中的许多产品都是有差别的,因此,垄断竞争是普遍存在的,最明显的垄断竞争市场是轻工业品市场。

二、垄断竞争市场的厂商均衡

1. 短期均衡

在短期中,每个厂商都凭借自己有差别的产品,在部分消费者中形成自己的垄断地位,处于完全垄断状态。因此,垄断竞争市场上的短期均衡与完全垄断市场相同,即均衡条件是 $MR=MC$,也存在超额利润。

2. 长期均衡

在长期中,厂商可以调整一切生产要素。当某一行业出现超额利润时,会有新的厂商进入该行业,而当出现亏损时,原有厂商会退出该行业,最终使超额利润消失,在达到长期均衡时,整个行业的超额利润为零。因此,垄断竞争与完全垄断不同,不会拥有超额利润,而是与完全竞争一样,在长期由于总收益等于总成本,只能获得正常利润。

图6-8说明了在垄断竞争市场上的长期均衡情况。

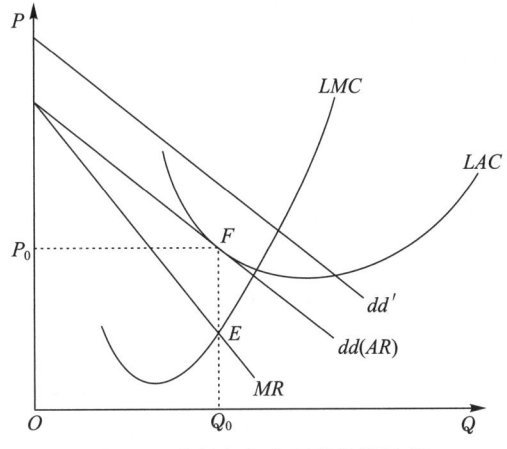

图6-8 垄断竞争市场的长期均衡

如图6-8,在长期中由于存在各厂商的激烈竞争,价格水平下降,使短期需求曲线dd'移动到dd,根据利润最大化原则$MR=MC$,边际收益曲线MR和边际成本曲线LMC交于E点,过E点作垂直于横轴的直线就是产量为Q_0的供给曲线,它与需求曲线dd相交于F点,过F点作水平直线得到价格水平P_0,从而Q_0和P_0是利润最大化时的产量和价格。当达到长期均衡时,不存在超额利润,从而总收益等于总成本,因为总收益等于平均收益乘以产量,总成本等于平均成本乘以产量,所以平均收益等于平均成本,即平均收益曲线AR与平均成本曲线LAC相切于F点。因此,垄断竞争市场上长期均衡的条件是:
$$MR=LMC,AR=LAC$$

三、垄断竞争厂商的竞争策略

在垄断竞争市场上,厂商可以采用价格竞争策略和非价格竞争策略。

价格竞争策略是指通过降低价格吸引更多的消费者,从而达到利润最大化的目的。由于厂商众多,产品间具有一定的替代性,厂商对价格的控制力较小,价格竞争利益不大。

非价格竞争策略是指通过改变产品质量、功能、外观、包装、售后服务及广告宣传等手段参与市场竞争的形式。通过非价格竞争打造产品特色,人为地塑造产品间的差异,由此形成对自己特色产品忠诚顾客的垄断,以获取垄断利益。非价格竞争的主要手段有产品变异和广告。

产品变异是指改变产品原有特征,以形成产品差别的竞争手段。这种变异包括以下两个方面:其一是产品本身的改变,包括实质性的改变如原料、设计、技术性能、做工、式样、型号、颜色等方面的改变,以及非实质性的改变如包装、品牌、商标等方面的改变;其二是销售条件的改变,如送货上门、定期维修等,这样做的原因是销售条件不同的产品会被消费者视为不同的产品,因此,厂商可以通过改变销售条件扩大产品差异,强化消费者的认同感。

广告是指厂商为了某种特定的需要,通过一定形式的媒体,公开而广泛地向公众传递信息的宣传手段。垄断竞争厂商希望有着不同偏好的消费者了解自己产品的特色并购买这些产品,广告就是沟通双方的方式。厂商通过广告增加消费者的认同与需求,使消费者在每一价格水平下都能购买更多的商品,或者通过消费者的认同而愿意支付更高一些的价格;消费者则借助广告对众多难以识别的产品作出比较理性的选择。

四、对垄断竞争市场的评论

垄断竞争市场是介于完全竞争市场和完全垄断市场之间的市场状态,因此可以将垄断竞争市场同时与完全竞争市场和完全垄断市场进行比较。首先,从平均成本来看,垄断竞争市场高于完全竞争市场,但低于完全垄断市场,这是因为垄断竞争市场存在垄断,故生产要素的效率比完全竞争时低,又因为垄断竞争市场也存在竞争,故生产要素的效率又比完全垄断时高。其次,从价格来看,垄断竞争时的价格高于完全竞争,这是因为平均成本高,对消费者来说,用高于完全竞争时的价格得到更加丰富的产品,可以满足不同的需求;但垄断竞争时的价格低于完全垄断,这是因为价格是由市场竞争形成的,而不是由垄断者决定的。最后,从产量来看,垄断竞争时的产量低于完全竞争,而高于完全垄断,这是因为垄断竞争下的资源利用率低于完全竞争而高于完全垄断。

在垄断竞争市场,竞争的存在激发了各厂商进行创新,生产出与众不同的产品,从而获得短期超额利润和垄断地位,而长期的竞争又使各厂商的创新动力经久不衰,因此,垄断竞争有利于行业生产技术的进步和市场产品品种的丰富。同时,垄断竞争会增加厂商的销售成本,主要是广告成本,因为竞争的存在促使各厂商要通过广告宣传自己独特的产品,吸引消费者,从而增加了销售成本,也就增加了总成本和平均成本。

总之,垄断竞争总体上是利大于弊,在现实中它也是一种普遍存在的市场结构。

第五节 寡头垄断市场

一、寡头垄断市场的含义及特征

寡头垄断市场是指少数几个企业控制整个行业的市场供给的市场结构,这几个企业被称为寡头企业。在这种市场上,几个厂商的产量在整个行业总供给中占有很大比例,同时每个厂商的产量也都占有很大的份额,从而每个厂商对整个行业价格与产量的影响都很大,而这几个厂商之间也存在竞争。

寡头垄断市场具有以下四个特征。

第一,厂商数量很少。市场上只有少数几个厂商,每个厂商在市场中都具有举足轻重的地位,对整个行业都有很大的影响力。

第二,厂商之间相互依存。任何厂商在进行决策时,都要考虑其他厂商可能会作出的反应,因而厂商既不是价格的制定者,更不是价格的接受者,而是价格的寻求者。

第三,产品同质或异质。在某些寡头垄断市场上,产品是有差别的,存在于汽车、重型机械等产业;在另外一些寡头垄断市场上,产品几乎没有差别,一般存在于钢铁、水泥等产业。

第四,进入困难。这些行业的基本特点是需要使用先进的大型设备和生产技术,进行精细的专业化分工,通过大规模生产才能获得经济效益,而这些都需要在前期投入大量资金;而且,由于寡头的存在,该行业的市场份额已经被他们瓜分,产品知名度已经被消费者所认可,其他厂商难以与原有厂商匹敌;另外,由于原有厂商相互依存、休戚相关,他们也会采取种种排他性措施,阻止其他厂商进入该行业。

二、寡头垄断市场上产量的决定

在寡头垄断市场上,产量的决定根据各寡头之间是否存在勾结而有所差别。

当各寡头之间存在相互勾结时,产量由各寡头通过协商来决定,协商的结果有时是对产量进行限制,比如石油输出国组织对各产油国的产油数额进行限制,以确保各国的经济利益;有时是规定各寡头的市场范围,从而完成对整个市场的瓜分。当然,寡头之间的勾结会随着各寡头实力的变化而瓦解,并重新确定产量或重新瓜分市场,因此,寡头垄断市场也会存在激烈的竞争。

当各寡头之间不存在勾结时,各寡头则根据其他寡头的产量决策来调整自己的产量,以实现利润最大化。

三、寡头垄断市场上价格的决定

寡头垄断市场上价格的决定也要区分是否存在勾结。在不存在勾结的情况下,价格决定的方法是价格领先制和成本加成法;在存在勾结时,则采用卡特尔。

1. 价格领先制

价格领先制是指一个行业的价格由某一个寡头率先制定,其余寡头再确定各自的价格。其中,该行业的价格领袖又分为支配型价格领袖(本行业规模最大的企业)、效率型价格领袖(本行业成本最低、效率最高的企业)和晴雨表型价格领袖(能优先掌握市场变化的企业)。

2. 成本加成法

成本加成法是寡头垄断市场上最常用的一种定价方法,即在估算的平均成本的基础上加一个固定百分率的利润。例如,某产品的平均成本为 100 元,利润率确定为 10%,则这种产品的价格就是 110 元。平均成本可以根据长期成本变动的情况确定,而所加的利润比率则是参照全行业的利润率情况来确定的。这种定价方法可以使市场价格相对稳定,避免各寡头在竞争中打价格战导致两败俱伤。从长期来看,这种方法有利于实现利润最大化。

3. 卡特尔

各寡头之间进行公开的勾结,组成卡特尔,协调他们的行动,共同确定价格。例如,石油输出国组织就是这样一个国际卡特尔。卡特尔共同制定统一的价格,为了维持这一价格还必须对产量实现限制。但是,由于卡特尔各成员之间存在矛盾,有时达成的协议也很难兑现,或引起卡特尔解体。在不存在勾结的卡特尔的情况下,各寡头还能通过暗中勾结来确定价格。

四、寡头间的博弈

在寡头垄断市场上,厂商之间相互依存,每个厂商总是首先推测其他厂商的产量,然后再根据利润最大化原则来决定自己的产量。每个厂商既不是价格和产量的决定者,也不是价格和产量的被动接受者,而是价格和产量的寻求者。面对其他厂商,寡头的选择是竞争或合作。博弈论常被用来分析寡头之间的竞争。以博弈论中的经典案例"囚徒困境"来说明寡头之间的竞争。

A、B 两人由于合伙偷一辆汽车而被捕。警方怀疑他们还抢过银行,于是将他们抓捕并分别关押,并告诉每一个人:如果他们俩个人都坦白抢劫银行的事,双方各判刑 5 年;如果两个中一个坦白而另一个不坦白,坦白者将作为证人被判刑 1 年,不坦白者作为罪犯判刑 10 年;如果双方都不坦白,两个人会由于偷车而各判刑 2 年。他们每个人可以选择的行为有两种:坦白或不坦白。他们彼此之间无法勾结,不能合作,各自选择的结果取决于对方的选择。他们两个人共有四种可能的决策,也有四种可能的结果,如表 6-3 所示:

表 6-3 囚徒困境

囚徒 A \ 囚徒 B	坦白	不坦白
坦白	$-5, -5$	$-1, -10$
不坦白	$-10, -1$	$-2, -2$

在这个例子中,囚徒 A 和 B 最终都会选择坦白,因为 B 坦白时,A 坦白被判刑 5 年,不坦白被判刑 10 年,此时 A 的最优策略是坦白;B 不坦白时,A 坦白被判刑 1 年,不坦白被判刑 2 年,此时 A 的最优策略依然是坦白。因此,无论 B 选择坦白还是不坦白,A 的最优策略都是坦白。同理,无论 A 作何选择,B 的最优策略也都是坦白。囚徒困境反映了个体理性与集体理性的矛盾。如果两个人都不坦白则各被判刑 2 年,结果显然好于都坦白各被判刑 5 年。但这个结果难以实现,因为他不符合个体理性的要求。个体理性要求每个个体从自身的角度出发,作出最利己的选择,坦白就是最利己的选择。

同样,寡头间的竞争有时也类似于囚徒间的博弈,石油输出国组织欧佩克(OPEC)就是如此。部分石油输出国会率先降价或提产,从而打破石油输出国组织的价格和产量协定,根据"囚徒困境",作一下习题五(2)中的寡头博弈的产量决策,有助于了解石油输出国组织间的协议为何经常处于不稳定中。

五、对寡头垄断市场的评论

寡头垄断在现实经济中十分常见,一般认为它具有以下两个优点。

第一,由于几个厂商供应整个市场的全部需求量,生产规模一般是较大的,可以实现规模经济,因而可以降低成本,提高经济效益。

第二,由于各寡头为了在竞争中取胜,必须提高生产率,开发新产品,这就促使各寡头厂商争相投入大量资金从事技术革新和产品革新,从而实现了整个行业的技术进步,丰富了产品市场,这对消费者来说是有利的。

但是,寡头垄断市场也存在弊端,主要是各寡头之间可能会通过暗中勾结,集体哄抬物价,从而损害了消费者的利益和整个社会的经济福利。

思考与练习

一、关键概念
完全竞争市场　完全垄断市场　垄断竞争市场　寡头垄断市场

二、单项选择题
1. 在下列行业中,最接近完全竞争市场的行业是(　　)。
　　A. 汽车行业　　　B. 玉米种植行业　　C. 糖果行业　　D. 服装行业
2. 完全竞争厂商面临的需求曲线是一条水平线,它表示(　　)。
　　A. 完全竞争厂商可以通过改变销售量来影响商品价格
　　B. 完全竞争厂商只能接受市场价格
　　C. 完全竞争厂商可以控制市场价格
　　D. 以上说法都不对
3. 完全竞争厂商长期均衡的条件是(　　)。
　　A. 价格、平均收益、长期平均成本和长期边际成本均相等
　　B. 长期平均成本与长期边际成本相等
　　C. 平均收益与长期边际成本相等
　　D. 平均收益与长期平均成本相等
4. 假如一个完全竞争厂商的收益不能弥补可变成本,为了减少损失,它应该(　　)。
　　A. 减少生产　　　B. 增加生产　　　C. 提高价格　　　D. 停止生产
5. 在(　　)下,一个完全竞争厂商处于短期均衡。
　　A. $AVC=MC$　　B. $AC=MC$　　C. $P=AC$　　D. $P=MC$
6. 垄断厂商短期均衡的条件是(　　)。
　　A. 平均收益等于平均成本　　　　B. 边际收益等于边际成本
　　C. 边际收益等于平均成本　　　　D. 平均收益等于边际成本
7. 垄断厂商长期均衡的条件是(　　)。
　　A. 边际收益等于平均成本　　　　B. 边际收益等于长期平均成本
　　C. 边际收益等于长期边际成本　　D. 边际收益等于平均变动成本
8. 垄断竞争厂商短期均衡的条件是(　　)。
　　A. 平均收益等于平均成本　　　　B. 边际收益等于边际成本
　　C. 总收益等于总成本　　　　　　D. 边际收益等于平均成本
9. 完全垄断厂商的产品是(　　)。
　　A. 相近的　　　B. 有差异的　　　C. 可替代的　　　D. 唯一的
10. 寡头垄断厂商的产品是(　　)。
　　A. 同质的　　　　　　　　　　　B. 有差异的
　　C. 既可以是同质的又可以是有差异的　　D. 以上都不对

三、多项选择题

1. 下列选项中,(　　)为完全竞争市场的特征。
   A. 厂商众多　　B. 产品异质　　C. 无进退壁垒　　D. 完全信息
2. 在完全竞争市场中,厂商在长期均衡点满足(　　)。
   A. 经济利润为零　　　　　　　　B. 平均成本最低
   C. 边际收益等于平均收益　　　　D. 边际成本等于平均成本
3. 关于完全竞争市场的需求曲线,下列说法正确的有(　　)。
   A. 整个行业的需求曲线是一条向右下方倾斜的曲线
   B. 个别厂商的需求曲线是一条向右下方倾斜的曲线
   C. 整个行业的需求曲线是一条水平直线
   D. 个别厂商的需求曲线是一条水平直线
4. 下列选项中,(　　)为完全垄断市场的特征。
   A. 厂商唯一　　B. 产品唯一　　C. 进入壁垒高　　D. 完全信息
5. 下列选项中,(　　)为寡头垄断市场的特征。
   A. 厂商数量很少　　　　　　　　B. 产品同质或异质
   C. 厂商之间相互依存　　　　　　D. 进入壁垒高

四、简答题

1. 简述完全竞争市场的优缺点。
2. 简述完全垄断市场的优缺点。
3. 简述垄断竞争市场的优缺点。
4. 简述寡头垄断市场的优缺点。

五、计算题

1. 已知一垄断企业的成本函数为 $TC=5Q^2+20Q+1000$,产品的需求函数为 $Q=140-P$。(1)求利润最大化时的产量、价格和利润;(2)厂商是否应该继续生产?

2. 市场上某产品的生产由 A、B 两个寡头控制。A、B 两个寡头可以选择的策略有两种:高产量或低产量。如果双方都选择高产量,因市场供大于求,价格下降,各得 200 万元利润;双方都选择低产量,市场因供小于求,价格上升,各得 400 万元的利润;一方选择高产量,另一方选择低产量,选择高产量的寡头获得 500 万元利润,低产量的寡头获得 100 万元利润。其产量博弈如表 6-4 所示:

表 6-4　产量博弈

寡头 A＼寡头 B	高产量	低产量
高产量	200,200	500,100
低产量	100,500	400,400

(1)寡头 A、B 各自的最优选择是什么?
(2)最终双方各自获得多少利润?
(3)产量博弈的均衡解是什么?

第七章

生产要素理论

知识目标

☆ 理解要素供给原则与效用最大化原则的关系。
☆ 掌握不同要素供给曲线的特点。
☆ 了解收入分配平等与否的评价指标。
☆ 了解洛伦兹曲线及基尼系数的概念、收入差距产生的原因及收入政策。

能力目标

☆ 能够运用所学的生产要素需求规律,分析生产要素的价格是如何决定的。
☆ 能够分析企业如何决定生产要素的使用数量。
☆ 能够运用分配理论,分析和解释人力资本、收入不平等的个人原因和制度原因。
☆ 能够运用分配理论,分析和解释我国目前的收入分配政策。

近年来我国居民收入分配的变化情况

改革开放40多年来,我国居民收入持续增长。2021年,全国居民人均可支配收入35128元,比上年名义增长9.1%,扣除价格因素,实际增长8.1%;比2019年增长14.3%(2020年的新冠疫情对国民经济产生较大的冲击);两年平均增长6.9%,扣除价格因素,两年平均实际增长5.1%。分城乡看,城镇居民人均可支配收入47412元,增长8.2%,扣除价格因素,实际增长7.1%;农村居民人均可支配收入18931元,增长10.5%,扣除价格因素,实际增长9.7%。按收入来源分,2021年,全国居民人均工资性收入19629元,增长9.6%,占可支配收入的比重为55.9%;人均经营净收入5893元,增长11.0%,占可支配收入的比重为16.8%;人均财产净收入3076元,增长10.2%,占可支配收入的比重为8.8%;人均转移净收入6531元,增长5.8%,占可支配收入的比重为18.6%。与2019年相比,全国居民人均可支配收入各项来源两年平均增速分别为:工资性收入增长6.9%,经营净收入增长6.0%,财产净收入增长8.4%,转移净收入增长7.2%。转移净收入及财产净收入增速快于工资性收入及经营净收入,显示出我国居民收入来源多样化进一步提升。

在我国居民的资产结构中,储蓄所占比重较大,且储蓄增长有加快的趋势。长期以来,我国的存款利率水平较低,居民通过储蓄存款获得的利息收入仍然较少。由于我国的社会保障体系不健全,居民储蓄的目的多是保障今后的生活,同时,由于缺乏较好的投资途径,大量资金储存在银行,从而造成财产性收入的减少。伴随着城镇资本市场和房地产市场的快速发展,城镇居民越来越多地将财产投入债券、股票、基金等资本市场,同时通过买卖住房获得投资收入或者出租住房获得房屋出租收入,资本市场财产性收入和房地产收入呈现较明显的增长趋势。

思考讨论:
(1)现阶段我国居民的收入分配方式有何特点?
(2)我国居民的收入分配结构呈现怎样的特点?
(3)工资、利息、租金等收入是如何决定的?

前面几章分析了产品市场的均衡价格以及相应均衡产量的决定,回答了微观经济学生产什么、生产多少和如何生产的问题。这一章则是要探讨生产要素的价格是如何决定的。在社会上,每个人都是生产要素的所有者,生产要素的价格就是他们的收入,因此,生产要素价格如何决定的问题也就是国民收入如何分配的问题,这就是微观经济学所要回答的为谁生产的问题。

第一节 生产要素价格的决定

生产要素价格的决定在西方经济学的传统上是分配论的一个重要部分。19世纪的西方经济学家习惯于把生产要素分为三类,即土地、劳动和资本,而这三类生产要素的价格,则被分别称作地租、工资和利润。因此,那时的生产要素价格理论就是地主、工资收入者和资本家这三个主要社会经济阶级之间的收入分配理论。到19世纪末,第四种生产要素——企业家才能被"发现"。于是,利润被看成企业家才能的收益,而资本所有者的收益被局限为"利息"。

一、生产要素的需求

1. 生产要素需求的特点

(1)生产要素的需求是派生需求或称引致需求。在商品经济条件下,产品市场和生产要素(包括劳动力和生产资料)市场是相互依存、相互制约的。厂商作为产品的生产者需求生产要素而供给产品,与此相对应,生产要素的所有者则供给要素而需求产品。生产要素的所有者作为消费者对产品的需求取决于产品的效用,厂商对生产要素的需求则取决于生产要素的生产能力。换言之,厂商对要素的需求根源于人们对产品的需求,因而厂商对生产要素的需求是一种派生的需求,即厂商对要素的需求是由人们对产品的需求派生出来的。消费者因吃、穿、住、行等需要而购买产品,对产品的需求是"直接"需求。与此不同,在生产要素市场上,需求不是来自消费者,而是来自厂商。厂商购买生产要素不是为了自己的直接需要,而是为了生产和出售产品以获得收益。例如,购买一台机器并不能直接提高某个人的效用,而只能增加生产能力。从这个意义上来说,对生产要素的需求不是"直接"需求,而是"间接"需求。

(2)生产要素的需求也是一种联合需求,或称相互依赖的需求。这个特点是由于技术上的原因,即生产要素往往不能单独发生作用。一个人赤手空拳不能生产任何东西,同样,光有机器本身也无法创造产品。只有人与机器(以及原材料等等)相互结合起来才能达到生产目的。例如,要生产面包,仅有劳动力是不行的,还要有面粉、鸡蛋、发酵粉、机器等,这样才能生产出面包。因此,对一种生产要素的需求会引发对其他生产要素的需求。

2. 影响生产要素需求的主要因素

从生产要素需求的特点中可以看出,影响生产要素需求的因素主要有三个。(1)市场对产品的需求和产品的价格。一般来说,如果市场对某种产品的需求大,产品的价格高,则对生产这种产品的各种生产要素的需求也就多;反之,则对生产这种产品的各种生产要素的需求也就少。(2)生产技术状况。如果生产技术是资本密集型的,则对资本需求量大;如果生产技术是劳动密集型的,则对劳动的需求量大。(3)生产要素的价格。生产要素的价格影响厂商的成本和利润,从而影响生产要素的需求。

二、边际生产力

边际生产力是指在其他条件不变的情况下,增加一单位某种生产要素的投入所增加的产量或收益。边际生产力既可以用实物来表示,也可以用货币来表示。如果以实物来表示,边际生产力则称为边际物质产品(MPP,Marginal Physical Product);如果以货币来表示,边际生产力则称为边际收益产品(MRP,Marginal Revenue Product),即增加一单位某种生产要素的投入所增加的收益,它等于要素的边际物质产品乘以边际收益,用公式表示为:

$$MRP = MPP \cdot MR$$

其中,MR 代表产品的边际收益。从式中可以看出,边际收益产品取决于 MPP 和 MR 两个变量。

MPP 的变化:根据边际收益递减规律,当其他要素不变,连续增加一种可变要素的投入时,边际产量最终会递减。这个规律也称为"边际生产力递减规律"。

MR 的变化:取决于产品的市场结构。在完全竞争的产品市场上,产品的价格既定不变,因此,$MR = AR = P$。而在非完全竞争市场上,产品的边际收益随产量增加而递减且 $MR < P$,与完全竞争市场相比,MR 会更低。

由此可见,无论是在完全竞争的产品市场上,还是在非完全竞争的产品市场上,MRP 的变动趋势都是递减的。

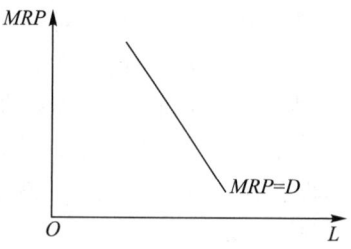

图 7-1 厂商的要素需求曲线

厂商对生产要素的需求取决于生产要素的边际生产力,也就是取决于 MRP。因此,厂商对生产要素的需求曲线,也就是 MRP 曲线,如图 7-1 所示。

三、厂商使用生产要素的原则

厂商购买生产要素是为了实现利润最大化。因此,厂商在决定某种生产要素的使用量时,必须考虑收益与成本的比较,也就是要考虑增加一单位某种生产要素所获得的收益能否补偿使用该单位要素所花费的成本。增加一单位要素所增加的成本称为"边际要素成本"(MFC,Marginal Factor Cost)。总之,为了实现利润最大化,厂商对某种生产要素的需求必须遵循边际收益等于边际成本的原则,也就是要使要素的边际收益等于要素的边际成本,用公式表示为:

$$MRP = MFC$$

MFC 的变化取决于要素的市场结构。在完全竞争的要素市场上,MFC 不变且等于要素的价格,而在非完全竞争的要素市场上,MFC 随要素需求量的增加而递增且大于要素的价格。

四、生产要素的供给

生产要素的供给受制于生产要素的性质和生产要素的市场结构。下文介绍几种主要的生产要素的供给曲线。

1. 土地的供给

经济学上的土地泛指一切自然资源。土地和其他自然资源的数量是由地理状况决定的,虽然受到水土保持、开垦方式和改良措施的影响,但是不大可能有大的改变,像城市中心的某块地,不管价格如何变化,都不会增加或减少。因此,我们一般认为土地的供给是固定不变的,土地的供给曲线是一条垂直的直线,如图 7-2 所示。

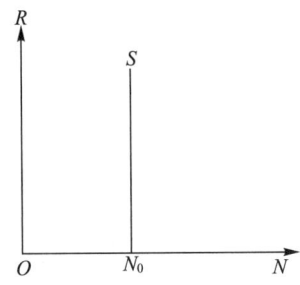

图 7-2 土地的供给曲线

在图 7-2 中,横轴表示土地的数量 N,纵轴表示地租 R,垂直的直线 S 是土地的供给曲线。

2. 资本的供给

资本的供给依赖于资本的价格——利息,通常用利息率来表示,利息率是利息与资本之比。利息率越高,家庭、企业越愿意提供更多的资本,包括物质资本和货币资本。因此,资本的供给曲线是一条向右上方倾斜的曲线。如图 7-3 所示。

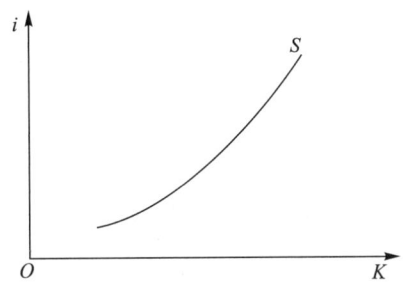

图 7-3 资本的供给曲线

在图 7-3 中,横轴表示资本的数量 K,纵轴表示利息率 i,向右上方倾斜的曲线 S 就是资本的供给曲线。

3. 劳动的供给曲线

劳动的供给有自己的特殊规律。一般来说,当工资增加时劳动会增加,但工资增加到一定程度后,如果再继续增加,劳动不但不会增加,反而会减少。这是因为货币给人带来的边际效用减少,不足以抵消劳动带来的负效用。下一节会作具体的分析。如图 7-4

所示,劳动的供给曲线是一条向后弯曲的曲线。

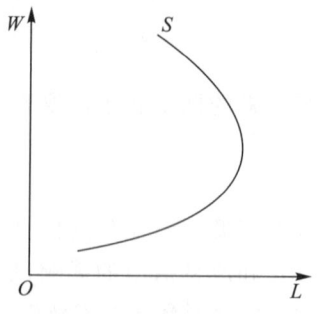

图 7-4　劳动的供给曲线

图 7-4 中,横轴表示劳动的供给量 L,纵轴表示工资水平 W,向后弯曲的曲线 S 就是劳动的供给曲线,通常称为"向后弯曲的劳动供给曲线"。

五、生产要素价格的决定

生产要素通过它对生产的贡献获得自己的收入,这种贡献就是它在要素市场上的价格,贡献大价格就高,贡献小价格就低。生产要素贡献的大小,即它的价格,取决于要素市场上的供求力量,也就是取决于生产要素的供给与需求。对生产要素的需求取决于要素的边际生产力,也就是取决于边际产品收益 MRP。因此,生产要素的需求曲线是一条向右下方倾斜的曲线。生产要素的供给曲线既取决于生产要素的性质,也取决于生产要素的边际要素成本,边际要素成本随要素使用量的增加而增加,因此,生产要素的供给曲线是一条向右上方倾斜的曲线。如图 7-5 所示。

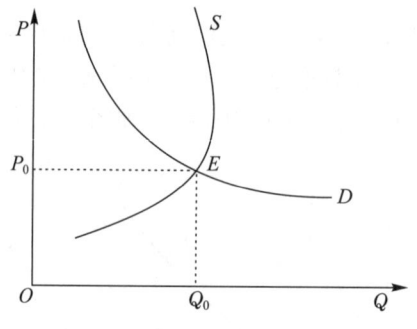

图 7-5　要素价格决定

在图 7-5 中,横轴 OQ 代表生产要素的使用数量,纵轴 OP 代表生产要素的价格。S 代表生产要素的供给,D 代表生产要素的需求。均衡点 E 决定均衡的生产要素的市场价格 P_0 和均衡的生产要素使用数量 Q_0。

第二节 工资、利息、地租、利润

生产要素的收入,即生产要素的租赁价格或使用价格,是由生产要素的需求与供给共同决定的。通常劳动的价格是工资,资本的价格是利息,土地的价格是地租,企业家才能的价格是利润。

一、工资

工资(Wage)是劳动的价格,是劳动者单位时间内提供劳务所得的报酬。西方经济学认为,工资是由劳动市场的供求决定的。

1. 劳动的需求曲线

对劳动的需求取决于劳动的边际生产力,因为劳动的边际生产力递减,同时产品的边际收益也递减,所以劳动的需求曲线也是递减的,即是一条向右下方倾斜的曲线。在图 7-7 中,横轴 L 表示劳动数量,W 表示工资水平,曲线 D 就是劳动需求曲线。

2. 劳动的供给曲线

在上节已经提出,劳动的供给曲线是一条"向后弯曲的劳动供给曲线"。劳动的供给主要取决于劳动的成本,包括实际成本和心理成本。劳动的实际成本是指维持劳动者及其家庭必需的生活资料费用培养教育费用;心理成本是指因劳动所放弃的享受闲暇的代价。西方经济学在论述"向后弯曲的劳动供给曲线"时,就是用"闲暇—劳动"的二分法来分析的,具有一定局限性,具体的分析方法参看案例资料 7-1。此外,劳动的供给还受其他因素的影响,如劳动人口总量及其构成、劳动者拥有财富的状况、社会习俗等。在图 7-6 中,S 即为劳动的供给曲线。

>>> **案例资料 7-1**

为什么劳动的供给曲线向后弯曲

劳动的供给涉及劳动者对其拥有的既定时间资源的分配。时间资源既定具有两层含义:每天只有 24 小时,这是不会改变的;而且,在这固定的 24 小时之中,有一部分时间必须用于睡眠而不能挪为他用。必需的睡眠时间虽不是绝对不变的,但对于特定的劳动者而言,短期内不会有很大变化。如果将必需的睡眠时间挪作他用,则劳动者的满足程度即效用以及劳动生产力都将受到很大的影响。为了方便起见,这里假定劳动者每天必须睡眠 8 个小时,这样劳动者可以自由支配的时间资源为每天固定的 16 小时。

由上述假定,劳动者可能的劳动供给只能来自 16 小时之中,而不能超过它,其最大劳动供给为 16 小时。闲暇时间包括除必需的睡眠时间和劳动供给之外的全部活动时间。因此,劳动供给问题就可以看成劳动者如何决定其固定的时间资源 16 小时中闲暇所占的部分,或者说,如何决定其全部资源在闲暇和劳动供给两种用途上的分配。

劳动者选择一部分时间作为闲暇来享受,选择其余时间作为劳动供给,前者直接增加了效用,后者则可以带来收入,通过收入用于消费再增加效用。因此,就实质而言,劳动者并非是在闲暇和劳动二者之间进行选择,而是在闲暇和劳动收入之间进行选择。当工资较低时,随着工资的上升,劳动者为较高的工资吸引将减少闲暇,增加劳动供给量。在这个阶段,劳动供给曲线向右上方倾斜。但是,工资上涨对劳动供给的吸引力是有限的。当工资涨到 W_1 时,劳动者的劳动供给量达到最大。此时如果继续增加工资,劳动供给量非但不会增加,反而会减少。于是,劳动供给曲线从工资 W_1 处起开始向后弯曲。可见,劳动的供给曲线是一条向后弯曲的曲线。

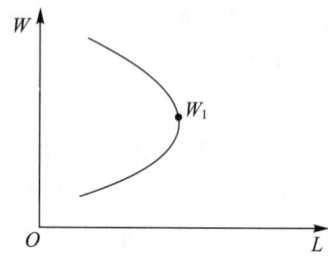

图 7-6　劳动的供给曲线

劳动的供给曲线之所以是一条向后弯曲的曲线,是由提高工资所引起的替代效应和收入效应所决定的。替代效应是指工资提高后,闲暇的代价或机会成本增加,劳动者会减少对闲暇的需求,用更多的劳动来代替闲暇,使劳动供给增加。收入效应是指工资提高后,劳动者更加富裕,从而会增加对闲暇的需求,减少劳动的供给。

这两种效应都是因工资提高而产生的,但作用的方向却相反。劳动者究竟如何选择,则取决于两种效应的大小。一般来说,当工资较低时,替代效应大于收入效应,劳动者会因工资提高而增加劳动时间,于是劳动供给曲线向右上方倾斜。但当收入水平达到一定程度后,收入效应大于替代效应,工资提高反而会使劳动者增加闲暇,减少劳动时间,于是,劳动供给曲线向左上方倾斜。可见,随着工资的提高,劳动供给曲线会由正斜率变为负斜率,即向后弯曲。

3. 完全竞争市场上工资的决定

完全竞争市场上的工资水平是由所有的劳动供给者和需求者共同决定的。如图 7-7 所示,劳动的需求曲线 D 与劳动的供给曲线 S 相交于 E 点,决定了均衡的工资水平为 W_0,均衡的劳动数量为 L_0。

4. 不完全竞争市场上工资的决定

不完全竞争是指劳动市场上存在不同程度的垄断。这种垄断有两种情况:一种是厂商对劳动需求的垄断;另一种劳动者组成工会,垄断了劳动的供给。

厂商对劳动需求的垄断主要有以下三种情况:一是雇主之间串通或勾结,把工资压低到劳动生产力之下;二是行业准入制度;厂商在招聘某些技术工种的从业人员时,只录用取得相应职业证书的人员;三是就业歧视性措施。各种常见的歧视性用人选择有学历歧视、种族歧视、性别歧视、年龄歧视、地域性歧视等。

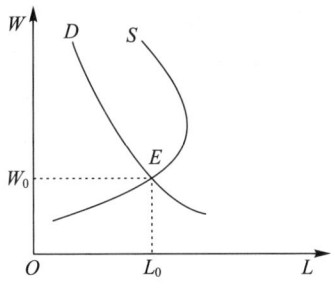

图 7-7 工资的决定

在西方发达国家,工会对工资的决定起着十分重要的作用,主要表现在以下三个方面。一是增加劳动的需求。工会鼓动政府实行积极的经济政策,增加国内需求;敦促政府实行贸易保护政策以增加出口、限制进口,增加国外对产品的需求;组织抵制厂商采用先进机器设备替代劳动。在劳动供给不变的情况下,这些措施可提高工资,扩大就业,如图 7-8 所示。二是减少劳动供给。工会通过限制非工会会员受雇,迫使政府通过强制退休、禁用童工、限制移民、减少工作时间的法律等方法减少劳动的供给。在劳动需求不变的条件下,这些措施可提高工资,但会减少就业,如图 7-9 所示。三是实行最低工资法。工会迫使政府通过立法规定最低工资,这样,在劳动供给大于需求时,可使工资维持在一定的水平上。最低工资是政府对劳动这种生产要素实行的一种支持价格,此举必然导致失业增加,如图 7-10 所示。

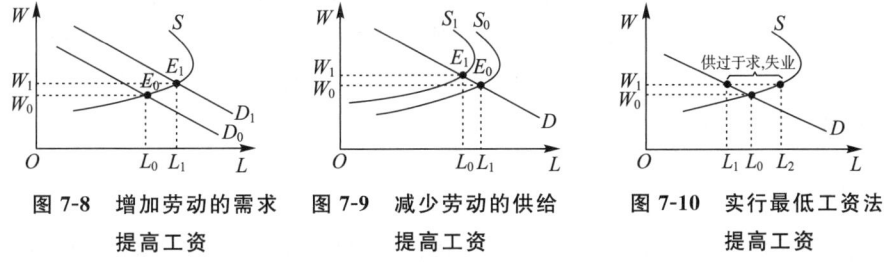

图 7-8 增加劳动的需求 　　图 7-9 减少劳动的供给 　　图 7-10 实行最低工资法
　　　提高工资 　　　　　　　　　提高工资 　　　　　　　　　提高工资

二、利息

利息是资本这种生产要素的价格。通常所说的利息不是指其绝对量,而是指其相对量即利息率。利息率是一定时间内利息与资本价值的比率。利息率的高低由资本的供求关系决定。

1. 资本的需求

厂商是资本的主要需求者,这种需求是由于厂商进行新的投资、扩张生产规模或技术研发所致。厂商投资目的是追求最大利润,是否投资及投资多少取决于投资项目的利润率与利息率之间的差距。利息率越高,净利润越低,厂商越不愿意投资;利息率越低,净利润越高,厂商越乐意投资。因此,资本的需求曲线也向右下方倾斜,如图 7-11 中的曲线 D 所示。在图 7-11 中,K 表示资本数量,i 表示利率。

2. 资本的供给

资本的供给主要取决于消费者的储蓄。消费者会消费他收入的一部分,而把另一部分储蓄起来,留待以后消费。消费者之所以没有把他的所有收入都消费掉,而是储蓄了一部分,正是为了获取利息。今年他减少消费 100 元,明年他可以消费 110 元,可见消费者今年减少一些消费正是为了以后能够更多的消费。显然,利息率越高,消费者越愿意增加储蓄,利息率越低,消费者会减少储蓄。因此,资本的供给曲线是一条向右上方倾斜的曲线,如图 7-11 中的曲线 S 所示。

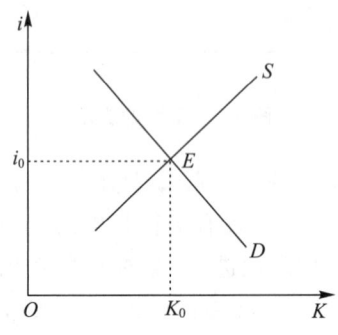

图 7-11 利率的决定

3. 利率的决定

如图 7-11 所示,当资本的需求曲线 D 与供给曲线 S 相交于 E 点时,资本市场达到了供求的均衡,均衡利率为 i_0,均衡资本数量为 K_0。

在现代社会,利率具有重要的作用。首先,利率具有调节投资的功能。人为地调高利率会降低企业的利润空间,抑制企业对资本的需求。其次,利率具有调节通货膨胀的作用。当出现通货膨胀的时候,提高利率会增加人们的储蓄,减少人们的消费,进而控制通货膨胀。最后,利率具有调节就业的功能。人为地降低利率能刺激企业投资,拉动国民经济发展,促进就业。

三、地租

经济学上的土地,泛指一切自然资源,其特点被描述为"原始的和不可毁灭的"。说它是原始的,因为它不能被生产出来;说它是不可毁灭的,因为它在数量上不会减少。土地数量既不能增加也不能减少,因而是固定不变的。或者可以说,土地的"自然供给"是固定不变的,它不会随着土地价格的变化而变化。

地租是使用土地的报酬,它形成土地所有者的收入。地租由土地市场的供给与需求共同决定。

1. 土地的需求曲线

土地的需求取决于土地的边际生产力,也就是土地的边际收益。而土地的边际生产力是递减的,因此,土地的需求曲线是一条向右下方倾斜的曲线。

2. 土地的供给曲线

土地的自然供给即自然赋予的土地数量是固定不变的,它不会随土地价格即地租的变化而变化。因此,土地的供给曲线将是一条垂直线。

3. 地租的决定

将向右下方倾斜的土地的市场需求曲线与土地供给曲线结合起来,即可决定使用土地的均衡价格,如图 7-12 所示,图中土地需求曲线 D 与土地供给曲线 S 的交点是土地市场的均衡点。该均衡点决定了土地使用的均衡价格,即地租为 R_0。

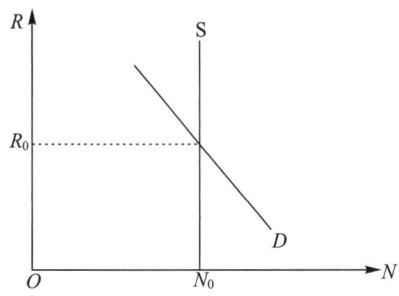

图 7-12 地租的决定

4. 地租有不断上升的趋势

由于土地的供给是固定的,而随着经济的发展,对土地的需求量不断增加,这就导致地租不断攀升。如图 7-13 所示,土地的供给不变,当土地的需求由 D_0 上升到 D_1 时,地租由 R_0 上升 R_1。

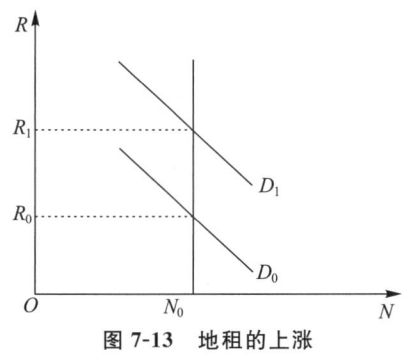

图 7-13 地租的上涨

四、利润

经济学上,一般将利润分为正常利润和超额利润,这两类利润的性质和来源不同。

1. 正常利润

从广义上讲,正常利润是指隐性成本,即厂商自己提供资源所应该支付的费用,如厂商投入的自有资本的利息、使用自有土地的地租和厂商直接经营管理企业而应得到的薪金。这部分费用应该支付,但在会计账目上却没有反映出来。这种实际存在而在会计账上并没有支出的费用称为"隐性成本"。这部分收入通常以利润的形式在账目上反映出来,因而称为"正常利润"。

从狭义上讲,正常利润是企业家才能的价格,也是企业家才能这种生产要素所得到的收入。企业家才能作为一种生产要素,其价格也是由需求和供给共同决定的。

在市场经济中,只有那些受过良好教育、有胆识、有能力并且有丰富的实践经验的人才具有企业家才能,这就决定了不但培养企业家的成本很高、时间很长,而且企业家才能的供给很小。而市场对企业家才能的需求很大,因为企业家才能是实现利润最大化的关键。企业家才能的供给与需求的特点,决定了企业家才能的报酬(正常利润)必然很高。

2. 超额利润

超额利润是指超过正常利润以上的那部分利润,又称为"纯利润"或"经济利润"。

在完全竞争的长期均衡中,产品卖价将调整到等于包括"正常利润"在内的边际成本或平均成本,因而"经济利润"为零。这样,经济利润或纯利润只能来源于两个方面,即市场竞争的不完全性和动态社会。

市场竞争的不完全性包括各种不同程度的买方垄断或卖方垄断。这样的垄断利润可以归之于专利权或商标所有者的市场权利。经济利润的另一来源可以看作来自企业家职能的创新,即率先改变生产函数或需求函数,以致赚得超过同行业其他厂商正常利润的超额利润。企业家职能的创新涉及两个方面,即影响产品的生产和影响消费者对产品需求的革新。创新利润只能暂时存在,因为当创新为其他生产者仿效时,这种利润就会随之消失。

经济利润还被经济学家看作企业主进行冒险所承担的风险的一种报酬。未来会发生的事情总是不确定的。一家企业可以从原来不曾料到的事件中获得意料外的利润,也可能蒙受没有预料到的损失,前者像其他超过正常利润的企业利润一样,可列入经济利润这个范畴之中。

总之,利润具有鼓励人们勇于承担风险和大胆创新的功能,是推动社会进步的动力;利润还能引导厂商投资,并努力降低成本,有效利用资源,优化资源配置。

第三节 收入分配的衡量与控制

除了生产要素价格决定,收入分配还要研究社会总体收入是否平等的问题。为了研究国民收入在国民之间的分配,美国统计学家 M·O·洛伦茨提出了著名的洛伦兹曲线。

一、收入分配平等程度的衡量

1. 洛伦茨曲线

洛伦茨曲线是用来衡量社会收入分配(或财产分配)平均程度的曲线。

如果把整个社会人口按收入的多少从低到高平均分为 5 档,每档人口均占全部人口的 20%,然后再看每 20% 的人口的收入占总收入多少,即可比较出社会收入的差别。表 7-1 分别为收入分配绝对平均和收入分配不平均的举例比较。

表 7-1 收入分配比较表

收入分组		占人口的百分比		绝对平均的情况		不平均的情况	
		百分比	累计	占收入的百分比	累计	占收入的百分比	累计
低 ↓ 高	1	20	20	20	20	4	4
	2	20	40	20	40	10	14
	3	20	60	20	60	20	34
	4	20	80	20	80	26	60
	5	20	100	20	100	40	100

上述收入分配不平均的情况最先被统计学家洛伦茨(M·Lorenz)采用并以图形表示,因此形成了著名的"洛伦茨曲线"。洛伦茨曲线(Lorenz curve)就是反映收入分配平均程度的曲线,如图 7-14 所示。

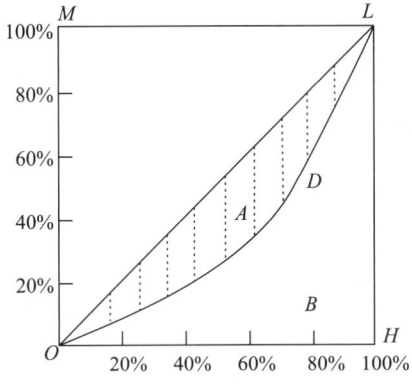

图 7-14 洛伦茨曲线

在图 7-14 中,OM 表示国民收入百分比,OH 表示人口百分比,连接两对角线的直线 OL 是绝对平均曲线,因为该线上的任何一点到纵坐标和横坐标的距离都是相等的。对角线 OL 上的任何一点都有表示:总人口中每一定百分比的人口所拥有的收入,在总收入中也占一定相同的百分比。如果社会收入是按这种情况分配,那就说明社会收入分配是绝对平均的。

在图中,OHL 线是绝对不平均线。这条线表示:社会的全部收入都被一人所占有,其余人的收入都是零。

图中介于上述两个极端之间的曲线则是实际收入分配线,即洛伦茨曲线。在这条曲线上,除了起点(O 点)与终点(L 点),任何一点到坐标两轴间的距离都不相等。每一点都表明:占总人口的一定百分比的人口拥有的收入在总收入中所占的百分比。

从洛伦茨曲线的形状可看出:实际收入分配线越靠近对角线,则表示社会收入分配越接近平均;反之,实际收入分配线越远离对角线,则表示社会收入分配越不平均。

2. 基尼系数

上述反映收入不平均的情况还有另一种表示方法,是由 20 世纪意大利经济学家基尼于1912年首次采用的。他根据洛伦茨曲线图找出了判断收入分配平均程度的指标，这个指标被称为"基尼系数"。

在图7-14中，A表示实际收入分配曲线与绝对平均曲线之间的面积，B表示实际收入分配曲线与绝对不平均曲线之间的面积，则：

$$基尼系数 = \frac{A}{A+B}$$

如果$A=0$，基尼系数$=0$，则表示收入绝对平均；如果$B=0$，基尼系数$=1$，则表示收入绝对不平均。可见，事实上基尼系数在0和1之间。基尼系数数值越小，收入越接近于平均；基尼系数数值越大，收入越不平均。

基尼系数被西方经济学家普遍公认为一种反映收入分配平等程度的方法，也被现代国际组织（如联合国）作为衡量各国收入分配的一个尺度。按国际上通用的标准，基尼系数小于0.2表示绝对平均，在0.2~0.3之间表示比较平均，在0.3~0.4之间表示基本合理，在0.4~0.5之间表示差距较大，0.5以上表示收入差距悬殊。

鉴于洛伦茨曲线与基尼系数的计算难度，一些国家用收入最高的20%家庭的财富与收入最低的20%家庭的财富之比，来衡量不平等的程度。此外，各国还可以用劳动分配率（劳动收入在国民收入中的占比）与工资差异率来衡量收入分配的平等程度。

二、收入不平等的原因

一般认为，收入不平等的原因主要有以下几个方面。

1. 社会的经济发展状况

收入分配不平等状况与社会的经济发展状况相关。美国经济学家库兹涅茨的研究表明，在经济发展初期，收入分配不平等状况随经济发展而加剧，经济发展到一定程度后，随着经济的发展，收入分配逐渐平等。

在发达国家，第二次世界大战前收入分配不平等较为严重，第二次世界大战后，随着经济的发展，收入分配有平等的趋势，验证了库兹涅茨规律。20世纪80年代后，发达国家尽管经济发展较快，但收入分配不平等却加剧了，表明收入分配不平等的原因具有复杂性。

经济发展在行业之间、地区之间、城乡之间的不平衡也是造成分配不平等的原因。在我国，不同行业之间、地区之间、城乡之间收入分配差距十分明显，并且有扩大的趋势。

2. 制度因素

收入分配不平等与社会制度相关。按要素分配收入的制度引起收入分配不平等，如要素所有权分布不均必然造成收入分配不平等。在我国，一些垄断行业的收入分配远远超过社会平均水平。户籍制度等二元社会结构存在，受教育权利的不平等使得一部分人处在弱势地位，会造成收入分配上的不平等。一些国家的制度或社会习俗，一部分人对另一部分人的歧视，如对妇女的歧视、种族歧视等引起收入分配不平等。发达国家的工会制度也是收入不平等的原因，工会会员受到工会保护，享有较高的工资，非工会会员则工资较低。

3. 个体差异

收入分配不平等与个体差异有关。每个人的家庭背景、先天禀赋、勤奋程度和机遇不同,收入即存在差异。

总之,收入差别的形成是个体因素与多种社会因素综合作用的结果。

三、收入分配平等化

西方经济学家认为,收入分配有三种标准:第一个是贡献标准,即按生产要素的价格进行分配;第二个是需要标准,即按社会成员对生活必需品的需要来分配国民收入;第三个是平均标准,即按公平的准则来分配国民收入。第一个标准有利于提高经济效率,但会引起社会的不平等;第二、三个标准有利于社会平等,但有损于经济效率。于是,引出经济学中的永恒的矛盾:公平与效率问题。在市场经济国家中,分配原则是效率优先、兼顾公平,收入不公问题主要通过经济政策来解决。

要缩小财富差距,收入就应当有三次分配。初次分配一定要讲效率,就是要让那些有知识、善于创新并努力工作的人得到更多的劳务报酬,首先富裕起来,这主要通过生产要素的市场价格来解决。二次分配要讲公平,政府应当利用税收等手段来帮助弱势群体,建立全面、系统、适度、公平和有效的社会保障体系,这主要通过政府的收入分配政策来解决。三次分配要讲社会责任,富人们应当在自愿的基础上拿出自己的部分财富,帮助穷人改善生活、教育和医疗的条件,这主要通过慈善活动来解决。

政府在解决收入分配不公问题时,通常使用的是税收和社会保障政策两种方式来解决。

1. 税收政策

税收是国家为满足社会公共需要,凭借公共权力,按照法律所规定的标准和程序,参与国民收入分配,强制取得财政收入的一种特定分配方式。税收对调节个人收入,防止贫富悬殊,实现社会公平分配以及正确处理各种分配关系都具有重要作用。税收对个人收入分配的调节作用体现在以下几个方面。

第一,征收个人所得税,直接调节收入分配。一方面通过累进税率调节高收入者的收入,另一方面通过合理的费用扣除给予低收入阶层税收优惠。

第二,征收消费税,间接调节分配。通过税收选择性地调节高收入阶层的高消费,间接影响个人收入分配。

第三,征收财产税,类似的还有遗产税、赠与税、房产税等,调节收入差距。这种税收使富有者多纳税,贫穷者少纳税,从而缩小收入分配差距。

2. 社会保障政策

社会保障政策是指国家通过立法对国民收入分配和再分配,对社会成员特别是生活有特殊困难的人们的基本生活权利给予保障的社会安全制度。

社会保障的作用在于保障全社会成员基本生存与生活需要,特别是保障公民在年老、疾病、伤残、失业、生育、死亡、遭遇灾害、面临生活困难时的特殊需要。社会保障主要由社会保险、社会救济、社会福利、优抚安置等组成,其中,社会保险是社会保障的核心内容。从现在执行的政策来看,主要有这样一些内容:各种形式的社会保障和社会保险,在我国就是通常所说的"五险一金",即养老保险、医疗保险、失业保险、工伤保险、生育保险、住房公积金;向贫困者提供的就业机会与培训;大病保险与医疗援助;对教育事业的资助,如义务教育、贫困生资助等;各种保护劳动者的立法,如最低工资法和最高工时法,以及环境保护法等;改善住房条件,如廉租房等。

思考与练习

一、关键概念

边际生产力　边际产品收益　边际物质产品　边际要素成本　地租　正常利润　超额利润　基尼系数

二、单项选择题

1. 一般工资水平(市场均衡工资率)在完全竞争条件下(　　)。
   A. 由劳动需求曲线决定
   B. 由劳动供给曲线决定
   C. 由劳动需求曲线和劳动供给曲线共同决定
   D. 以上均不对

2. 下列对利息率论述正确的是(　　)。
   A. 利息率仅指银行贷款的利息率
   B. 利息率即厂商购买一项资本品的价格
   C. 利息率是厂商使用资本的价格,即厂商在生产过程中使用资本品所提供"服务"的价格
   D. 以上说法均不对

3. 在完全竞争市场上,就一种用途的土地而言,地租主要取决于(　　)。
   A. 土地的供给曲线　　　　　B. 土地的需求曲线
   C. 地主的定价　　　　　　　D. 以上均不对

4. 厂商的要素需求曲线向右下方倾斜的原因在于(　　)。
   A. 边际成本递减　　　　　　B. 边际生产力递减
   C. 边际效益递减　　　　　　D. 规模效益递减

5. 劳动的市场供给曲线通常是(　　)。
   A. 向后弯曲的
   B. 将单个劳动者的劳动供给曲线沿横轴相加而得
   C. 向左上方倾斜
   D. 向前弯曲的

6. 随着我国卫生医疗条件的改善,越来越多的青少年成长为劳动力,这促进了劳动供给曲线的(　　)。
   A. 向左移动　　B. 向右移动　　C. 向前弯曲　　D. 向后弯曲

7. 在完全竞争市场上,就一种土地而言,其供给曲线的形状一般应为(　　)。
   A. 水平　　　　　　　　　　B. 向左下方倾斜
   C. 垂直于数量轴　　　　　　D. 向右下方倾斜

8. 洛伦茨曲线代表(　　)。
   A. 税收体制的效率　　　　　B. 税收体制的透明度
   C. 贫困程度　　　　　　　　D. 收入不平均的程度

9. 基尼系数的增大将表明（　　）。
   A. 收入不平均程度的增加　　　　B. 收入不平均程度的减少
   C. 洛伦茨曲线与横轴重合　　　　D. 洛伦茨曲线与纵轴重合
10. 如果收入是完全平均分配的,则基尼系数将等于（　　）。
    A. 0　　　　B. 0.75　　　　C. 0.5　　　　D. 1.0

三、多项选择题

1. 厂商对生产要素的需求是一种（　　）。
   A. 派生需求　　B. 间接需求　　C. 引致需求　　D. 联合需求
2. 生产要素的供给者有可能是（　　）。
   A. 消费者　　　B. 家庭　　　　C. 厂商　　　　D. 政府
3. 影响生产要素需求的因素主要有（　　）。
   A. 产品需求与价格　B. 生产技术状况　C. 生产要素价格　D. 市场结构
4. 下列选项中,（　　）可减少劳动的供给。
   A. 限制进口　　B. 缩短工作时间　C. 限制移民　　D. 禁用童工
5. 货币资本的使用价格被称为（　　）。
   A. 利润　　　　B. 利息率　　　C. 利息　　　　D. 地租
6. 利润的来源主要有（　　）。
   A. 创新　　　　B. 承担风险　　C. 垄断　　　　D. 机遇
7. 人们用（　　）来衡量社会收入分配不平等的程度。
   A. 洛伦兹曲线　B. 基尼系数　　C. 恩格尔系数　D. 工资差异率
8. 收入分配不平等的主要原因是（　　）。
   A. 经济发展阶段　B. 收入分配制度　C. 个体能力差异　D. 个体勤奋程度
9. 在下列各项中,属于生产要素的是（　　）。
   A. 农民拥有的土地
   B. 企业家的才能
   C. 在柜台上销售的产品—服装
   D. 煤矿工人采煤时所付出的低廉的劳动

四、简答题

1. 试述厂商的要素使用原则。
2. 生产要素的需求及供给的特点各是什么？
3. 影响劳动供给量的因素有哪些？
4. 劳动供给曲线为什么向后弯曲？
5. 分析劳动市场存在不完全竞争的原因。
6. 试分析利息在经济中的作用。
7. 试分析利润在经济中的作用。
8. 如何绘制洛伦茨曲线,什么是基尼系数？

五、计算题

1. 假定对劳动的市场需求曲线为 $D_L = -10W + 150$,劳动的供给曲线为 $S_L = 20W$,其中:S_L 为劳动市场的供给人数,D_L 为劳动市场的需求人数,W 为每日工资。试求:在这一市场中,劳动与工资的均衡水平是多少?

2.假定 A 企业只使用一种可变投入 L,其边际产品收益函数为 $MRP=30+2L-L^2$,假定企业的投入 L 的供给价格固定不变为 15 元。试求:利润极大化的 L 的投入数量为多少?

六、分析题

1.观察一下你学校所处的地区,你认为影响某一块土地价值的因素有哪些?

2.结合所学内容,分析我国目前的公平与效率的问题。有针对性地推出哪些收入分配政策。

第八章

市场失灵和政府职能

知识目标

☆ 了解市场失灵产生的原因及其主要表现形式。
☆ 理解政府干预市场失灵所采取的微观经济政策。

能力目标

☆ 能够运用市场的基本理论,对市场经济的利弊进行基本的分析与判断。
☆ 能够分析和解释现实经济中存在的市场失灵现象,并能提出基本的解决思路。
☆ 能够运用微观经济学理论,对政府干预市场失灵的政策作出分析和评价。

公地的悲剧

1968年,美国学者加勒特·哈丁在《科学》杂志上发表了一篇题为《公地的悲剧》的文章,揭示了公共资源领域的市场失灵现象。

文章提到的现象是:一群牧民一同在一块公共草场放牧,一个牧民想多养一只羊增加个人收益,虽然他明知草场上羊的数量已经太多了,再增加羊的数目将使草场的质量下降。牧民将如何取舍?如果每人都从自己私利出发,肯定会选择多养羊获取收益,因为草场退化的代价由大家负担。每一位牧民都如此思考时,"公地悲剧"就上演了——草场持续退化,直至无法养羊,最终导致所有牧民破产。

公地作为一项资源或财产有许多拥有者,他们中的每一个都有使用权,但没有权力阻止其他人使用,而每一个人都倾向于过度使用,从而造成资源的枯竭。过度砍伐的森林、过度捕捞的渔业资源及污染严重的河流和空气,都是"公地悲剧"的典型例子。这些现象之所以叫悲剧,是因为每个当事人都知道资源将由于过度使用而枯竭,但每个人对阻止事态的继续恶化都感到无能为力,而且都抱着"及时捞一把"的心态加剧事态的恶化。

在现实生活中,类似的公地有很多,如海洋、湖泊、草场等。这些公共资源由于产权不清,通常会遭到过度利用。如何解决这一问题呢?经济学家提出了各种方法,常见的是将土地分包给每个家庭,每个家庭都可以把自己的一块草地用栅栏圈起来,这样,每个家庭就承担了牛羊吃草的全部成本,从而可以避免过度放牧。你想过治理这类问题的其他方法吗?

以上各章分析了在市场经济条件下,市场价格机制如何解决资源配置的问题,认为在理想化的完全竞争的假定条件下,市场通过"看不见的手"的调节,能使资源得到最优配置,能使整个社会经济自动地趋于和谐与稳定。但由于在现实生活中,完全竞争以及其他一系列理想化假定条件并不存在,价格对经济的调节作用并不像理论上所分析和推导的那样完美。由于种种原因,市场机制常常表现出许多自身不能克服的缺陷,使资源无法实现有效配置,从而出现"市场失灵"问题。现代微观经济学认为,政府有必要通过制度和实施各种经济政策来纠正市场经济中存在的各种缺陷。

第一节 市场失灵与政府职能

一、市场失灵及原因

"市场失灵"最早是由美国经济学家弗朗西斯·M·巴托于1958年在《市场失灵的剖析》一文中提出来的,也称作"市场障碍、市场失效、市场失败"等。

在实际市场经济运行中,虽然价格能够调节商品或生产要素的需求和供给,合理配置稀缺资源,但还是会出现商品价格高于完全竞争条件下的均衡价格,产量低于完全竞争条件下的均衡产量。这明显地表现在垄断和寡头市场上,价格高、产量低带来资源配置的低效率状况,这就属于市场失灵或市场失效的情形之一。在这样的市场失灵情况下,市场价格既不等于该商品的边际社会收益,又不等于该商品的边际社会成本。市场经济运行往往偏离帕累托最优状态。

市场失灵有两种情况:一种是以不完全信息、信息有偿性以及不完备的市场为基础的;另一种是与诸如公共产品、负外部性等因素相联系的。这两种市场失灵之间存在着差别:后一种市场失灵在很大程度上是容易确定的,其范围也容易控制,它需要明确政府干预。由于现实中所有的市场都是不完备的,信息总是不完全的,道德风险和逆向选择问题对于所有市场来说是各有特点的,因此,经济中的市场失灵问题是普遍存在的。

导致市场失灵出现的现实市场的不完备性主要表现在以下几个方面。

1. 市场机制具有局限性

局限性的含义是在具备所有理想条件和市场机制能够充分发挥作用的情况下,市场对某些经济活动仍然无能为力。由于市场作用局限的存在,其作用范围在客观上受到限制,这就决定了市场失灵的存在。

在现实经济生活中,市场万能论早已被多次的经济大危机粉碎了,市场失灵的现实被人们所公认。市场局限性使得仅仅依靠市场解决一切问题成为不可能。因此,由市场局限性而产生的市场失灵,已成为市场自身无法克服的固有的属性和现实。

2. 市场具有不完全性

在经济学的论述中,假定市场是完全竞争市场,市场调整资源配置终将达到帕累托最优状态。而市场的不完全性就破坏了市场充分发挥作用的必要前提,使得资源配置偏离帕累托最优状态,出现市场失灵。由不完全性产生的市场失灵也称为"市场缺陷"。

市场不完全性是由两方面原因造成的:一是完全竞争市场是一种抽象的理想模型,条件苛刻,现实市场根本不可能具备和达到要求条件;二是社会化商品经济的不断发展,使现实市场更加远离完全竞争市场,破坏完全竞争市场所要求的条件,这就必然造成市场的不完全性。由于市场失灵不可避免,应该把市场机制与完全竞争市场分开。这就是说,市场机制有效地发挥作用,并不意味着要达到完全竞争市场的作用程度。

3. 市场本身的不完善

市场不完善主要有两种情况:一是市场不够发达;二是市场在运行中出现功能障碍。这是由于市场功能不健全,或遭受破坏而出现的市场失灵。市场不发达的原因主要是经济发展水平低,社会化、商品化、货币化不发达,市场不能有效发挥作用,在许多发展中国家就存在这种情况。市场在运行中出现功能障碍的情况有:相互竞争的企业勾结形成垄断;为牟取暴利企业使用不正当手段,破坏秩序。

二、政府职能

在现代经济生活中,政府通常依靠其经济职能发挥对市场失灵的有效补充作用。一般认为,政府应具有的主要经济职能包括:确立体制规则,实施宏观经济政策以保持经济稳定增长,影响资源配置、提高经济效率,收入再分配。

1. 确立体制规则

为克服市场失灵,政府必须致力于建设市场机制能够有效发挥作用的经济环境。一方面,政府要制定各种维护市场运行的制度和法律,如企业法、贸易法、反垄断法、劳动法、金融法、食品和药品法等,这是必须由政府建设的"基础设施"。另一方面,政府必须维护制度规则的运行。政府要对违法者给予处罚,因为市场自身不能处罚违法者。政府建立并保障市场上的权利,直接提供某些基本的服务,并间接地创造出信任、理解和有安全保障的环境,这个环境对于市场中的各类经济主体来说是至关紧要的。因此,市场经济运行必须依赖于政府的各种强制权力。

2. 保持经济稳定增长

保持经济稳定增长是政府的首要经济职能。宏观经济目标有经济增长、充分就业、物价稳定、国际收支平衡等,实际这些目标是政府的责任和职能。经济增长是政府和社会政策目标体系中最重要的目标。

因为市场机制失灵,经济周期波动起伏,出现失业、通货膨胀等,所以政府必须通过各种经济的、行政的和法律的手段,对社会总供给与总需求的总量和结构进行调节,减缓经济周期波动,防止严重的失业和通货膨胀,实现国民经济稳定增长。

3. 影响资源配置,提高效率

萨缪尔森说:"政府的第二个中心的经济目的是协助社会得到所需要的资源配置。这是政府政策的微观经济的方面,关系到经济生活中的什么和如何的问题。"政府的这个经济职能包括两方面:提供公共服务和限制垄断势力。

(1)提供公共服务,发展社会福利

这是政府补充市场机制以解决市场无力解决的问题、消除市场的局限性所采取的措施。在公共产品生产和存在外部性的范围和领域里,市场不能有效发挥作用,需要政府代替市场出面干预和调节,来保证这些部门的资源得到合理有效的配置。

如果按照市场经济追求利润最大化的原则,政府难以按社会要求提供基础设施、公用事业、科教文卫、国际安全、生态环境等社会性服务事业,另外如自然垄断部门、重要的主导产业或支柱产业、风险大的高科技产业等,必须由政府经营或扶植,实现社会福利最大化的目标。

(2)限制垄断势力,维护自由竞争

这是政府完善市场机制,使市场机制最大限度地发挥有效的调节作用,也就是政府出面克服因市场机制的不完善而产生的市场缺陷所采取的措施。为了弥补市场机制的缺陷,消除阻碍市场发挥作用的因素,国家或政府应该有计划地制定和实施以反垄断为中心的产业组织政策。

为了消除垄断势力的不良影响,保护自由竞争,政府颁布反垄断法案,反对企业的过分集中和企业间勾结垄断价格,还针对大公司与大工会在工资谈判中的问题,制定一些关于调整价格和经济关系的法律规定。

4. 收入再分配

市场机制调节作用在促进经济效率提高的同时,也造成了收入分配不均等,导致贫富差距悬殊,带来了严重的社会和经济问题。经济学把收入分配不平等分为两种:一是源于机会不均等的收入不平等;二是在机会均等情况下出现的收入不平等。收入均等化的政策措施在两方面发挥作用:第一是克服机会不均等,为每个人提供均等机会;第二是直接调节收入水平,调整收入分配差距,以实现收入均等化。

(1)解决机会不均等

机会不均等带来收入不平等,这是社会的不公平和不合理的体现,也是难以令人接受与容忍的,因而必须努力克服,使人人机会均等,从而实现收入均等化。为实现这个目标,政府采取的政策有以下几种。

①政府要为公民提供均等的就业机会。主要调节措施有三个。第一,创造和增加就业机会,实现充分就业。一是运用财政政策和货币政策刺激经济增长;二是通过国有化,兴办私人不愿意投资的基础公共产业;三是通过提供资助和减免税收刺激私人企业,鼓励企业扩大规模;四是限制移民,特别是外国移民。第二,促进人力资源流动。人力难以流动,不仅会造成严重失业,还会扩大工资差距。为促进流动:一是用财政手段对失业率高的地区给予就业免税;二是提供就业信息,重新培训,资助迁移;三是清除人力流动的障碍。第三,为实现平等就业,消除种族歧视和性别歧视。例如,我国《劳动法》和《就业促进法》规定,在就业中防止由于种族、肤色、信仰和性别的原因而受歧视。

②普及教育,促进教育机会均等。人们受教育与训练程度的差别,会造成收入差距。为促进教育机会均等,从而实现收入均等,政府制定和实施公共教育政策,提供义务初等教育,发展高等教育,实行专门培训计划。

③促进财产占有的机会均等。财产占有不均等,必然会带来收入的不均等,财产越多,收益越高。缩小财产差别的措施:一是征收遗产税,这是促进机会均等最简明武器之一;二是对非劳动收入即财产收入(如红利、利息等)按较高税率征税,对劳动收入实行低税率。

(2)缩小收入差距

实现收入均等化目标的措施,除机会均等化政策之外,还有直接调节收入水平,其政策手段有如下几个。

①税收政策。运用税收政策降低高收入者的收入水平,帮助低收入者提高收入水平,缩小收入差距。税收政策有两种:一是累进所得税,收入越多,交税越多,比如我国个人所得税最低为3%,最高为45%;二是对奢侈品征收消费税。

②转移支付政策。转移支付是通过一整套社会保障制度实现的,它主要流向低收入家庭。比如,对由于失业、残废、患病、年老等不能得到收入者,政府通过社会保险提供津贴或补偿;为保证全国公民的最低生活水平,政府实行公共救济计划,比如提供免费食品、食品券等;通过医疗保健的社会福利计划,为穷人、老人提供医疗照顾等。

③价格政策。这里的价格指广义的价格,除商品价格外,还包括工资与利息率。价格政策有三方面内容。第一,商品价格政策。通过控制价格水平促进收入均等,对购买商品实行低收入者付低价、高收入者付高价政策。第二,最低工资政策。规定最低工资,使分配有利于低收入者。最低工资虽由劳资双方议定,必要时政府也要干预和调节。第三,利息率政策。政府通过优惠贷款方式促进收入均等化。例如,向低收入阶层提供低息住宅贷款,改善其居住条件;向农业部门提供低息贷款,促进农业发展,提高农民收入,缩小城乡差别。

④负所得税政策。按此规定,如果某家庭收入低于贫困线,就应得到负所得税,即得

到一笔津贴;还规定参加工作的人的总收入(即工资＋负所得税)要高于不工作的人的总收入。

三、公平、效率与稳定

1. 公平与效率

公平与效率是任何一个社会都在追求的两大社会目标。效率是以尽可能少的劳动占用和劳动耗费获得尽可能大的有效产出,在前述生产理论中有充分讨论,而公平则更多涉及收入再分配的内容,政府在其中发挥着重要作用。公平的一个主要衡量标准是社会成员收入均等化。但由于收入与财产存在紧密关系,公平也应包括财产均等化。

公平与效率具有一定程度上的替代性,此消彼长。在市场经济活动中,收入分配的标准有三个:一是贡献标准,即按照社会成员对经济的贡献来分配国民收入,按生产要素价格来分配还可以保证经济效率,但各社会成员能力、机会等的差异,会造成收入分配不平等;二是需要标准,即按照社会成员对生活必需品的需要来分配国民收入;三是公平标准,即按照公平原则来分配国民收入。如果按需要标准和公平标准会有利于收入分配平均化,但不利于提高经济效率,因此一般意义上公平与效率不可能兼得的,只能有侧重。要达到公平,就需要牺牲一部分效率;要保证效率提高,就不能获得公平而必然拉开收入差距。

从整个社会角度看,劳动者得到的收入是市场对其提供劳动的质与量的评价和报酬,也是鼓励其继续提供劳动的手段。如果收入没差别,劳动者得不到鼓励和刺激,经济效率必然要降低。总之,有利于效率则不利于公平,有利于公平则不利于效率,这就是公平和效率交替的必然性。

公平与效率之间存在的替代关系在二者变化时并不是对称的。如果假设其他条件不变,那么在一定限度内,一部分个人的收入增加将导致收入差距扩大,可以使效率较大幅度增加,但是超过一定限度后,个人收入的继续增加会使收入差距继续扩大,将使个人和社会效率下降。若反过来,则超过一定限度后,再缩小收入差距,效率将迅速下降,导致一种无效率的状态。

2. 公平、效率与稳定

稳定是任何一个社会经济发展的必要保障。因此,政府经济政策的目标之一是缩小贫富差距、追求收入分配公平,保证社会政治、经济秩序的稳定以有利于经济发展。

公平与效率的交替关系影响政府制定政策。公平与效率都是一个社会要达到的目标,二者间又存在此消彼长的交替关系,这就影响到经济政策的制定和实际运行。比如:对收入征收累进个人所得税,会带来工作与闲暇的交替;征收累进财产税、遗产税,会造成储蓄与消费的交替;较高失业救济也会造成工作与闲暇的交替;同教育年限相联系的收入分配,会产生升学与就业的交替。如果改变这些制度和政策,效率可能提高,但公平问题会更严重。

严重缺失公平必将引起社会不安定,各种秩序混乱,最终造成经济效率丧失,结果两个目标全部落空。一个政府如果取消收入均等化措施,会由于收入差距扩大引起社会动荡,承担政治风险。社会动乱往往是由于地位与收入相对下降的人认为社会不公平,牢骚不满酿成的。公平维系社会安定,不可轻视。社会救济福利制度只要实施,就不可能撤回取消，这称作福利的"不可逆性"。

因此，政府在干预经济活动时，必须兼顾公平与效率，不能顾此失彼。尤其在干预财富和收入分配中，政府要把收入分配均等化确定为政策目标，以保障社会稳定。

第二节 信息不对称

完全竞争市场可以合理配置资源，其前提是信息充分，即消费者和生产者完全了解自身的处境和可能的选择。然而，信息充分只是假定，在现实生活中，一般情况下信息是不完全的、不对称的。信息不完全是指经济活动主体不能充分了解所需要的一切信息，不对称是指经济交易的双方对有关信息了解和掌握得不一样多，这些情况都属于信息不充分。

造成信息不充分的原因有四个。一是认识能力有限。人们不可能知道在任何时候、任何地方发生的或是即将发生的任何情况，尤其是在社会分工越来越细的时代，每个人只从事某一方面的工作，不可能掌握充分的信息。二是掌握信息的成本高。当获知某一信息的成本高于该信息所带来的收益时，消费者会失去对掌握该信息的兴趣。三是信息的特殊性。信息与普通商品不同，尤其是消费者往往无法事先了解该信息可能带来的价值，因而不愿意花费高价去购买信息。四是自利倾向。交易双方在信息掌握上一般处于不对称地位，为了自身的利益，信息充分者往往会对处于不利地位的对方隐藏信息。

下面从信息不对称的角度分析市场失灵的原因。

信息不对称一般是指市场上买方与卖方所掌握的信息是不对称的。在有些市场中卖方掌握的信息较多，买方掌握的信息相对较少。例如，一些要素市场上可能发生这种情况，如雇员比雇主更了解自身的劳动能力或工作能力；商品市场上卖方比买方更了解商品的性能和质量等。而在有些市场中买方掌握的信息较多，卖方掌握的信息较少。例如，保险和信用市场大多是这类情况，医疗保险的购买者当然比保险公司更了解自己的健康情况。一旦供求双方所掌握的信息出现不对称，此种情形所导致的均衡结果对社会来说是一种无效率的状况。不对称信息导致的效率损失主要有以下几种情况。

一、逆向选择

在现实的经济生活中，存在着一些和常规不一致的现象。本来按常规，降低商品的价格，该商品的需求量就会增加；提高商品的价格，该商品的供给量就会增加。但是，由于信息的不完全性和机会主义行为，有时候会出现降低商品的价格，消费者也不会作出增加购买的选择，提高商品的价格，生产者也不会增加供给的现象。在这种情况下，市场上买和卖的行为会违背正常情况，产生逆向选择。

逆向选择是指由于交易双方信息不对称和市场价格下降产生的劣质品驱逐优质品，进而出现市场交易产品平均质量下降的现象。例如，在产品市场上，特别是在旧货市场上，由于卖方比买方拥有更多的关于商品质量的信息，买方由于无法识别商品质量的优劣，只愿根据商品的平均质量付价，这就使优质品价格被低估而退出市场交易，结果只有劣质品成交，进而导致交易的停止。

在金融市场上,逆向选择是指市场上那些最有可能造成不利(逆向)结果(即造成违约风险)的融资者,往往就是那些寻求资金最积极而且最有可能得到资金的人。

>>> **案例资料 8-1**

逆向选择:二手车市场和人寿保险

在旧车交易中,总是次品充斥市场。设想某个旧车市场有 400 个卖者,每个卖者出售一辆旧车,共有 400 辆旧车待售。市场上恰好也有 400 个买者,每个买者购买一辆旧车。假定 400 辆旧车中质量较好与较差的车各占一半,各为 200 辆。购买者对质量较好的车愿出价 10 万元,对质量较差的旧车愿出价 5 万元。出售者对质量较好的车愿意接受的最低价格为 8 万元,对质量较差的车愿意接受的最低价格是 4 万元。如果双方信息是对称的话,即买者与卖者双方都知道进行交易的车的质量,则市场上达到供求相等的均衡是没有问题的。200 辆质量较好的车每辆都会在 8 万元到 10 万元之间成交,200 辆质量较差的车每辆都将在 4 万元到 5 万元之间成交。市场供求均衡既不存在过剩供给,也没有过度需求。

然而实际上,买卖双方关于旧车的信息是不对称的,卖者知道自己车的质量,买者对此可能不是十分清楚。假定买方只知道在待出售的 400 辆旧车中有一半质量较差,因此,他购买到好车与坏车的概率各为 0.5。在这种情况下,每位买者购车愿支付的价格将为 7.5 万元(10 万×0.5+5 万×0.5)。此时来看一下 7.5 万元的价格对供给产生的影响。哪一个卖者愿意以 7.5 万元出售他的旧车呢? 毫无疑问,只有那些拥有较差质量旧车的人愿意接受此价格。因为拥有较好质量的旧车的人愿意接受的最低价格是 8 万元,所以在 7.5 万元的价格水平下,不会有一辆质量较好的旧车而只有质量较差的旧车可供购买,那么他愿意支付的价格就不是 7.5 万元,而是 5 万元。即旧车市场最终只能是 200 辆质量较差的车在 4 万元到 5 万元的价格之间成交,最终结果是次品充斥市场。显然,因非对称信息而导致的旧车市场最终均衡,从社会的角度来看是无效率的,因为最终成交的数量低于供求双方想要成交的数量。

旧车市场出现"劣品驱逐良品"的原因是信息不对称而导致买方对卖方进行了逆向选择。还有其他市场存在逆向选择,最典型的是人寿保险市场。保险的买卖双方所掌握的信息是不对称的。每一个希望购买医疗保险的人最了解自己的健康状况,而保险公司并不了解每个投保人的健康状况,只知道他们的平均健康状况,保险公司只能根据每个人的平均健康状况或平均的患病率收取保险费。在保险公司按照平均健康状况收取保险费的情况下,只有那些身体不太健康的人会去购买保险,而那些身体健康的人会认为保险费太高不去购买保险。为了减少保险公司的支出而增加保险公司的收入,保险公司将提高保险费,按照这些不太健康的人的平均健康状况收取保险费。保险费上涨后,只有那些患病率较高的人仍然愿意购买保险,这将导致保险公司进一步提高保险费,从而又赶走了一些较健康的人,最终只有那些患有严重疾病或绝症的人才购买保险,而他们正是保险所最不想要的顾客。这样保险公司对买主进行逆向选择,其结果是:提高价格来进行逆向选择将赶走健康状况良好的顾客。

因此,如果交易双方的信息是不对称的,那么当信息多的一方进行自我选择时往往会损害信息少的一方的利益,信息少的一方就会进行逆向选择。

二、道德风险

信息不对称的另一种情形是隐藏行为,即交易的一方采取行为影响另一方,而另一方无从判断或辨别。隐藏行为往往导致道德风险。

道德风险是指个人在获得保险公司的保险后,降低防范意识而采取更冒险的行为,使发生风险的概率增大。道德风险又称为"败德行为"或"道德公害"。因为在信息不对称的情况下,达成协议的另一方无法准确地核实对方是否按照协议办事,所以败德行为会破坏市场的运行,严重情况下会使得某些服务的私人市场难以建立。

以家庭财产保险为例。个人在没有购买家庭财产保险的情况下,会采取多种防范措施以防止家庭财产失窃。比如,个人会安装防盗门,家人尽量减少同时外出的机会,在远离家门时会托亲戚、朋友、邻居照看家门等。因此,家庭财产失窃的概率较小。如果个人一旦向保险公司购买了家庭财产保险,由于觉得家庭财产失窃后由保险公司负责赔偿,个人可能不再采取防范性措施,从而导致家庭财产损失的概率增大。例如,不愿意花钱加固门锁等,这些行为属于保险市场上的道德风险,即败德行为。

道德风险还通过改变损失发生的概率而对保险公司带来不利影响。例如,假定某保险公司为某一地区的 1 万户居民提供完全的家庭财产保险,即家庭财产一旦遭受损失,保险公司将给予全部的赔偿。假定每个家庭的财产额相同,都是 10 万元。保险公司按照平均每个家庭以 0.001 的损失概率作为收取家庭财产保险费的依据,向每户收取 100 元的保险费,共收取 100 万元的保险费。因为家庭财产损失概率平均为 0.001,所以这 1 万户家庭的财产总额中将遭受 100 万元的损失。对于保险公司而言,收支相抵。但是,一旦每个家庭在购买了财产保险后都出现了败德行为,结果将使保险公司遭受巨大的损失。比如,这种隐藏行为使每户财产的概率由 0.001 提高到 0.01,这是保险公司在开办该业务时未曾预料到的,保险公司不得不付出比预计多得多的赔偿费。因此,在有道德风险的情况下,保险公司可能被迫提高保险费或者甚至拒绝出售保险。

三、委托—代理问题

当一方当事人即委托人雇佣另一方当事人即代理人来代表委托人完成某些指定任务时,代理人可能不以委托人所请求的方式行为,而且委托人不能直接监督代理人的行为,这就是"委托—代理问题"。

委托—代理问题实际上是隐藏行为问题,它具有三个重要特征:委托人利益的实现取决于代理人的行为;委托人的目标不同于代理人的目标;有关代理人行为的信息是不对称的,代理人的信息明显要多于委托人的信息,代理人的行为不易直接被委托人所观察到。

委托—代理关系在经济生活中广泛存在,诸如委托人与律师、股东与经理、雇主与员工等,都属于经济学里的委托—代理关系的范畴。在委托人无法直接对代理人的行为进行有效监督时,由于双方的目标不同及所掌握的信息不对称,代理人可以追求自己的目标最大化而以牺牲委托人的利益为代价,这时委托—代理问题就出现了。

首先,讨论目标差别。利润最大化是资本所有者或者说是企业财产所有者的目标。企业所有者就是委托人,企业的雇员包括经理和工人都是代理人。委托人利润最大化的目标并非就是代理人的目标,代理人都可能追求工资收入的最大化。其次,委托—代理过程不可监督。如果工人和经理的努力程度是可以观察和监督的,则企业所有者可以采取一些措施制裁工人或经理的不努力行为。可是实际上,不管是工人还是经理,其工作的努力程度都是难以观察到的,而且想要加以监督,付出的成本必将很大。这样,由于企业主、经理、工人他们的目标不同,并且所掌握的信息不对称,于是产生了委托—代理问题。因此,委托—代理问题实际是指由于委托人不能确切了解代理人的行为,代理人可能追求他们自己的目标却以牺牲委托人的利益为代价而产生的不能达到最优化目标的行为。

企业出现委托—代理问题后,其后果不仅使企业所有者的利润受损,也使社会资源配置的效率受损,因为在不发生委托—代理问题的情况下,社会将生产出较高的产量。产生这一问题的重要原因之一就是厂商内部各微观经济行为主体没有按利润最大化的原则行事,可能是经理人员没有充分发挥其管理才能,也可能是工人没有努力干活,这都会降低资源配置的效率。

解决委托—代理问题的关键是激励。委托人需要确定某种适当的激励促使代理人采取某种适当的行为,从而避免资源浪费。这需要企业所有者在支付生产要素的报酬上做出某些改进,如可通过建立业绩评定薪水体制、订立利润分享合约等,使经营管理者与所有者休戚与共。

第三节 垄断与反垄断

一、垄断会导致低效率

为什么垄断会导致低效率?这有以下几个方面的原因。

第一,垄断企业赚取超额利润。垄断者是市场中唯一生产某种商品的企业,其他企业进入是封锁的,新的企业即使了解该行业存在巨额的盈利机会也无法进入,垄断企业在市场上没有竞争对手,它对市场价格具有完全的控制能力。因此,垄断企业的利润最大化决策是在不受到竞争压力的情况下作出的。

第二,垄断企业没有选择最优的生产规模。在完全竞争条件下,每一企业最终会达到长期均衡条件 $P=LMC=LAC$ 的最低点,此时该商品的生产成本已经实现了最低成本,换言之,社会在生产每一件该商品上所投入的资源已经达到最低限度。但在垄断行业中,并不存在促使企业达到最优规模以便最大限度地降低长期平均成本的压力,社会在每一件该商品的生产中花费了太多的资源。

第三,垄断者索取的价格超过了长期边际成本,即 $P>LMC$,而提供的产品则相应地少于完全竞争市场中会提供的数量,即垄断厂商可以通过控制产量提高价格办法来实现利润最大化。

从整个社会的角度来看,如果每种产品的价格都等于其边际成本,$P=LMC$,则所有资源在各种用途上的配置就达到最高的效率。但垄断市场不会实现这一条件,因而必然降低资源配置的效率。

▶▶▶ 案例资料 8-2

垄断低效率的经济学分析

(1)垄断厂商的产量不是最优产量。如某完全垄断厂商的利润最大化情况如图 8-1 所示。图中横轴表示产量,纵轴表示价格。曲线 D 和 MR 分别为该厂商的需求曲线和边际收益曲线,此外,为简单起见,假定平均成本和边际成本相等且固定不变,它们由图中水平直线 $AC=MC$ 表示。垄断厂商的利润最大化原则是边际成本等于边际收益。垄断厂商的利润最大化产量为 q_m,对应的价格 P_m 高于边际成本 MC,这表明消费者愿意增加额外一单位产量所支付的金额超过了生产该单位产量所引起的成本,因而存在改进的余地。如果让垄断厂商再多生产一单位产量,让消费者以低于垄断价格但大于边际成本的某种价格购买该单位产量,则垄断厂商和消费者都从中得到了好处:垄断厂商的利润进一步提高,消费者的福利进一步提高。

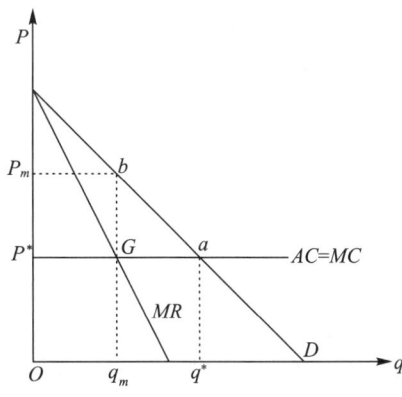

图 8-1 垄断和低效率

(2)最优产量是在 q^* 的产量水平上达到。在 q^* 的产出水平上,需求曲线与边际成本曲线相交,即消费者为增加额外一单位产量所愿意支付的等于生产该额外产量的成本。此时,不再存在任何改进的余地。

(3)q^* 产量水平是垄断厂商与消费者协商的结果。但事实上,一是垄断厂商与消费者之间很难达成一致意见,消费者认为厂商达到正常利润就可以了,厂商认为我有经济利润,为什么不取?二是消费者相互之间难以达成相互满意的一致意见。消费者的收入水平、价值观念均不相同,很难达成一致意见。三是消费者之间即使达成了一致意见,到真正要出钱的时候,还有消费者可能不负担支付,享受低价格好处免费搭便车,因此,均衡产量不是发生在最优状态 q^* 上。

(4)上述关于垄断情况的分析,也适用于垄断竞争或寡头垄断等其他非完全竞争的情况。实际上,只要市场不是完全竞争的,厂商面临的需求曲线就不是一条水平线,而是向右下方倾斜,则厂商的利润最大化原则就是边际收益等于边际成本,而不是价格等于边际成本。当价格大于边际成本时,就出现了低效率的资源配置状态。而由于协议的各种困难,潜在的改进难以得到实现,于是整个经济便偏离了帕累托最优状态,均衡处于低效率状态。

二、寻租理论

根据传统的经济理论,垄断尽管会造成低效率,但这种低效率的经济损失从数量上来说却相对很小。然而,从 20 世纪 60 年代后期以来,西方一些经济学家开始认识到,上述传统的垄断理论可能大大低估了垄断的经济损失。这是因为,为了获得和维持垄断地位从而享受垄断的好处,厂商常常需要付出一定的代价。例如,为了维持在某一行业的垄断地位或者争取在某一行业的垄断地位,厂商往往会向政府官员行贿,或者雇用律师向政府官员游说等。这种为获得和维持垄断地位而付出的代价完全是一种"非生产性的寻利活动"。这种非生产性的寻利活动被概括为"寻租"活动:为获得和维持垄断地位从而得到垄断利润(亦即垄断租金)所进行的活动。

寻租活动的经济损失到底有多大呢?就单个寻租者而言,他愿意花费在寻租活动上的代价不会超过垄断地位可能给他带来的好处,否则就不值得了。

三、反托拉斯法

政府对垄断的强烈的反应是制定反垄断法或反托拉斯法。西方很多国家都不同程度地制定了反托拉斯法,其中最为突出的是美国。从 1890 年到 1950 年,美国国会通过一系列法案反对垄断,包括《谢尔曼法》(1890)、《克莱顿法》(1914)、《联邦贸易委员会法》(1914)、《罗宾逊—帕特曼法》(1936)、《惠特—李法》(1938)和《塞勒—凯弗维尔法》(1950),统称"反托拉斯法"。在其他西方国家中也先后出现了类似的法律规定。

美国的这些反托拉斯法规定:限制贸易的协议或共谋、垄断或企图垄断市场、兼并、排他性规定、价格歧视、不正当的竞争或欺诈行为等都是非法的。虽然西方国家在形式上存在反垄断法,但执行起来并不顺利,原因是多方面的,所以西方的企业合并浪潮屡次出现,生产的规模越来越大,越来越集中。

我国于 2008 年 8 月 1 日起正式实施反垄断法。我国的反垄断法确立了垄断协议豁免制度、市场支配地位推定制度、经营者集中申报制度、经营者承诺制度等,并对滥用行政权力排除、限制竞争行为,即行政性垄断行为也作了禁止性规定。

四、对自然垄断的政府管制

垄断常常导致资源配置缺乏效率，垄断利润通常也被看成不公平的，这就使得政府有必要对垄断进行干预。政府对垄断的干预是多种多样的。

对于自然垄断的行业如公用事业来说，自由竞争会造成大量的重复投资，以致每家企业都具有很大的生产能力，但又不得不闲置其中的一部分，造成社会资源的浪费。由于投资大、固定成本高，这些行业的产品价格必然很高，从而损害消费者的利益。对于电力、电话、自来水等公用事业部门而言，它们的共同特点是经营规模很大，固定成本高，但生产的边际成本低。这类产品或服务的性质特点决定了它们不适宜于完全竞争经营，而适宜于垄断经营，即只有大规模生产才会有效率，这种情况称为"自然垄断"。为了避免这类"自然垄断"的行业出现"高价低产"的现象，政府最好自己直接掌管经营，或者通过发放某种特许经营执照给某私营企业经营，同时对它的销售价格进行管制，以便把这种垄断可能产生的弊病减弱或消除。

对销售价格进行管理通常有两种方法。第一种是实行"最高限价"的方法，即政府规定某种商品的最高价格，企业定价不得超过这个价格水平，这样能保证大多数人能够使用这样商品。第二种是实行"成本加利润"的办法，即根据企业生产的平均成本加上合理利润来确定商品的价格。这种办法的困难在于如何确定企业的成本，成本定得过高，会损害消费者的利益，成本定得过低，企业经营效率会下降，从而减少产品的供给。

第四节 外部性问题

一、外部性及其分类

1. 外部性的含义

到目前为止，我们讨论的微观经济理论，特别是其中的"看不见的手"的定理，要依赖于一个隐含的假定，即单个消费者或生产者的经济行为对社会上其他人的福利没有影响，即不存在所谓的"外部影响"。换句话说，单个经济单位在其经济行为中产生的私人成本和私人利益被看作等于该行为所造成的社会成本和社会利益。但是，在实际经济生活中，这个假定往往不能成立，因为在很多场合，某个人（生产者或消费者）的一项经济活动会给社会上其他成员带来影响，这就是外部性。

2. 外部性分类

外部性可分为有利的外部性（外部经济）和有害的外部性（外部不经济）。

（1）外部经济

有利的外部性即外部经济是指某个人（生产者或消费者）的经济活动使他人或社会受益，而他自己却没能因此而得到收入。根据经济活动的主体是生产者还是消费者，外部经济可以分为"生产的外部经济"和"消费的外部经济"。

当一个生产者采取的经济行动对他人产生了有利的影响，而自己却不能从中得到报酬时，便产生了生产的外部经济。例如，一个企业对其所雇佣的工人进行培训，这些工人可能转到其他单位去工作,该企业从培训工人中得到的私人利益就小于该活动的社会利益。

当一个消费者采取的行动对他人产生了有利的影响,而自己却不能从中得到补偿时,便产生了消费的外部经济。例如,当某个人对自己的房屋和草坪进行保养时,他的隔壁邻居也从中得到了不用支付报酬的好处。此外,一个人对自己的孩子进行教育,把他们培养成更值得信赖的公民,这显然也使其隔壁邻居甚至整个社会都得到了好处。

(2)外部不经济

有害的外部经济即外部不经济是指某个人(生产者或消费者)的经济活动使他人或社会受损,而他自己却并没有因此支付抵偿这种损害的成本。外部不经济也可以按经济活动主体的不同分为"生产的外部不经济"和"消费的外部不经济"。

当一个生产者采取的行动使他人付出了代价而又未给他人以补偿时,便产生了生产的外部不经济。例如,一个企业可能因为排放脏水而污染了河流,或者因为排放烟尘而污染了空气,这种行为使附近的人们和整个社会都遭到了损失。再如,因生产的扩大可能造成交通拥挤以及对环境、风景的破坏,等等。

当一个消费者采取的行动使他人付出了代价而又未给他人以补偿时,便产生了消费的外部不经济。和生产者造成污染的情况类似,消费者也可能造成污染而损害他人。吸烟便是一个明显的例子,吸烟者的行为危害了其他在场人的身体健康,但吸烟者并未为此而付出任何代价。此外,还有在公共场所随意丢掷果皮、瓜壳,等等。

上述各种外部影响可以说是无所不在、无时不在。尽管就单个生产者或消费者来说,他造成的外部经济或外部不经济对整个社会来说也许微不足道,但所有这些消费者和生产者加总起来,所造成的外部经济或不经济的总效果将是巨大的。例如,由于生产扩大而引起的污染问题现在已经严重到危及人类自身生存的环境。

各种形式的外部影响的存在造成了一个严重后果:完全竞争条件下的资源配置将达不到最优状态,换句话说,即使假定整个经济仍然是完全竞争的,但由于存在外部影响,整个经济的资源配置也不可能达到最优状态;"看不见的手"在外部影响面前失去了作用。

二、有关外部影响的政策

外部影响是不能通过市场机制来解决的,必须要政府出面干预。政府干预的政策主要有以下几种。

1. 税收和津贴

(1)针对正外部性行为:采取补贴、减免税等奖励措施补偿私人收益低于社会收益的部分。例如,对科研课题给予研究经费。

(2)针对负外部性行为:采取罚款、征收特别税等惩罚措施使私人成本上升到与社会成本一致。例如,对于私家车收取汽油税,以消除公路塞车、交通事故、空气污染等负外部性。

2. 企业合并

例如,一个企业的生产影响到另外一个企业,如果影响是正的(外部经济),则第一个企业的生产就会低于社会最优水平;反之,如果影响是负的(外部不经济),则第一个企业的生产就会超过社会最优水平。但是,如果把这两个企业合并为一个企业,则此时的外部影响就"消失"了,即被"内部化"了。合并后的单个企业为了自己的利益将使自己的生产确定在其边际成本等于边际收益的水平上,而由于此时不存在外部影响,合并企业的成本与收益就等于社会的成本与收益,于是资源配置就达到帕累托最优状态。

3. 规定财产权

在许多情况下,外部影响之所以导致资源配置失当,是因为财产权不明确。如果财产权是完全确定的并得到充分保障,则有些外部影响就可能不会发生。例如,某条河流的上游污染者使下游用水者受到损害,如果给予下游用水者使用一定质量水源的财产权,则上游的污染者将因把下游水质降到特定质量之下而受罚。在这种情况下,上游污染者便会同下游用水者协商,将这种权利从他们那里买过来,然后再让河流受到一定程度的污染。同时,遭到损害的下游用水者也会使用他出售污染权而得到的收入来治理河水。总之,由于污染者为其不好的外部影响支付了代价,其私人成本与社会成本之间不存在差别。

4. 排污权拍卖

这一方法的推行实际上创造了一种新的稀缺资源——排污权。允许排污权的拍卖,实际上就是让市场机制来配置排污权这一稀缺资源,这将创造更高的市场配置资源的效率。

三、科斯定理

使用规定财产权的办法可以用科斯定理来解释,科斯定理是关于外部影响政策的理论说明。

科斯定理是科斯在1959年发表的《联邦通讯委员会》一文中首先提出来的,在1960年的《社会成本问题》一文中对他的这一思想进行重新表述。他认为:"如果定价制度的运行毫无成本,最终的结果(指产值最大化)是不受法律状况的影响的。"通俗地说,如果人们之间不存在沟通障碍,市场机制就能自动实现供求均衡,就能将资源配置到需要的领域和最有用的人的手里,从而自动实现帕累托最优状态。这就是斯蒂格勒所说的"科斯定理"。

科斯举了个牛吃谷物的例子,通过这个例子说明了当A损害B时,到底是阻止A的行为来保护B,还是作出另外的选择?一般情况下,我们的思路往往会作出制止A的行为或让A作出赔偿。但是,阻止A的行为会损害A的利益,因为如果A不损害B的话,A可能会受到损害,这就开始把制度的安排引入进来(允许不允许A损害B就是一种制度)。最好的办法是考虑双方利益的最大化,对两种利益进行比较作出决定。正确的思考途径是A是不是有权利损害B,或者B是不是有权利得到赔偿。就养牛的例子来说,不管是让牛不准吃谷物,还是让牛可以随便吃谷物,在市场经济的情况下双方都会通过交易得出最佳的结论,而原来的产权并不重要,每个人都可以拿自己的权利来进行自由的交换。类似的环境污染的例子也一样,只要权利初始配置明确,不管是不准污染还是可以随便污染,最终都会实现利益最大化。简单来说,如果不允许牛吃谷物,那么为了避免惩罚所带来的损失,牛的主人会出钱修篱笆把牛圈起来;而如果允许牛随便吃谷物,那么谷物的主人为了避免损失,会出钱修篱笆把谷物与牛隔开,这样问题都会得到解决。污染的例子也一样，总会有人出钱建设治理污染的设施，不是污染者就是被污染者。

科斯定理以零交易费用假设为基础，指出在零交易费用的这样一个理想世界，产权制度安排对资源配置效率没有影响。科斯定理实际上是用于说明为什么新古典经济学会忽视产权制度，因为它正是建立在零交易费用的基础上的。但是，科斯的长期研究却认为，交易费用不是为零而是为正，并且他认为："一旦考虑市场交易的成本，……合法权利的初始界定会对经济制度运行的效率产生影响。"

科斯认为：第一，在交易费用大于零的现实世界里，产权的初始分配状态不能通过无成本的交易向最优状态变化，因而产权初始界定会对经济效率产生影响；第二，权利的调整只有在有利于总产值增长时才会发生，而且必须在调整引起的产值增长大于调整时所支出的交易成本时才会发生。科斯提出了两种权利调整方式——用组织企业或政府管制替代市场交易。科斯认为，这两种权利调整方式同样是有成本的，只有在调整带来的收益大于成本时，政府或企业管制方式才会替代市场交易方式。用通俗语言说，如果人们之间的沟通有成本，人们就会演绎出成本最小的组织方式进行沟通。例如贸易活动，当个体户进行交易成本太大时，人们就会组织起来进行对外交易，于是，商业公司就会取代个体商户，工厂就会取代作坊。

在科斯的《社会成本问题》一文中，科斯还提到一个重要的思想，即在交易成本大于零的情况下，产权的清晰界定将有助于降低人们在交易过程中的成本，改进经济效率。换言之，如果存在交易成本，但没有产权的界定和保护等规则，即没有产权制度，产权的交易与经济效率的改进就难以展开，这就是人们所说的科斯第三定理。

产权清晰界定是市场交易的前提。产权界定对改进经济效率的影响主要表现在：产权界定是否清晰与建立所有权、激励和约束主体的行为有关。在科斯定理中，我们可以看到产权的清晰的重要性：在产权大于零的情况，产权的清晰界定有助于降低人们在交易过程中的成本，改进经济效率。

第五节　公共物品

社会经济中的产品分为私人产品和公共产品。私人产品是指由市场提供给个人消费的商品和劳务，如用于吃的水果、用于穿的衣服以及火车上的座位等。私人物品在消费上具有两个特点，即竞争性和排他性。竞争性是指如果某人已消费了某种商品，其他人就不能再消费这种商品了。排他性是指只有对商品支付价格的人才能排他性地消费商品。竞争性和排他性是市场机制正常运行的必备条件，公共产品因其具有非竞争性和非排他性而导致市场失灵。

一、公共产品

公共产品是指是指由政府部门生产，并向社会和个人提供的一切物品和服务的总称，如国防、警察、教育、司法、邮政、消防、基础设施等。公共产品在消费上具有以下三个特点。

1. 效用的不可分割性

公共产品或劳务是向整个社会共同提供的,具有共同受益和联合消费的特点,其效用为整个社会的成员所共享,而不能将其分割为若干可以计价的单位供市场销售。相比之下,私人产品或劳务则具有效用的可分割性的特点。例如,国防与电冰箱:国防是作为一个整体提供给全体国民的,无法分割为若干可以计价的单位出售给个人(注意:武器和国防不同,武器可以是私人产品,可以按件计价出售给个人);电冰箱是私人产品,可以按台计价出售给私人。

2. 消费的非竞争性

公共产品或劳务在消费时,不排斥、不妨碍其他人同时享用,也不会因此而减少其他人享用该种公共产品或劳务的数量与质量,而且受益对象或消费者之间不存在利益冲突,加一个消费者的边际成本等于零。相比之下,私人产品或劳务则具有消费的竞争性的特点,即它排斥、妨碍其他人同时享用,会减少其他人享用该种产品或劳务的数量与质量。例如,路灯与面包:路灯在其照明范围内,即使行人增加,通常也不会影响别人获得路灯照明的好处,其消费是非竞争性的;而面包在某一个消费者花钱购买了之后,它就排除了其他人享用它的可能性,同时减少了其他人在市场上可消费面包的数量,其消费具有竞争性。

3. 受益的非排他性

公共产品或劳务在消费过程中所产生的利益为大家所共享,而非私人专用,若要将一些人排斥在受益范围之外,要么在技术上不可行,要么成本太高。相比之下,私人产品或劳务则具有受益的排他性的特点,即私人产品的所有者是唯一拥有享受该产品决定权人,其排除他人享受不但在技术上可行,而且在经济上也是可行的。例如,政府的环保服务与私人小汽车:政府的环保服务提供的清新空气就是一个非排他性公共产品,此产品在技术上就不易排斥众多的受益者;而私人小汽车由于车主可依据产权依法独享它,就可以排斥他人共同享受它,并且无论是从技术上,还是从经济上,都可以轻易阻止或排除他人未经他许可随便享受它。

公共产品可分为纯公共产品和准公共产品。纯公共产品是指同时具有非排他性和非竞争性的产品,如经济政策、国防、外交、法律、警察、太空探索等。准公共产品是指其性质介于纯公共产品与私人产品之间的一种公共产品,其特点有三个:一是具有效益上的外溢性,即不仅社会受益,个人也受益,如科研成果;二是或多或少存在消费上的排他性,即并非本地区全体居民受益,而是在一定约束条件下的居民或企业受益,如高速公路、高速铁路、电话通信、供电、有限电视广播等;三是或多或少地存在消费上的部分性,即随着供给范围的扩大,其成本呈现一定程度地增加,因而并不完全具有非竞争性,如公共牧场、地下水资源、森林、灌溉系统、免费公路、桥梁等。

公共产品有其局限性。一是无法避免"搭便车"的情况,即不用购买也可消费的行为,因而造成市场失灵。例如:行人不用交费就可以在公路上行走,其感觉要比在乡间小道上行走舒适多了;商品经营户可以不向商品市场缴费而在场外占道经营,政府很难解决这一问题。二是追求个人利益最大化的成员具有强烈的逃避交费而占集体其他成员便宜的动机,这最终会造成非排他性的公共产品的无效率提供,如所有的入驻专业经营户都只想占地经营而不想纳税。三是难以达成共识,即都只想享受权利而不承担义务。

四是不能自动解决公共产品的供求均衡问题。一个地区究竟需要多少公共产品,市场机制是很难准确、有效地调节。即使能够调节一点,也可能与政府扶持地方经济发展的目标不一致,将会伴随巨大的社会资源的浪费与损失。公共产品的生产和经营需要政府按照社会需要适当地调节和管理。

二、成本—收益分析

公共物品的生产和消费问题不能由市场上的个人决策来解决,因此,必须由政府来承担提供公共物品的任务。政府如何来确定某公共物品是否值得生产以及应该生产多少呢?在这里,西方经济学家经常提到的一个重要方法是成本—收益分析。

成本—收益分析是用来评估经济项目或非经济项目的。它首先估计一个项目所需花费的成本以及它可能带来的收益,然后把二者加以比较,最后根据比较的结果决定该项目是否值得。公共物品也可以看成一个项目,并运用成本—收益分析方法来加以讨论。如果评估的结果是该公共物品的收益大于或至少等于其成本,则它就值得生产,否则就不值得。例如,政府决定兴建一座大桥来代替渡船,那么,这座桥的收益包括车辆、人员的过桥收费,比渡船摆渡省时、安全等,如果建桥带来的收益大于建桥的成本,那么就值得造。

成本—收益分析有助于政府制定预算和计划工作,决定项目轻重缓急,是否可行等。但实际上,不少项目的成本与收益很难估算,如兴办教育、改善环境等投资。另外,在估算成本与收益时,还不可避免地带有主观因素。

三、表决机制

公共产品的生产可以由投票的方式来决定。在私人部门中,人们对产品的偏好是通过他们所愿意支付的价格来表达的。在公共部门中,人们对产品的偏好是通过他们投票来表达的。公共部门根据人们的投票结果作出决策,称为"公共选择"。

投票的原则主要有两个:一致同意规则和多数规则。一致同意规则是指候选人或方案只有经全体投票人赞成才能当选或通过的规则。例如,地方政府必须得到全体投票人一致通过才能在本地区建造一座桥梁。如果方案未能获得全体投票人一致同意,那么公共部门就需要修改这个方案,直到全体投票人一致同意为止。一致同意原则和完全竞争一样可以达到帕累托最优状态,因为按照这一规则通过的提案不会使任何一个人的福利受到损失。因此,凡是一致同意规则通过的方案都是最优的,它可以满足全体投票人的偏好,不存在任何把一些人的偏好强加于另一些人的因素。

多数规则是指候选人或方案只需经半数以上投票人赞成就能当选或通过的规则。多数规则可分为简单多数规则和比例多数规则。按照简单多数规则,只要赞成票多半数,提案即可通过;比例多数规则规定赞成票必须占应投票的一个相当大的比例,比如必须达到2/3或3/4才算有效。采取哪种规则取决于提案对人们影响的程度。在采取多数规则作出公共选择时,往往会出现这样两个问题。一是多数人投票同意而少数人投票反对,则意味着增进了多数派的福利而使少数派福利受损,满足多数派的偏好而不能满足全体成员的偏好。在多数规则下作出的决策是投赞成票的多数,给投反对票的少数加上的一笔负担。由于福利的大小在不同个人之间是不能比较的,这样多数规则下作出的方案决策不但不能达到帕累托最优状态,而且难以确定社会总效用是增加或减少,除非社会对受损者进行补偿,才不会这样。二是出现不确定的投票结果。无明确投票结果的民主决策是无效率的。

案例资料 8-3

秸秆焚烧加剧中国入秋大面积雾霾

据中国新闻网 2015 年 10 月 19 日消息,中国环境保护部 18 日在北京通报,近两周在 20 个省份监测到疑似秸秆焚烧火点,污染防控形势严峻。就在 15—17 日,中国华北、华东、华中地区刚刚经历了入秋以来第一场大范围雾霾。5 日至 17 日,环保部卫星遥感巡查监测数据统计显示在全国范围内,除了北京、上海、福建、广东、西藏等 11 省(区、市)未监测到疑似秸秆焚烧火点,在其他 20 省(区)共监测到疑似秸秆焚烧火点 862 个,比 2014 年同期增加 54 个,增幅为 6.68%。其中,山东火点数最多,为 179 个。从平均每千公顷耕地面积火点数看,秸秆焚烧火点强度最高的是在辽宁、山西、山东、河南、吉林。

相关研究表明,焚烧秸秆火点的区域与污染区域关联性很强,且污染地区空气中的钾离子等含量高,钾离子是焚烧秸秆的特征元素。露天焚烧秸秆产生的污染对大气环境质量的影响程度,随风向、风速、湿度等气象条件的变化也有所变化,在不利于污染扩散的条件下,露天焚烧秸秆产生的污染物与日常污染源排放的污染物叠加起来,对大气环境质量的影响相对明显。在焚烧秸秆高发期出现的严重污染天气中,焚烧秸秆带来的污染物对雾霾的贡献率为 20% 左右。

十几年前,秸秆是中国农民仅次于粮食的重要资源,用于做饭、取暖及喂牲畜。现在做饭取暖大多用煤、气、电了,牲畜有专用饲料了,秸秆被剩下了,加上农忙时节劳动力因进城打工而紧缺,每当夏季和秋收结束后,农民们为了赶种下一季农作物,总是一把火将田间的秸秆烧个精光。为了控制秸秆焚烧对空气的污染,政府加大了对秸秆焚烧的管控力度:一是利用行政手段,通过罚款等行政管理手段,禁止农民焚烧秸秆;二是通过经济手段,如收购秸秆、秸秆还田等办法,减少农村秸秆的留存量;三是大力发展秸秆利用技术,发展诸如造纸、肥料等秸秆利用科技,让秸秆发展为一种新的资源,变废为宝。

启发思考:
(1)农民为何焚烧秸秆?
(2)农民焚烧秸秆产生了何种外部性?
(3)政府应怎样干预农民焚烧秸秆?

思考与练习

一、关键概念
市场失灵　外部性　科斯定理　公共物品　信息不对称　逆向选择　道德风险

二、单项选择题

1. 造纸厂排出的污水造成渔场鱼的死亡，从而减少产量，则说明造纸厂的生产存在（　　）。
   A. 道德风险　　　B. 外部经济　　　C. 外部不经济　　　D. 逆向选择

2. 为了提高资源配置效率，政府对自然垄断行为是（　　）。
   A. 不管的　　　B. 加以管制的　　　C. 尽量支持的　　　D. 坚持反对的

3. 如果上游工厂污染了下游居民的日常用水，按照科斯定理，（　　），这个问题就可以妥善解决。
   A. 不管产权是否明确，只要交易成本为零
   B. 只要产权明确，且交易成本为零
   C. 只要产权明确，不管交易成本多大
   D. 不管产权是否明确，交易成本是否为零

4. 一项公共物品是否值得生产，主要是看（　　）。
   A. 效益　　　　　　　　B. 政府的意志
   C. 公众的意见　　　　　D. 成本和效益的对比

5. 养蜂人放养的蜜蜂，在采蜜的同时使附近果园果树授粉，从而水果增产，说明存在（　　）。
   A. 外部不经济　　　　　B. 外部经济
   C. 道德风险　　　　　　D. 信息不对称

6. 某人的吸烟行为属于（　　）。
   A. 生产的外部经济　　　B. 消费的外部不经济
   C. 生产的外部不经济　　D. 消费的外部经济

7. 政府提供的物品（　　）。
   A. 一定是公共物品　　　B. 极少部分是公共物品
   C. 大部分是私人物品　　D. 不都是公共物品

8. 卖主比买主知道更多的关于商品的信息，这种情况称为（　　）。
   A. 道德风险　　　　　　B. 搭便车问题
   C. 非对称信息问题　　　D. 逆向选择

9. 如果某种产品的生产正在造成污染，因而社会边际成本大于私人边际成本，适当的税收政策是征税，征税额等于（　　）。
   A. 社会边际成本和私人边际成本之差　　B. 私人边际成本
   C. 治理污染设备的成本　　　　　　　　D. 社会边际成本

10. 在其他条件相同时，最愿意购买保险的人是那些最可能需要它的人，这一例子反映的现象是（　　）。

A. 逆向选择 　　　　　　　　　　B. "搭便车"问题
C. 自然选择 　　　　　　　　　　D. 道德风险

三、多项选择题

1. 市场不能向公众提供纯粹的公共物品是因为(　　)。
   A. 公共物品具有非排他性　　　B. 公共物品具有非竞争性
   C. 消费者都想"免费乘车"　　　D. 市场中有垄断的存在

2. 市场失灵是指(　　)。
   A. 市场没有达到其可能达到的最佳结果
   B. 市场没有使社会资源的分配达到最有效率的状态
   C. 市场未能达到社会收入的公平分配
   D. 生产和消费具有外部性

3. 交易双方信息不对称,比方说买方不清楚卖方一些情况,是由于(　　)。
   A. 卖方故意要隐瞒自己一些情况　　B. 买方认识能力有限
   C. 完全掌握情况所费成本太高　　　D. 市场不完备性

4. 治理外部性的主要措施有(　　)。
   A. 政府管制　　　　　　　　　　B. 补贴和征税
   C. 合并企业　　　　　　　　　　D. 界定产权

5. 治理外部性的基本原则是(　　)。
   A. 私人收益等于社会成本　　　　B. 私人成本等于社会收益
   C. 私人收益等于社会收益　　　　D. 私人成本等于社会成本

6. 私人产品具有(　　)特点。
   A. 竞争性　　　　　　　　　　　B. 非竞争性
   C. 排他性　　　　　　　　　　　D. 非排他

7. 公共产品具有(　　)特点。
   A. 竞争性　　　　　　　　　　　B. 非竞争性
   C. 排他性　　　　　　　　　　　D. 非排他

8. 现代公共选择理论所提出的主要投票规则有(　　)。
   A. 一致同意规则　　　　　　　　B. 多数规则
   C. 加权规则　　　　　　　　　　D. 否决规则

9. 下列选项中,(　　)属于市场失灵情形。
   A. 竭泽而渔　　　　　　　　　　B. 假公济私
   C. 环境污染　　　　　　　　　　D. 草场退化

10. 下列选项中,(　　)是准公共产品。
    A. 国防　　　　　　　　　　　　B. 免费公路
    C. 森林　　　　　　　　　　　　D. 高速公路

四、简答题

1. 谈谈政府的职能范围。
2. 什么是外部性?有哪些种类?
3. 公共物品为什么不能靠市场来提供?

4. 现实市场的不完善性表现在哪些方？

5. 私人产品和公共产品的特征各是什么？

6. 运用实例说明外部性和环境保护的重要性。

7. 成本—收益分析的具体内容是什么？

五、分析题

国防、钢铁厂的污染、特大企业的存在都会引起市场失灵，它们各自引起市场失灵的原因是什么？应该如何解决？

第九章

国民收入决定理论

知识目标

☆ 掌握国内生产总值的含义及其计算方法。
☆ 掌握国民经济乘数的概念及其作用。
☆ 掌握简单的国民收入决定理论。
☆ 了解总需求的构成。
☆ 了解AD-AS模型。

能力目标

☆ 能够利用国内生产总值的相关概念,判断一个国家的经济实力大小。
☆ 能够利用国民经济乘数理论,理解国民经济的扩张和收缩的基本规律。
☆ 能够利用AD-AS模型,解释经济的波动。

"节俭悖论"与宏观经济学

18 世纪,荷兰德曼德维尔博士在《蜜蜂的寓言》一书中,描述了这样的一个蜂群:一群蜜蜂,为了追求豪华的生活,大肆挥霍,结果这个蜂群很快兴旺发达起来;后来,这群蜜蜂改变了生活习惯,放弃了奢侈的生活,崇尚节俭,结果蜂群越来越凋落衰败;最后,这群蜜蜂被别的蜂群打败。约翰·梅纳德·凯恩斯看到这个故事后,悟出了总需求在国民经济中的重要作用,开创了宏观经济学理论体系。

改革开发 40 多年来,我国经济总量连上台阶,综合国力大幅提升。2021 年,国内生产总值 1143670 亿元,按不变价格计算,比上年增长 8.1%。而 1978 年仅有 3675 亿元,居全球第十位。2008 年,我国经济总量超过德国,居全球第三;2010 年超过日本,成为仅次于美国的世界第二大经济体。2021 年,我国居民消费价格(CPI)比上年上涨 0.9%,其中,城市上涨 1.0%,农村上涨 0.7%。全年城镇新增就业 1269 万人,比上年增加 83 万人。全年全国城镇调查失业率平均值为 5.1%,比上年平均值下降 0.5 个百分点。2021 年全国居民人均可支配收入 35128 元,比上年名义增长 9.1%;扣除价格因素实际增长 8.1%,与经济增长基本同步。

近几年,美国单边主义抬头,对我国不断推行贸易战、科技战,制造区域热点,阻挠我国的发展,我国发展的外部环境更趋复杂严峻和不确定。同时,在防控新冠疫情的措施下,国内经济面临需求收缩、供给冲击和预期转弱三重压力。中国共产党第十九届五中全会提出,形成强大国内市场,构建新发展格局;坚持扩大内需这个战略基点,加快培育完整内需体系,把实施扩大内需战略同深化供给侧结构性改革有机结合起来,以创新驱动、高质量供给引领和创造新需求;要畅通国内大循环,促进国内国际双循环,全面促进消费,拓展投资空间。

思考讨论:

(1)什么是总需求和总供给?

(2)失业率、通货膨胀率和经济增长率之间有什么关系?

(3)在总需求不足的情况下,政府如何扩大总需求?

从 1929 年开始,资本主义世界爆发了空前的大危机:3000 多万人失业,三分之一的工厂停产,整个经济倒退回了"一战"前的水平。当时的经济还处于混乱之中,传统的经济学遇到了挑战。这时,英国经济学家凯恩斯从一则古老的《蜜蜂的寓言》中得到了启示,悟出了需求的重要性,建立了以需求为中心的国民收入理论,并在此基础上引发了经济学上著名的"凯恩斯革命"。这次革命的结果就是建立了现代宏观经济学,因此,本章从国民收入理论开始介绍宏观经济学。在了解这一理论之前,我们还必须了解国民收入的概念及其衡量方法。

第一节　国内生产总值

>>> 案例资料 9-1

2020 年中国国内生产总值的世界排名

国际货币基金组织(IMF)的统计数据显示,2020 年中国国内生产总值(GDP)达到 147227 亿美元。美国为 209366 亿美元,排名世界第一。第三是日本,为 50487 亿美元。

2020 年人均国内生产总值世界排名第一的是卢森堡,为 109600 美元;排名第二的是瑞士,为 81870 美元;居第三位的是爱尔兰,为 79670 美元;中国人均国内生产总值为 10500 美元,世界排名第 69 位;美国人均国内生产总值为 63544 美元,排名第 5 位;日本人均国内生产总值为 40146 美元,排名第 23 位。

国内生产总值能够反映一国经济的整体水平,是衡量一国经济发展和生活富裕程度的重要指标。这一节就介绍国民收入的重要衡量指标:国内生产总值。

一、国内生产总值

国内生产总值(Gross Domestic Product,GDP)是指一国或一地区在一定时期内所生产的全部最终产品(商品和劳务)市场价值的总和。在理解这一含义时,要注意以下几个问题。

第一,GDP 是一个市场价值的概念,各种最终产品的价值都是用货币加以衡量的。产品市场价值就是用这些最终产品的单位价格乘以产量获得的。假如某国一年生产 100 万件上衣,每件上衣售价 50 美元,则该国一年生产上衣的市场价值为 5000 万美元。

第二,GDP 测度的是最终产品的价值,中间产品价值不计入 GDP,否则会造成重复计算。例如,如果把棉花、纱、布及制衣厂手中的成品的价值都算作同一年的生产价值,则其总额将不再是 50 美元,但其卖价只能是 50 美元,因为 50 美元的价值才是这件上衣生产中真正被创造出来的价值,而绝不能把重复计算的价值计算在内。像这样一种在一定时期内生产的并由其最后使用者购买的产品和劳务就称为"最终产品",而棉花、纱、布等则称为"中间产品",中间产品是指用于再生产而供生产别种产品用的产品。

第三,GDP 是在一定时期内(往往为一年)所生产的而不是所售卖掉的最终产品(此产品既包括有形的也包括无形的,如旅游、服务和卫生等)的价值。若某企业年生产 1000 万美元产品,只卖掉了 800 万美元产品,所剩 200 万美元产品可看作企业自己买下来的存货投资,同样应计入 GDP。相反,若某企业年生产 1000 万美元产品,却卖掉了 1200 万美元产品,则计入 GDP 的仍然是 1000 万美元,只是库存减少了 200 万美元而已。

第四,GDP 是在计算期内(往往是一年)生产的最终产品,因而是流量而不是存量。流量是一定时期内发生的变量,存量是一定时点上存在的变量。若某人花20万美元买了一幢旧房,则这20万美元不能计入GDP,因为它在生产年份已计算过了,但买卖这幢旧房的经纪人费用可计入GDP,因为这费用是经纪人在买卖旧房过程中获得的劳务报酬。

第五,GDP是在一国范围内生产的最终产品的市场价值,从而是一个地域概念,而与此相联系的国民生产总值(GNP)则是一个国民概念,指某国国民所拥有的全部生产要素在一定时期内所生产的最终产品的市场价值。例如,一个在日本工作的美国公民的收入要计入美国的GNP,但不计入美国的GDP,而计入日本的GDP。反之,一个在美国制造业中开设公司的日本老板取得的利润是日本GNP的一部分,不是美国GNP的一部分,但它是美国GDP的一部分。在1991年11月之前,美国均是用GNP作为经济总产出的基本测量指标,后来改用GDP,原因是大多数国家都用GDP。同时,由于国外净收入数据不足,GDP较易测量,再加上GDP相对于GNP来说是国内就业潜力更好的衡量指标(因为本国使用外资时解决的是本国就业问题)。当然,对美国来说,GDP和GNP的差异较小。

第六,GDP一般仅指市场活动导致的价值,家务劳动、自给自足生产等非市场活动不计入GDP。另外,黑市交易等也无法计入GDP。

二、名义GDP与实际GDP、人均GDP

GDP涵盖了一个社会经济体系所生产的几乎所有的商品和劳务的市场价值,它们之所以可以进行加总统计,是因为它们都用货币价值来衡量。每种商品的价值等于数量与价格的乘积,但价格会随时间发生变化,通货膨胀会年复一年地将价格推向更高的水平。我们不难想象,即使商品数量不变,只要价格上升一倍,商品的市场价值就会同样上升一倍,但实质上,人们的物质福利水平却没有丝毫的变化,因为人们的物质福利水平只与所生产的商品和劳务的数量和质量有关。为此,我们有必要把GDP变动中的价格因素剔除,只研究产品和劳务数量的变化,这就需要区别名义GDP和实际GDP这两个概念。

名义国内生产总值是指按生产商品和劳务的那个时期的价格计算的国内生产总值。我们在统计年鉴中看到的"按照当年价格计算"的国内生产总值就是名义GDP。

实际国内生产总值是指按以前某一年作为基期的价格计算的国内生产总值。我们在统计年鉴中看到的"按照可比价格计算"或者"按不变价格计算"的国内生产总值就是以某一年为基年,按照该年的价格计算出来的产品和劳务的市场价值,即为实际GDP。

值得注意的是,我们经常看到的某年的GDP增长率(或者经济增长率)是指已经剔除了价格变动因素的实际GDP的增长率。名义GDP既能反映实际产量的变动,又能反映价格的变动,实际GDP则只反映产量的变动。只有根据实际GDP才能准确地反映国民经济的实际增长情况,原因在于按照名义GDP计算的增长率,其实是由价格水平上升引起的,或者是由产量与价格水平共同变动引起的,而只有按照实际GDP计算的增长率才反映产量的真实变动情况。为了剔除价格变动因素的影响,我们通常采用一个被称作GDP缩减指数或者GDP折算指数的价格指标,来折算GDP的名义和实际值。其基本关系式为:

$$实际GDP = \frac{名义GDP}{GDP缩减指数}$$

通常,国内生产总值是数量指标,反映一国的经济问题或市场规模;人均国内生产总值是质量指标,说明一国的经济实力和富裕程度,其计算公式为:

$$人均GDP = \frac{某年GDP}{当年平均人口}$$

上式中,当年平均人口数是当年年初与年末人口数的平均值,或为年中即当年7月1日零时的人口数。

在案例9-1中,2020年我国国内生产总值达到147227亿美元,世界排名第2位;而人均国内生产总值为10500美元,世界排名第69位。由此不难看出,人均国内生产总值比国内生产总值更能说明问题的本质。

一般情况下,人均国内生产总值与人均国民总收入两个指标数值比较接近。世界银行按人均国民总收入对世界各国经济发展水平进行分组,通常把世界各国分成四组,即低收入国家、中等偏下收入国家、中等偏上收入国家和高收入国家,如表9-1所示。以上标准不是固定不变的,而是随着经济发展不断进行调整。

表9-1 世界银行划分经济发展水平标准

人均国民总收入分组(美元/年)	经济发展水平
<1036	低收入国家
1036~4045	中等偏下收入国家
4046~12535	中等偏上收入国家
>12535	高收入国家

资料来源:世界银行网站(中文)。

三、国内生产总值的构成

国内生产总值按其核算方法划分,有不同的构成。国内生产总值的核算方法有生产法、支出法和收入法。

1. 生产法

生产法又称为"部门法"或"增加值法",它是按最终产品价值等于整个生产过程中全部价值增值之总和的原理来核算国民收入的方法。用生产法进行核算时,各商品和劳务生产部门要把所使用的中间产品价值全部扣除,只核算本部门的增加值,然后将全社会所有部门的增加值加总,就可以得到全社会的国民收入。

2. 支出法

用支出法核算GDP,是通过核算一定时期内整个社会购买最终产品的总支出即最终产品的总卖价来计量GDP。要判断谁是最终产品的购买者,只要看谁是产品和劳务的最后使用者即可。在现实生活中,产品和劳务的最后使用,除了居民消费,还有企业投资、政府购买及出口。因此,用支出法核算GDP,就是核算经济社会(指一个国家或一个地区)一定时期内消费、投资、政府购买以及出口这几方面支出的总和。

(1)消费支出(C)。它是指居民个人消费包括购买耐用消费品(如小汽车、电视机、洗衣机等)、非耐用消费品(如食物、衣服等)和劳务(如医疗、旅游、理发等)的支出,建造住宅的支出不包括在内。

(2)投资支出（I）。它是指增加或更换资本物品（包括厂房、住宅、机械设备及存货）的支出，为什么用于投资的物品也是最终产品？资本设备难道不是像中间物品一样是用来生产别的产品吗？为什么不属于中间产品呢？要知道，资本物品（如厂房设备等）和中间物品是有重大区别的，中间物品在生产别的产品时全部被消耗掉，但资本物品在生产别的产品过程中只有部分被消耗掉。一个钢铁厂的使用年限若为40年，则每年都要耗费部分价值，40年后全部耗费掉。资本物品由于损耗造成的价值减少称为"折旧"。折旧不仅包括资本物品有形磨损，还包括资本老化带来的无形磨损。例如，一台设备使用年限虽然未到，但过时了，其价值要贬损。

投资包括固定资产投资和存货投资两大类。固定资产投资包括新厂房、新设备、新商业用房以及新住宅的增加。存货投资是企业掌握的存货价值的增加（或减少）。如果年初全国企业存货为1000亿美元而年末为1200亿美元，则存货投资为200亿美元。存货投资可能是正值也可能是负值，因为年末存货价值可能大于也可能小于年初存货。

(3)政府对物品和劳务的购买（G）。它是指各级政府购买物品和劳务的支出，如政府花钱设立法院、提供国防、建筑道路、开办学校等支出。政府购买只是政府支出的一部分，政府支出的另一部分如转移支付、公债利息等都不计入GDP。这是因为政府通过雇请公务人员、教师，建立公共设施，建造舰队等为社会提供了服务，而转移支付只是简单地把一些人或一些组织的收入转移给另一些人或另一些组织，没有发生相应的物品或劳务的交换。例如，政府给残疾人发放救济金，不是因为这些人提供了服务或创造了价值，而是因为他们丧失了劳动能力，要靠救济生活。

(4)净出口（NX）。它是指进出口的差额。用X表示出口，用M表示进口，则$(X-M)$就是净出口（Net Export）。进口应从本国总购买中减去，因为进口表示收入流到国外，不是用于购买本国产品的支出；出口则应加进本国总购买量之中，因为出口表示收入从外国流入，是用于购买本国产品的支出。因此，只有净出口才应计入总支出，它可能是正值，也可能是负值。

把上述四个项目加总，用支出法计算GDP的公式可写成：

$$GDP=C+I+G+NX$$

表9-2是我国2020年的GDP和需求的构成情况。

表9-2 2020年中国国内生产总值构成统计

项目	总量（亿元）	比重（%）
居民消费	387176	37.73
投资（含政府投资）	442401	43.13
政府购买（政府消费）	169810	16.55
净出口	26530	2.59
合计	1025917	100.00

注：本表按当年价格计算。

资料来源：中国统计年鉴2021。

3. 收入法

收入法又称为"生产要素法"或"要素支出法"，它是将生产要素在生产中的所得加总,即把劳动、土地、资本和企业家才能分别所得的工资、地租、利息和利润相加来核算GDP的方法。用收入法核算GDP时应该包括以下一些项目。

(1) 工资、利息和租金等生产要素的报酬。工资不仅包括所有工作的酬金、津贴和福利费,还包括工资收入者必须缴纳的所得税和社会保险税;利息包括人们给企业提供货币资金所得的利息收入,如银行存款利息、企业债券利息等,但政府公债利息及消费者信贷利息不包括在内;租金不仅包括土地出租、房屋租赁等收入,还包括专利、版权等收入。

(2) 非公司企业业主收入。它是指不受人雇佣的独立生产者的收入,如医生、律师、农民和小店铺主的收入,它常与工资、利息、利润、租金混在一起,不好区分。

(3) 公司税前利润。它包括公司所得税、社会保险税、股东红利及未分配利润等。

(4) 企业转移支付及企业间接税。企业转移支付包括对非营利组织的慈善捐款和呆账、坏账等;企业间接税包括货物税、消费税、周转税等。这些虽然不是生产要素创造的收入,但要通过产品价格转嫁给消费者,故应视作成本计入GDP。

(5) 资本折旧。它虽然不是要素收入,但包括在总投资中,也应该计入GDP。

因此,按照收入法核算GDP的公式如下:

GDP=工资+利息+租金+利润+间接税+企业转移支付+折旧

由于要素所有者获得的税前收入有纳税、消费和储蓄三种用途,因此,从收入角度计算的国内生产总值还可表达为:

GDP=消费(C)+储蓄(S)+政府税收净额(T)

四、国内生产总值核算中的恒等关系

不论是按生产法,还是按收入法、支出法计算国内生产总值,其结果都是一致的,它们是从不同的角度来计算同一国家的国内生产总值。但是在实际中,这三种方法所得出的结果往往并不一定相同。国民经济核算体系是以支出法为基本方法,即以支出法计算的GDP为标准,如果收入法与生产法计算出来的结果与它不同,就要通过误差调整项来进行调整,使之达到一致。

从单个经济单位来看,每一次交易都涉及买者和卖者,在买者支出货币的同时,卖者获得相应的货币收入。从整个经济来看,国内生产总值既衡量经济中所有人的总收入,也衡量所有人用于购买产品和劳务的总支出。由于买与卖是一笔交易的两个方面,对于整个经济而言,总收入恒等于总支出。比如,学生学习钢琴每小时支付100元,在这种情况下钢琴教师是劳务的卖者,而学生是劳务的买者,学生学习1小时钢琴支付了100元,同时钢琴教师获得了100元收入。这种交易对经济的收入和支出作出了相同的贡献,无论是用总收入来衡量还是用总支出来衡量,国内生产总值都增加了100元。

用支出法核算的国内生产总值,称为"总支出",代表了社会对最终产品的需求;用生产法计算的国内生产总值,称为"总产出",代表了社会对最终产品的生产和供给;用收入法计算的国内生产总值,称为"总收入",代表了社会对最终产品的分配。因此,总支出=总产出=总收入。总收入和总产出都代表了一个社会对最终产品的供给,因而称为"总供给",而总支出代表一个社会对最终产品的需求,因而称为"总需求",进而得出:总需求=总供给。

在只有家庭和厂商两个部门的经济中,家庭对厂商产品产生需求,厂商就投资生产,

于是，总支出＝消费(C)＋投资(I)。厂商获得的收入用于支付工资、利息、土地租金、利润等，生产要素提供者获得这些收入，用于消费和储蓄，于是，总收入＝消费(C)＋储蓄(S)，再根据总收入＝总支出得出：投资(I)＝储蓄(S)。

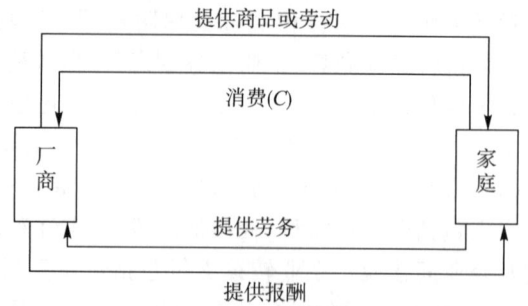

图 9-1 两部门经济循环

现实经济远比图 9-1 所示的情况复杂，当有政府存在时，就是三部门经济，当有国际贸易时，就是四部门经济。无论情况多么复杂，在现实经济循环中，整个经济的总收入仍然等于总支出。

>>> 案例资料 9-2

"地下经济"能否见光

在城市里，为建设城市文明而设置的行业"门槛"越来越高，一部分谋生者难以获得合法的经营资格，不得不进行无证经营，违法违规生产，沦为"地下职业者"，形成独特的"地下经济"。

既然为"地下"状态，它就在政府的统计之外，没有人知道"地下经济"从业的人数有多少、产值有多少。广州市社情民意调查中心经过长期跟踪调查，认为广州市从事黑作坊生产、无证经营、流动摊贩、摩的、黑的等职业的人数，保守估计为 60 万人。

"地下经济"的存在，有着现实合理性。对需求方而言，"地下经济"所提供的产品或服务价格低廉，方便快捷，特别受广大中低收入阶层的青睐；对供给方而言，"地下经济"活动则是其谋生的手段。

摩的和摩托仔是"地下经济"的典型代表之一。深圳市由特区二线关分割成关内和关外，关内是高度发达的经济特区，关外是占深圳市土地面积八成以上的宝安区和龙岗区，是深圳的主要工业区，以中小企业为主，这里工作和生活着 1000 多万外来务工人员。关外地区面积大，公交线路少、发车少，居民收入低，打摩的一直是重要的短途出行方式，车手被称为"摩托仔"。深圳市自 2003 年开始禁摩，但在关外地区，摩托非法营运久禁不绝。

原因有：一方面，这是巨大的社会需求；另一方面，这是许多摩托仔的唯一生计。他们中的很多人都曾从事过其他职业，进过工厂，送过报纸或桶装水，但收入都不高，有的做过小生意，但因经营不善导致血本无归。而当摩托仔，朝七晚九，一天工作十三四个小时，能有 100 元的收入。

近年来,广东各地因打击取缔无证经营、非法屠宰、非法营运等地下职业诱发的恶性事件时有发生。例如,2008 年 8 月,惠州市博罗县一名摩托车手撞到路边灯柱死亡,家属亲友怀疑是躲避治安员追截所致,百余人打砸村委会和派出所;2008 年 11 月 5 日,珠海一名摩托仔由于摩托车和驾驶执照被交警扣押,走投无路而萌生恶念,驾驶卡车恶意撞进校园,造成 5 人死亡和 20 多人受伤⋯⋯

目前,一些城市已经意识到部分"地下经济"存在的现实合理性,从保护民生的角度出发,采取降低门槛、扶持规范等办法,将"地下经济"转化为"地上经济",在一定程度上减少了社会矛盾出现的隐患。

启发思考:
(1)你所知道的"地下经济"还有哪些?
(2)怎样看待"地下经济"?
(3)如何让"地下经济"成为"地上经济"?

第二节 国民收入决定理论

国民收入决定理论主要研究一个社会的经济收入水平(或生产)取决于哪些因素或条件,或者说是由什么决定的。国民收入决定理论由凯恩斯提出,经过发展,逐渐演变成三个基本的模型:简单国民收入决定模型、IS-LM 模型和 AD-AS 模型。本节主要介绍简单国民收入决定模型和 AD-AS 模型。

一、简单国民收入决定模型

简单国民收入决定模型也称为"45 度线模型",是高度简化的凯恩斯宏观经济模型,以最简单的方式说明宏观经济总量的决定。

1. 消费函数理论

凯恩斯认为,在短期内,收入与消费是相关的,即消费取决于居民现期的、绝对的收入水平,并且它们之间的关系相当稳定,从而提出消费函数理论。

消费和收入之间的依存关系称为"消费函数"。在其他条件不变的情况下,消费与收入同方向变化,但随着收入的增加,消费增加的速度越来越慢。如果用 C 代表消费,Y 代表收入,则消费函数可表达为:

$$C = f(Y)$$

为简化分析,通常假定消费与收入之间存在线性关系,则消费函数可进一步表达为:

$$C = \bar{c} + bY$$

式中,$\bar{c}$ 为自发消费,由收入之外的其他因素决定,如生存需要、偏好和社会习俗等,即 $\bar{c}$ 不随收入变动而变动;bY 为引致消费,随收入变动而变动,系数 b 表示收入变动一个单位所引起的消费变动量,在数学中称为"斜率",在经济学中称为"边际消费倾向"。

由于消费与收入同方向变化,若以 C 为纵轴,Y 为横轴,显然线性消费函数是一条以

$\bar{c}$ 为截距,以 b 为斜率,向右上方倾斜的直线,如图 9-2 所示。

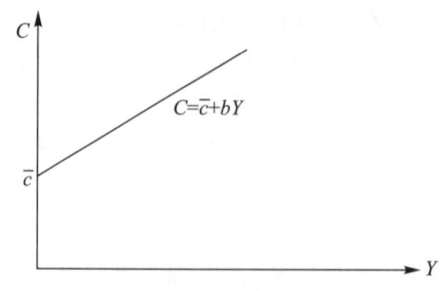

图 9-2 消费函数

消费和收入之间的关系可以用平均消费倾向和边际消费倾向来说明。

平均消费倾向(Average Propensity to Consume,APC)是消费在收入中所占的比例,可表达为:

$$APC = \frac{C}{Y}$$

边际消费倾向(Marginal Propensity to Consume,MPC)是消费增量在收入增量中所占的比例。如果 ΔC 代表消费增量,ΔY 代表收入增量,则边际消费倾向可表达为:

$$MPC = \frac{\Delta C}{\Delta Y}$$

随着收入的增加,边际消费倾向呈现递减的趋势,这一规律称为"边际消费倾向递减"规律。假定一个家庭每月所需的最低消费为 200 元,当收入为 100 元时,需要借债 100 元,此时平均消费倾向大于 1;当收入增加 100 元时,200 元全部用于消费,边际消费倾向为 1,平均消费倾向为 1;当收入再增加 100 元时,收入达到 300 元,家庭会将一定的新增收入用于储蓄,如 20 元用于储蓄,80 元用于消费,此时边际消费倾向为 0.8,平均消费倾向为 280/300=0.93;当这个家庭收入水平达到 400 元时,就会消费 350 元,储存 50 元,此时边际消费倾向为 0.5,平均消费倾向为 350/400=0.87。如此推算,平均消费倾向有可能大于 1,而边际消费倾向则在 0 至 1 之间。

2. 简单国民收入决定模型

有了消费函数,就可以进一步介绍简单国民收入决定理论。简单国民收入决定理论认为,均衡国民收入水平是由总需求与总供给共同决定的,短期内总供给不变,则均衡国民收入水平就是由总需求决定的。简单国民收入决定模型如图 9-3 所示。

在图 9-3 中,横轴为总供给 AS,用总产出或总收入 Y(即实际 GDP)度量;纵轴为总需求 AD,用总支出度量;45°线表示经济中总需求等于总供给,即此线上任意一点都表示经济处于均衡状态。AD_0 代表实际的总需求水平,AD_0 与 45°线相交于 E_0 点,决定了均衡国民收入水平 Y_0。在这里需要注意的是,AD_0 的斜率取决于消费 C,也就是取决于消费函数中的边际消费倾向 $b(MPC)$,而 b 通常是小于 1 的。

在 Y_0 的左边,总供给小于总需求,厂商会扩大生产,国民收入向 Y_0 增加;在 Y_0 的右边,总供给大于总需求,厂商会缩减生产,国民收入向 Y_0 减少;当总供给等于总需求时,整个经济处于均衡状态,Y_0 为均衡国民收入。

如图 9-3 所示,当总需求减少时,AD_0 平移至 AD_1,决定均衡国民收入为 Y_1,$Y_1 < Y_0$,

均衡国民收入减少;当总需求增加时,AD_0平移至AD_2,决定均衡国民收入为Y_2,$Y_2>Y_0$,均衡国民收入增加。

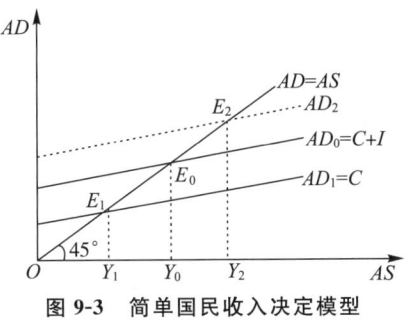

图9-3 简单国民收入决定模型

二、乘数理论

"一只蝴蝶在巴西轻拍翅膀,可以在一个月后引起美国德克萨斯州的一场龙卷风。"其原因在于:蝴蝶翅膀的运动,导致其身边的空气系统发生变化,并产生微弱的气流,而微弱气流的产生又会引起四周空气或其他系统产生相应的变化,由此引起一个连锁反应,最终导致其他系统的极大变化。此效应说明:事物发展的结果,对初始条件具有极为敏感的依赖性,初始条件的极小偏差,将会引起结果的极大差异。

因此,自发消费$\bar{c}$、自发投资I、政府购买G、边际消费倾向b及税收T等的任何变动都会引起均衡国民收入的变动。那么它们之间变化的关系是什么呢?乘数理论可以回答这些问题。乘数是指自发总需求增加所引起的均衡国民收入增加的倍数,是均衡国民收入增量与引起这种增加的自发总需求增量的比率。乘数的公式可以表达为:

$$K = \frac{\Delta Y}{\Delta A}$$

式中,K为乘数,ΔY为均衡国民收入增量,ΔA为自发总需求增量。自发总需求是指不随国民收入变化的总需求,表现为总需求在纵轴上的截距。自发消费$\bar{c}$、自发投资I、政府购买G、净出口NX及税收T等都是自发总需求的组成部分,任何一个产生变动都会引起自发总需求的变动。如图9-4所示,初始的总需求为AD_1,当自发总需求增加ΔA时,总需求曲线由AD_1平移至AD_2,引起均衡国民收入由Y_1增加至Y_2,均衡国民收入增量为ΔY。一般而言,乘数会大于1,这是因为自发总需求的增加导致总需求进一步的增加,国民经济各部门之间存在着密切的联系,即某一部门总需求增加,不但使本部门收入增加,而且使相互联系的其他部门发生连锁反应,导致这些部门的需求与收入都相应增加,最终使国民收入的增加数倍于最初总需求的增加。简举一例说明乘数原理。

假定国民自发消费增加100亿,边际消费倾向为0.5。这100亿会变成别人的收入,别人会将其中50%的部分即50亿用于消费。另一部分人会得到50亿的收入,消费其中的50%即25亿。再有一部分人得到25亿的收入,消费其中50%,即12.5亿元。如此循环,直到无穷。如表9-3所示:

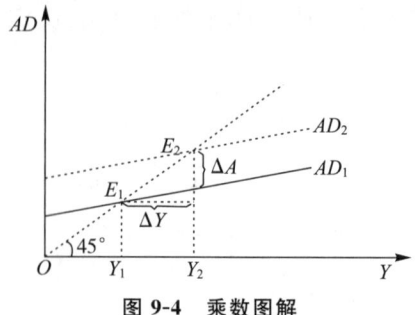

图 9-4 乘数图解

表 9-3 乘数计算表

	自发投资	收入增加	消费($b=0.5$)
第一轮	100 亿元	100 亿	50 亿元
第二轮		50 亿元	25 亿元
第三轮		25 亿元	12.5 亿元
第三轮		12.5 亿元	6.25 亿元
……		……	……
第 n 轮		$100 \times 0.5^{n-1}$	100×0.5^n

最终国民收入的增加部分为：

$100 + 100 \times 0.5 + 100 \times 0.5^2 + 100 \times 0.5^3 + \cdots\cdots + 100 \times 0.5^{n-1}$
$= 100 \times (1 + 0.5 + 0.5^2 + 0.5^3 + \cdots\cdots + 0.5^{n-1})$
$= 100 \times 1/(1-0.5)$
$= 200$

则国民收入乘数为：

$$K = \frac{\Delta Y}{\Delta A} = \frac{200}{100} = 2$$

可见，乘数的大小和边际消费倾向有关，边际消费倾向越大，收入中用于消费的部分就越多，总需求和国民收入增加就越小，从而乘数越大；边际消费倾向越低，收入中用于消费的部分就越少，总需求和国民收入增加就越少，从而乘数越小。总需求不同构成部分的增加具有相应的乘数效应，如投资乘数、政府支出乘数、对外贸易乘数等。

乘数是把"双刃剑"，其作用是双重的。当总需求增加时，它所引起的国民收入的增加量大于最初总需求的增加量；当总需求减少时，它所引起的国民收入的减少量大于总需求的减少量。

第三节 AD-AS 模型

简单国民收入决定模型不考虑总供给和价格对国民收入决定的影响。但在现实经济中，总供给总是有限的，而价格水平也是变化的，因此，总需求－总供给模型（简称 AD

—AS模型）将总需求与总供给结合起来，分析均衡国民收入与价格水平的决定与变动，解释经济增长、经济波动和滞胀。

一、总需求

总需求表示在一定时期内，在每一价格水平下，一国所有家庭、厂商、政府及外国客户愿意而且能够购买的商品和劳务总量。

总需求曲线是一条向右下方倾斜的曲线，如图9-5所示。在图中，横轴为商品和劳务的总产量Y，纵轴为物价总水平P（注：物价水平通常用CPI或国内生产总值平减指数表示，而不是具体的物价）。在其他因素不变的条件下，价格水平越高，总需求量越小；价格水平越低，总需求量越大。总需求曲线之所以向右下方倾斜，是因为以下三种效应。

第一，财富效应。物价水平下降提高了货币的真实价值，并使消费者变得相对富有，从而鼓励他们更多地支出。消费者支出增加意味着物品与劳务的需求量变得更大。相反，物价水平上升使人们所持有的货币及其他以货币表示的资产的实际价值降低，人们变得相对贫穷，于是人们的消费水平就会相应地降低，消费者支出以及物品和劳务的需求量也会减少。这就是所谓的"财富效应"（Wealth Effect），又称为"实际余额效应"。

第二，利率效应。当物价水平降低时，家庭为了购买他们想要的物品与劳务需要持有的货币就减少，此时家庭会把一些钱借出去来减少货币持有量。在这种情况下，因为家庭试图把自己的一些货币转换为有利息的资产，所以利率会下降。而利率反过来又会影响物品与劳务的支出。由于低利率使借款变得便宜，这不仅鼓励企业更多地借款并投资于新工厂和设备，也鼓励家庭借更多的钱投资于住房。因此，利率下降增加了物品与劳务的需求量，从而价格会上升。而价格水平上升，将导致利率上升，进而导致投资和总支出水平下降，这就是利率效应（Interest Effect）。利率效应会引致另一种效应——汇率效应，即当一国物价水平下降引起其利率下降，其本位币在外汇市场上的真实价值下降了，这种贬值会刺激其产品的出口需求。

第三，财政拖累效应。价格水平下降会使人们的名义收入减少，名义收入减少会使人们进入更低的纳税档次，在实行累进的个人所得税制的条件下，人们的税负会减轻，从而实际可支配收入上升，进而使人们的消费水平上升。当价格水平上升时，一系列作用会使人们消费水平下降。这就是财政拖累效应（Fiscal Drag）。

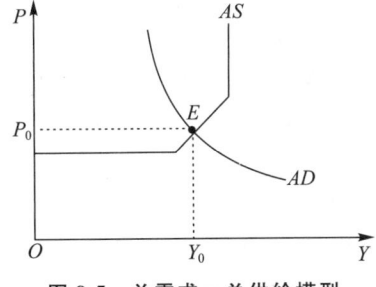

图9-5　总需求－总供给模型

总需求由消费、投资、政府购买及净出口构成。在物价既定时，总需求中每一构成部分发生变化，都会引起总需求曲线的移动，增加时总需求曲线向右上方平移，减少时总需求曲线向左下方平移。人们对未来的预期也会引起总需求曲线的移动，预期未来收入增加或通货膨胀会增加当期消费,总需求增加,总需求曲线向右上方平移;预期未来利润增加会增加投资,总需求增加,总需求曲线向右上方平移。政府的宏观经济政策也会使总需求曲线发生相应的变动。

二、总供给

总供给表示一国所有厂商在一定时期内,在每一价格水平下愿意而且能够提供的商品和劳务总量。总供给取决于资源利用情况,资源利用情况不同,总供给与价格的关系不同,总供给曲线所呈现的特征变化亦不同。如图9-5所示,AS曲线根据资源利用情况,可分为以下三种情况。

1. 凯恩斯总供给曲线

在图9-5中,处于水平状态的总供给曲线,称为"凯恩斯总供给曲线",表明存在大量闲置的资源,厂商可以在既定的价格下供给任何数量的产品。此种情况是由凯恩斯在西方国家1929—1933年经济大萧条的背景下提出的。

2. 短期总供给曲线

在图9-5中,向右上方倾斜的总供给曲线,称为短期总供给曲线(Short-run Aggregate Supply,SAS)。短期总供给表示短期中,在其他影响因素不变的条件下,实际GDP的供给量与价格水平之间的关系。从短期来看,物价水平影响经济的产量,价格上升,产量增加;价格降低,产量减少。短期总供给曲线之所以向右上方倾斜,有以下几个原因。

一是工资黏性。工资黏性是指对于经济变动而言,名义工资调整缓慢。名义工资调整缓慢往往是因为工人与厂商之间根据预期物价水平签订了固定名义工资的长期合同,也因为受制于收入分配制度。如果实际物价不断上涨,而名义工资不能及时调整,则对于厂商而言,利润增加,厂商会增加产量;反之,如果实际物价不断下降,而名义工资不能及时调整,则对于厂商而言,利润减少,厂商会减少产量。

二是价格黏性。价格黏性是指对于经济状况变动而言,一些商品和劳务的价格调整缓慢。这种价格调整缓慢部分是因为菜单成本,即调整价格要付出成本,包括印刷和分发目录成本,改变价格标签所需时间等。当厂商宣布定价后,如果实际物价上涨了,则一些厂商会及时调高价格,而另一些厂商会因菜单成本而暂缓调高价格,低价会吸引更多的顾客,扩大销售,使得厂商扩大生产和就业,产量增加;反之,如果实际物价下降了,因菜单成本而暂缓调低价格的厂商会减少产量。

三是相对价格错觉。相对价格错觉是指厂商因暂时误判相对价格作出反应,使供给曲线向右上方倾斜。假设物价总水平上升到厂商的预期水平之上,当厂商看到自己的产品价格上涨时,可能会误认为自己产品比其他产品的价格高了,从而增加产量;反之,假设物价总水平下降到厂商的预期水平之下,当厂商看到自己产品价格下降时,可能会误认为自己产品比其他产品的价格低了,从而减少产量。

引起短期总供给曲线的移动,主要由于劳动、资本、自然资源及生产技术等因素的变动,当某一因素增加时,短期总供给曲线向右下方平移;当某一因素减少时,短期总供给曲线向左上方平移。人们的预期也会引起短期总供给曲线的移动,预期物价水平上升,成本上升,产量减少,短期总供给曲线向左上方平移;预期物价水平下降,成本下降,产量增加,短期总供给曲线向右下方平移。

3. 长期总供给曲线

在图 9-5 中,处于垂直状态的总供给曲线,称为"长期总供给"(Long-run Aggregate Supply,LAS)曲线,也称为"古典总供给曲线"。长期总供给表示长期中,实际 GDP 等于潜在 GDP,实际 GDP 供给量与价格水平之间的关系。长期总供给曲线是处于潜在 GDP 水平上的一条垂线。从长期来看,资源会实现充分利用。在资源充分利用的情况下,无论价格怎样变化,总供给保持不变,因为长期中,物价总水平并不影响经济生产产品和劳务的能力。

影响长期总供给曲线移动的因素主要有劳动、资本、自然资源及生产技术等因素。当某一因素增加时,长期总供给曲线向右平移;当某一因素减少时,长期总供给曲线向左平移。

三、均衡国民收入与均衡价格水平的决定

均衡国民收入是总需求等于总供给时的国民收入。如图 9-6 所示,总需求曲线 AD 与短期总供给曲线 SAS 相交于均衡点 E,实现短期宏观经济均衡。此时,实际 GDP 需求量等于实际 GDP 供给量,决定均衡 GDP 为 Y_0,均衡价格水平为 P_0。在短期内,由于名义工资是固定的,不能使经济调整到充分就业状态,实际 GDP 小于或大于潜在 GDP。

如图 9-7 所示,总需求曲线 AD 与长期总供给曲线 LAS 相交于均衡点 E,实现长期宏观经济均衡。此时,实际 GDP 需求量等于实际 GDP 供给量,决定实际 GDP 等于潜在 GDP,均衡价格水平为 P_0。长期宏观经济均衡之所以能实现,是因为名义工资的调整。潜在 GDP 和总需求决定价格水平,而价格水平影响名义工资。在长期,名义工资调整到使 SAS 曲线通过长期均衡点,总需求决定价格水平但不影响实际 GDP,长期总供给决定实际 GDP。

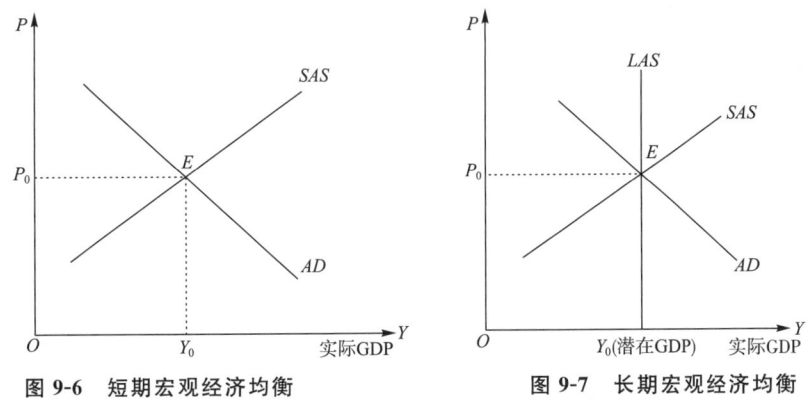

图 9-6 短期宏观经济均衡　　图 9-7 长期宏观经济均衡

四、AD—AS 模型的运用

总需求—总供给模型(AD—AS 模型)既可以解释经济的长期趋势与短期波动,也可以说明失业与通货膨胀,是分析经济形势及制定政策的重要工具。

1. 描述经济的长期增长与通货膨胀

在长期,有许多因素引起总需求与总供给的变动。如降低利率及增加财政支出的经济政策使总需求增加,总需求曲线向右上方平移;技术进步使长期总供给增加,长期总供给曲线向右平移,如图 9-8 所示。

在图 9-8 中,初始的总需求曲线 AD_0 与长期总供给曲线 LAS_0 相交于 E_0,决定均衡总产量为 Y_0,均衡物价水平为 P_0。总需求增加,总需求曲线由 AD_0 向右平移至 AD_1,持续平移至 AD_2;长期总供给增加,长期总供给曲线由 LAS_0 向右平移至 LAS_1 后,持续平移至 LAS_2,这时宏观经济达到新的均衡点 E_2,决定均衡总产量为 Y_2,均衡物价水平为 P_2。均衡总产量由 Y_0 持续增到 Y_2,表明经济长期增长;均衡物价水平由 P_0 持续增至 P_2,表明存在通货膨胀。

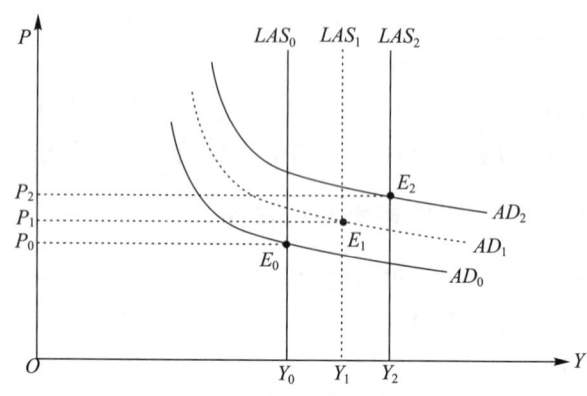

图 9-8 经济的长期增长与通货膨胀

从图 9-8 中可以看出,经济的长期增长取决于长期总供给的增加。在总需求不变的情况下,长期总供给增加,总产量增加,物价下降;在长期总供给不变的情况下,总需求增加,总产量并未增加,而物价上升,导致通货膨胀。

2. 分析经济的短期波动

经济的长期趋势是短期趋势叠加的结果。产量与物价水平的短期波动是对长期趋势的背离。

(1)经济萧条与繁荣。当短期总供给不变时,总需求决定一国经济萧条或繁荣状态下的均衡水平,如图 9-9 所示。

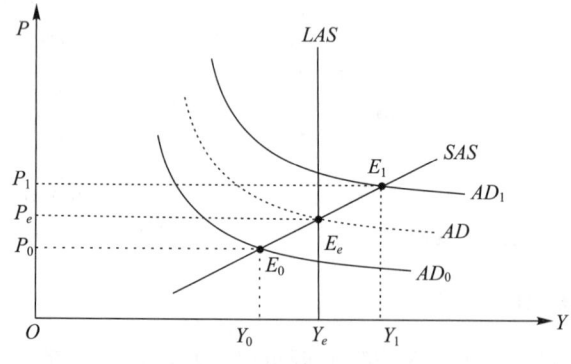

图 9-9 经济的短期波动

在图 9-9 中,AD 为总需求曲线,SAS 为短期总供给曲线,LAS 为长期总供给曲线,三者的交点 E_e 为长期均衡点。此时,短期均衡产量正好等于充分就业时的总产量 Y_e,经济实现了充分就业均衡,这是最理想的宏观经济状况。当需求减少时,总需求曲线 AD 向左下方平移至 AD_0,与短期总供给曲线 SAS 相交于短期均衡点 E_0,此时均衡价格水平

为 P_0,均衡总产量为 Y_0,$Y_0 < Y_e$,因而资源闲置,存在失业,经济处于萧条状态。政府采取刺激总需求的经济政策,使得 AD_0 曲线右上方平移,当移至 AD 曲线时,经济达到长期均衡点。若此时市场上另有强烈刺激总需求扩张的因素,则 AD 曲线有可能继续向右平移至 AD_1 并与 SAS 曲线相交于短期均衡点 E_1,此时均衡价格为 P_1,因而均衡总产量为 Y_1,$Y_1 > Y_e$,因而资源过度利用,经济处于繁荣状态。

因此,当短期总供给不变时,总需求增加,社会就业水平、总产量与物价同时上升。其政策含义是增加总需求可以增加就业和总产量,但以通货膨胀为代价。

(2)经济滞胀。滞胀是指产量减少而物价上升的现象,是衰退与通货膨胀并存的状况。如图 9-10 所示,当总需求不变时,由于受各种因素如农业歉收、外汇市场波动或生产要素价格上涨等影响,短期总供给减少,会引起短期总供给曲线 SAS_0 向左上方平移至 SAS_1,总产量由 Y_0 减少至 Y_1,而物价由 P_0 上升至 P_1。

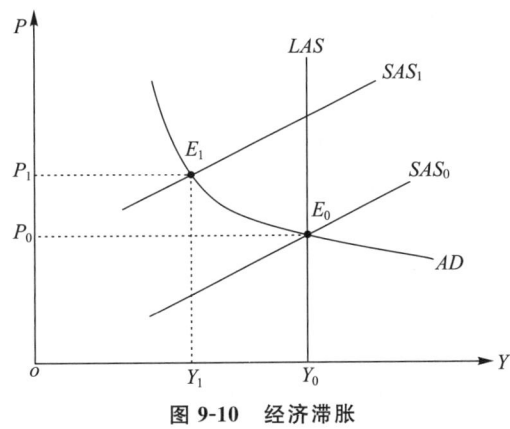

图 9-10　经济滞胀

因此,当总需求不变时,短期总供给减少引起滞胀,短期总供给增加引起总产量增加而使物价下降。

思 考 与 练 习

一、关键概念

国内生产总值　边际消费倾向　国民经济乘数　总需求　总供给　均衡国民收入　潜在国民收入　滞胀

二、单项选择题

1. 两部门经济是指只存在(　　)的经济。
   A. 厂商与居民　　B. 政府与居民　　C. 出口与进口　　D. 投资与储蓄
2. 核算国内生产总值原则所遵从的原则是(　　)。
   A. 国民原则　　B. 国土原则　　C. 收入原则　　D. 支出原则
3. 下列项目中,计入国内生产总值的是(　　)。
   A. 为他人提供家教所得收入　　B. 出售股票的收入
   C. 拍卖徐悲鸿作品的收入　　D. 从政府部门获得的困难补助收入
4. 下列项目中,(　　)不计入国内生产总值。

A. 出口到外国的一批货物的创收

B. 政府给农民发放种粮补贴

C. 经纪人收取一栋旧房买卖的佣金

D. 银行办理转账收取的手续费

5. "面粉是中间产品"这一命题(　　)。

　　A. 一定是对的

　　B. 一定是不对的

　　C. 可能是对的，也可能是不对的

　　D. 以上三种说法全对

6. 在下列项目中,(　　)不属于政府购买。

　　A. 地方政府办三所中学

　　B. 政府给低收入者提供一笔住房补贴

　　C. 政府订购一批军火

　　D. 政府给公务人员增加工资

7. 简单国民收入决定理论涉及的市场是(　　)。

　　A. 产品市场　　B. 货币市场　　C. 劳动市场　　D. 国际市场

8. 总需求是(　　)。

　　A. 对所有产品和服务的需求加上进口需求

　　B. 对所有商品和服务的需求

　　C. 对所有最终产品和服务的需求

　　D. 家庭和政府对产品和服务的需求总和

9. 总供给通常是指(　　)。

　　A. 所有生产厂商所能生产的最大产出

　　B. 所有消费者愿意购买的购买量之和

　　C. 所有生产厂商愿意并且能够提供的总产出量

　　D. 政府能够让生产者提供的产品数量

10. 总需求曲线是(　　)。

　　A. 一条向右下方倾斜的曲线

　　B. 一条垂直线

　　C. 一条向上倾斜的曲线

　　D. 通常是向右下方倾斜的一条曲线,但也可能是一条垂直线

三、多项选择题

1. 下列选项中,(　　)为居民消费支出。

　　A. 生活用品支出　　　　　　B. 住房租金支出

　　C. 教育支出　　　　　　　　D. 购买新住房支出

2. 下列选项中,计入投资的是(　　)。

　　A. 购买债券　　　　　　　　B. 购买设备

　　C. 购买耐用品　　　　　　　D. 购买材料

3. 下列选项中,计入政府购买的是(　　)。

A. 行政管理支出　　　　　　　B. 国防支出
C. 环保工程支出　　　　　　　D. 财政补贴支出

4. 下列变量中,(　　)是名义变量。
A. 就业人数　　　　　　　　　B. 产品产量
C. 货物出厂价格　　　　　　　D. 银行挂牌利率

5. 消费函数与储蓄函数的关系是(　　)。
A. $C+S=Y$　　　　　　　　　B. $APC+APS=1$
C. $MPC+MPS=1$　　　　　　D. $APC+MPC=1$

6. 总需求曲线之所以向下倾斜的原因是(　　)。
A. 财富效应　　　　　　　　　B. 利率效应
C. 汇率效应　　　　　　　　　D. 乘数效应

7. 短期总供给曲线之所以向上倾斜是因为(　　)。
A. 工资黏性　　　　　　　　　B. 价格黏性
C. 相对价格错觉　　　　　　　D. 实际价格偏离预期水平

8. 在总需求不变的情况下,长期总供给增加会导致(　　)。
A. 总产量增加　　　　　　　　B. 总产量减少
C. 物价下降　　　　　　　　　D. 物价上升

四、计算题

1. 某矿山雇用了一批工人生产铁矿石,一年共生产铁矿石 10 万吨。该矿山将这批铁矿石卖给了一家钢铁冶炼厂,收入 500 万元,并支付给工人 150 万元工资。而钢铁冶炼厂将这批铁矿石冶炼成钢材售出,收入 1000 万元,支付本厂工人工资 200 万元(本题不考虑利息和地租的产生)。

(1)在生产活动中赚得的工资和利润共为多少?

(2)每个生产阶段生产多少价值?用增值法计算 GDP。

(3)用收入法计算 GDP,比较两者是否相同。

2. 假设某国自发投资量从 700 亿元增加到 800 亿元时,均衡的国民收入从 9000 亿元增加到了 9500 亿元,试求投资乘数。

3. 如果总供给曲线表达式为 $Y_s=500$,总需求曲线表达式为 $Y_d=600-50P$,试求:

(1)供求均衡点。

(2)总需求上升 10% 之后新的供求均衡点。

五、分析题

2008 年 11 月,国务院决定在全国范围推广"家电下乡"政策,对家电下乡产品按售价的 13% 给予购买者财政补贴。请你分析此项政策的理论依据和政策效果。

第十章

经济周期、经济增长与发展理论

知识目标

☆理解经济周期、经济增长的含义。
☆掌握推动经济长期增长的主要因素。
☆了解经济周期的几种形式，了解几种重要的经济增长模型。
☆了解经济发展理论。

能力目标

☆能够利用经济周期的表现，判断现在的经济处于什么样的经济周期中。
☆能够利用经济增长理论，分析和解释一国经济增长与发展的原因。
☆能够利用可持续发展理论，分析现行的产业政策的利弊。

RCEP,全球最大自由贸易区

2022年1月1日,《区域全面经济伙伴关系协定》(RCEP)正式生效。

RCEP现有15个成员国,包括中国、日本、韩国、澳大利亚、新西兰5国以及东盟10国,历经8年谈判,于2020年11月15日签署RCEP。2022年元旦当天,RCEP对文莱、柬埔寨、中国、日本、新西兰等10国正式生效,剩余成员国也将在完成国内批准程序后陆续生效实施。

RCEP建成之后,将成为世界上最大的自由贸易区。根据2018年数据,RCEP 15个成员国人口达到了22亿,GDP达到29万亿美元,出口额达到5.6万亿美元,吸引的外商投资流量达到3700亿美元,从人口数量、经济体量和贸易总额三个方面来看,均占全球总量约30%。RCEP的生效,确立了全球经济亚太、北美和欧盟三大自由贸易区,且RCEP纳入发达经济体、发展中经济体和最不发达国家,具有很强的多元性和包容性。

RCEP建成后,将给生产者和消费者带来实实在在的好处,概括起来有如下三点好处。

1. 更低的关税

协定生效后,已核准成员国之间90%以上的货物贸易将最终实现零关税,各国将在较短时间内兑现货物贸易自由化承诺。RCEP生效当日,中国与东盟、澳大利亚、新西兰之间的立即零关税比例将超过65%,与韩国相互之间立即零关税比例将分别达到39%和50%。据日本政府估算,RCEP最终有望使日本91.5%的工业品获得免税,国内生产总值(GDP)提高2.7%,带来的经济效益超过日本迄今签署的任何其他贸易协定。

2. 降低成本和增加出口

根据RCEP协定,86%的日本出口至中国的产品将实现零关税,同时中国出口至日本88%的产品将享受零关税待遇,零关税待遇降低了企业的生产成本,增加了企业商品出口的机会。RCEP中有一条非常重要的"原产地累积规则"。根据该规则,只要产品在加工过程中实现的增值部分属于15个成员国,且累计增值超过40%即可享受相应关税优惠。这一规则将有力推动区域内生产成本最小化和贸易效率最优化,有利于加强区域内产业链供应链合作。

3. 更低的价格

对消费者来说,将获得更优惠的价格、更丰富的商品、更优质的服务。降税完成后,中国从东盟进口的椰子汁、菠萝制品、纸制品,从日本进口的电磁炉、电烤箱等都将逐步免除关税,更多物美价廉的商品将会进入消费者购物车。商品不但更多,而且更快,如对于易腐货物,如海鲜、水果和蔬菜等生鲜货物,6小时内应当放行;允许空运货物加快通关;RCEP采用无纸化贸易、电子认证等方式的规定,将让跨境购物更加方便。RCEP生效后的红利,不仅体现在购物,还有服务方面。在服务贸易方面,RCEP 成员国总体上均承诺开放超过 100 个服务贸易部门。跨境电商、互联网金融、在线办公、在线教育、在线问诊等新业态新模式将迎来更大的发展机遇,这将使国内消费者享有更优惠的价格与更高质量的服务。

思考讨论:
(1)为什么要建立自由贸易区?
(2)自由贸易与经济一体化之间有什么关系?
(3)自由贸易区给加入的国家、企业和消费者带来哪些好处?

第一节 经济周期理论

一、经济周期的基本知识

经济周期,也称为"商业周期"或"商业循环",它表示在经济运行中周期性出现的经济扩张与经济紧缩交替更迭、循环往复的一种现象。它是国民总产出、总收入和总就业的波动,是国民收入或总体经济活动扩张与紧缩的交替或周期性的波动变化。经济周期使经济活动沿着经济发展的总体趋势周期性波动。经济周期分为四个阶段:繁荣、衰退、萧条和复苏,其中,繁荣和萧条是两个主要阶段,衰退与复苏是两个过渡性阶段,如图10-1所示。

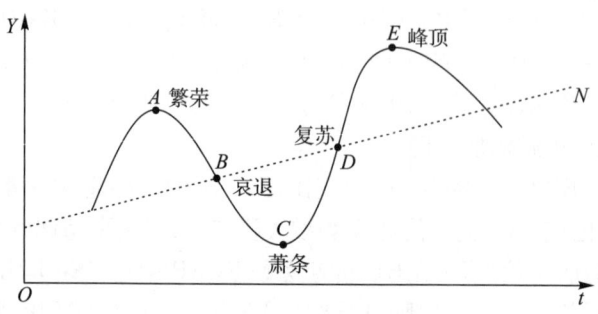

图 10-1 经济周期的阶段

如图 10-1 所示,横轴代表时间,纵轴代表产出,向上倾斜的直线是经济增长的长期趋势线,曲线表示 GDP 的实际值。一般认为,经济总体上是呈上升趋势的,因此,代表长期趋势的潜在 GDP 的变动轨迹是一条向上倾斜的直线。但由于各种因素干扰,实际产出往往不可能与潜在 GDP 水平完全一致,它往往以围绕趋势线上下波动的方式前进,从而产生上图中围绕趋势线波动的一条曲线。从最低点到最近一个最低点的区间为一个完整的经济周期,其中,方向分为上升和下降两个阶段。上升阶段前期称为复苏,后期称为繁荣,到达峰顶后经济由盛转衰,此后经济就进入下降阶段,下降阶段前期为衰退,衰退严重则进入萧条。

衰退阶段是指经济活动从繁荣的高峰向下跌落的时期。在衰退阶段的初期,由于消费需求与生产能力的偏差,投资增加的势头受到抑制。随着投资的减少,生产下降,失业增加,收入减少。收入的减少导致社会有效需求下降,消费减少,产品滞销,价格下跌,进而使企业利润减少,致使生产厂商的投资进一步减少,相应地,收入亦不断地减少,经济最终步入萧条阶段。

萧条阶段是指经济活动处于最低水平的时期。在这一时期,失业人数大量增加,厂房设备闲置,企业亏损加剧,甚至倒闭。失业率的提高与企业亏损的扩大致使工资水平不断下降,整个社会的消费和投资也下降,社会生产活动将继续萎缩,物价继续下降。但是,萧条阶段也不可能无限延长,随着设备的不断损耗以及企业存货的减少,企业会考虑增加投资,从而就业增加,产量逐渐扩大,社会经济进入复苏阶段。

复苏阶段是指经济从萧条的最低点即萧条的谷底向上回升的时期。当复苏开始时,也就是到了周期的最低点,随着投资的不断增多,就业率、工资水平和消费需求开始上升,促进企业生产和销售增加,利润提高,整个经济呈上升趋势。随着企业生产和就业的继续扩大,物价上升,整个经济逐步走向繁荣阶段。

繁荣阶段是指经济活动处于最高水平的时期。在繁荣时期,社会有效需求继续不断增加,生产厂商需要充分利用生产设备扩大产量。同时,利润的增加激发生产厂商增加投资扩张规模。随着投资的增长,就业水平不断提高,失业率降低,劳动和其他生产要素资源得到充分利用。在经济不断扩张中,一般产品的物价水平也由于社会购买力水平的不断提高而不断上涨,同时由于对劳动和其他生产要素的需求增加,工资水平和短期利率也不断上涨。繁荣的最高点称为"峰顶"。然而,繁荣阶段不可能长期维持下去,当消费增长放缓导致投资减少或投资本身下降时,经济就开始下滑从而进入衰退阶段。

二、经济周期的类型

在探索经济周期问题的过程中,西方经济学家根据各自掌握的资料提出了不同长度和类型的经济周期。

1. 基钦周期:短周期或短波

基钦周期是美国经济学家约瑟夫·基钦在1923年提出的,基钦根据美国和英国从1890年到1922年的利率、物价、生产和就业等统计资料,从厂商生产过多时就会形成存货从而减少生产的现象出发,发现经济周期实际上有主要周期和次要周期两种。主要周期即为中周期,次要周期为3～4年一次的短周期,短周期又称为"基钦周期"。A·汉森根据统计资料计算出美国从1807年到1937年间共有37个这样的周期,其平均长度为3.51年。

经济学家熊彼特把这种短周期作为分析资本主义经济循环的一种方法,并用存货投资的周期变动和创新的小起伏,特别是能很快生产出来的设备的变化来说明基钦周期。他认为,3个基钦周期构成1个朱格拉周期,18个基钦周期构成1个康德拉季耶夫周期。有的学者认为,短周期很可能只是一些适应性的波动。

2. 朱格拉周期:中周期或中波

朱格拉周期是1860年法国经济学家朱格拉提出的一种为期9～10年的经济周期。该周期是以国民收入、失业率和大多数经济部门的生产、利润和价格的波动为标志加以划分的。

朱格拉在研究人口、结婚、出生和死亡等统计时开始注意到经济事物存在有规则地波动的现象。他认为,危机或恐慌存在并不是一种独立的现象,而是社会经济运动三个阶段中的一个阶段,这三个阶段分别是繁荣、危机与萧条,三个阶段的反复出现就形成了周期现象。他又指出,危机好像疫病一样,是在已发达的工商业中存在的一种社会现象,在某种程度内,这种周期波动是可以被预见或采取某种措施缓和的,但并非可以完全抑制的。他认为,政治、战争、农业歉收以及气候恶化等因素并非周期波动的主要根源,它们只能加重经济恶化的趋势。周期波动是经济自动出现的现象,与人们的行为、储蓄习惯以及他们对可利用的资本与信用的运用方式有直接联系。

3. 康德拉季耶夫周期:长周期或长波

康德拉季耶夫周期是1926年俄国经济学家康德拉季耶夫在《经济生活中的长度》论文中提出的一种为期50~60年的经济周期。该周期理论认为,从18世纪末期以后,社会经济运动经历了三个长周期:第一个长周期是从1789年到1849年,上升部分为25年,下降部分35年,共60年;第二个长周期是从1849年到1896年,上升部分为24年,下降部分为23年,共47年;第三个长周期是从1896年起,上升部分为24年,1920年以后进入下降期。

对长周期现象有不同的解释,有的经济学家认为这是一种长期积累的变动;有的经济学家认为这是由战争引起的,与政府在繁荣时期的大量军费开支有关;也有的经济学家认为,长周期仅仅是一种价格现象,而不是产量现象。现在有许多经济学家仍重视对长周期的研究,称之为"长波理论"。

4. 库兹涅茨周期

另一种长周期是1930年美国经济学家库兹涅茨在《生产和价格的长期运动》中提出的一种为期15~25年,平均长度为20年的经济周期。由于该周期主要是以建筑业的兴旺和衰落这一周期性波动现象为标志加以划分的,也被称为"建筑周期"。

库兹涅茨主要研究了美国、英国、德国、法国、比利时等国从19世纪初叶或中叶到20世纪初叶,60种工农业主要产品的产量和35种工农业主要产品的价格变动的长期时间数列资料。他剔除了其间短周期与中周期的变动,着重分析了有关数列资料中反映出的长期消长过程,提出在主要工业国家存在着长度从15~25年不等,平均长度为20年的长周期。

这种周期与人口增长而引起的建筑业增长和衰退相关,是由建筑业的周期性变动引起的,而且,在工业国家中产量增长呈现出渐减的趋势。库兹涅茨提出的长周期受到了经济学界的重视。

5. 熊彼特周期

1936年,美国经济学家熊彼特以他的创新理论为基础,在1939年出版的《经济周期》第一卷中对各种周期理论进行综合分析后提出了熊彼特周期。

熊彼特认为,每一个长周期包括6个中周期,每一个中周期包括3个短周期。短周期约为40个月,中周期约为9~10年,长周期为48~60年。他以重大的创新为标志,划分了三个长周期:第一个长周期从18世纪80年代到1842年,是产业革命时期;第二个长周期从1842年到1897年,是蒸汽和钢铁时期;第三个长周期从1897年以后,是电气、化学和汽车时期。在每个长周期中仍有中等创新所引起的波动,这就形成若干个中周期。在每个中周期中还有小创新所引起的波动,形成若干个短周期。

三、经济周期的成因

关于经济周期成因的研究,西方经济学者提出了众多的经济周期理论。从经济周期产生的根源来划分,可将其大致分为两类:外因论和内因论。

外因论认为,经济周期的根源在于市场经济体制之外的某些事物的波动。例如,英国经济学家杰文斯把经济的周期性波动归因于太阳黑子的周期性变化;熊彼特把经济的周期性波动归因于科学技术创新的不连续性;波兰经济学家卡列茨基把经济的周期性循环归因于政府为了解决通货膨胀和失业等问题进行的周期性决策。

内因论认为,市场经济体制本身的某些因素之间相互制约、相互促进的运行机制是导致社会经济周期性循环往复地上下波动的原因。例如,经济学家霍特里认为,经济波动完全是由于银行体系交替地扩张和紧缩信用造成的,尤其是短期利率起着重要的作用,现代货币主义者在分析经济的周期性波动时也持相同的观点;西斯蒙第和马尔萨斯等把经济的衰退归因于消费品的需求赶不上消费品生产的增长;还有学者把经济的周期性循环归因于投资过度;心理理论者将经济波动的最终原因归之于对未来的预期。

第二节 经济增长理论

一、经济增长概述

1. 经济增长的含义

一般来说,经济增长是指在一个较长时期内一个国家或地区生产商品和劳务能力的增长,即潜在产出水平的提高。如果考虑到人口增加和价格的变动情况,经济增长应该是人均福利的增长。经济增长的快慢,意味着人民生活水平提高所需的时间长短。

美国经济学家库兹涅茨曾将经济增长定义为:一个国家的经济增长是指给居民提供种类日益繁多的经济产品能力的长期上升。这种不断增加的能力是建立在先进技术以及所需要的制度和思想意识的基础上的。经济增长的这一定义包含三层含义。

第一,经济增长集中表现为供给方面经济生产能力的提升,其结果是产品和劳务总量的增加。如果考虑人口的增加和价格的变动,即为人均实际国民收入的增加,最终表现为国民生活水平的不断提高,此为经济增长的标志。

第二,如果说劳动和资本的增加是经济增长的推动力,那么技术进步更是实现经济增长的基础。并且,在影响经济增长的各种因素中,技术进步的作用是第一位的。

第三,制度与意识的调整是技术得以发挥作用的充分条件。只有制度与意识形态适合于经济增长的需要,技术进步才能发挥其重要作用,经济增长才可能得以稳定实现。

2. 经济增长的衡量指标

度量经济增长速度快慢的指标是经济增长率。度量经济增长除了测算增长总量和总量增长率,还应计算人均占有量,如按人口平均的国内生产总值及其增长率。

经济增长的核算通常依靠 GDP 等统计数据,基本方法一般是以本年度的 GDP 总量对比往年的 GDP 总量,而得出经济增长的百分比。支持经济增长的人认为,它可以增加一个国家的财富并且增加就业机会。经济正增长一般被视为整体经济景气的表现。如果一个国家的国内生产总值增长为负数,即当年国内生产总值比往年减少,那就叫作经济衰退。通常情况下,只有当国内生产总值连续两个季度持续减少,才被称为经济衰退。

3. 经济增长的因素分析

长期的经济增长主要取决于哪些因素呢?经济学家研究经济增长理论后,普遍认为长期的经济增长取决于以下五大因素。

(1)劳动

劳动的增加是经济增长的主要因素,它包括劳动力的数量增加和质量提高。劳动力数量增加来源于三个方面:一是人口的增加,二是人口就业率的提高,三是劳动时间的增加。劳动力质量表现为劳动者的品德素养、职业技能、文化水平和健康程度。劳动力质量的提高主要来源于人力资本投资。一般而言,在经济发展的初期阶段,人口增长迅速,经济增长所需的劳动增加主要依靠劳动力数量的增加,如印度和中国等发展中国家;当经济发展到一定阶段以后,人口增长率下降,劳动时间缩短,此时就要通过提高劳动质量来弥补劳动数量的不足,如欧美等发达国家。

(2)资本

资本可分为物质资本和货币资本,分析经济增长涉及的是物质资本,即厂房、设备及基础设施等存量。资本积累是经济增长的基础,亚当·斯密认为资本的增加是国民财富增加的源泉。现代经济学认为,人均资本量的提高是人均产量提高的前提。许多经济学家都把资本积累占国民收入的 10%~15% 作为经济起飞的先决条件,把增加资本积累作为实现经济增长的首要任务。德国和日本等国家经济增长的事实说明,储蓄率高从而资本增加快的国家,经济增长率往往比较高。

资本积累的增加使人均资本量提高,每个劳动者使用的工具和机器设备越先进,其产量就越高。在欠发达国家,农民种的粮食仅够养家糊口,而在当今美国,1% 的农业劳动力所生产的农产品在足够美国人消费之外还大有结余可供出口,原因就是农业机械化使美国农民今天工作 1 小时相当于 50 年前的人员工作 1 周。

(3)技术进步

技术进步在经济增长中的作用是提高生产效率,使同样的生产要素投入量能提供更多更好的产品。以亨利·福特创造的汽车生产流水线中活塞杆组装为例,按照老式的方法,28 个人每天装配 175 只汽车活塞杆,每只用时 3 分 5 秒,工头用秒表分析动作之后,发现其中一半时间用于来回走动,于是他改变了流程,把工人分成 3 组,工人再也不需要来回走动了,同时给凳子装上了滑轮传动,现在 7 个人就能每天装配 2600 只。技术进步不但极大地提高了生产效率,而且改变了人们的生产生活方式,是推动经济发展和社会进步的巨大力量。美国经济学家丹尼森曾根据美国 1929—1969 年的统计资料,估算决定美国经济增长的因素,所得出的结论是生产要素数量增长对经济增长的贡献为 53.4%,技术进步对经济增长的贡献为 46.6%,而技术进步引起的生产率提高有 58% 要归功于知识进步。

(4)自然资源

自然资源主要包括土地、河流、森林和矿藏等。丰富的自然资源有利于一个国家经济的持续增长,这在一国经济发展的初期尤显重要,对于发展中国家来说,在经济发展初期需要经历缓慢而艰辛的资本积累,而优越的自然条件则有利于大幅缩短资本积累时间,为经济起飞打下基础。例如,2011年人均收入全球排名第二位的卡塔尔和第三位的挪威,其经济的快速增长与丰富的石油资源是密不可分的。当然,自然资源并非经济增长的决定条件,如日本和2011年人均收入全球排名第一的卢森堡,其自然资源极度贫乏,却因大力发展资本密集型产业及技术研究,借助国际贸易,发挥比较优势而大获成功。

(5)体制变迁

现实经济总是在一定的体制框架下运行,经济体制不仅为经济增长提供平台和保障,也是促进经济增长的力量。一些劳动、资本、自然资源及技术状况相近的国家,经济发展状况却大相径庭,其原因就在于体制的差异。20世纪70年代以来,以美国经济学家科斯、诺斯等为代表的新制度经济学家深入研究了制度和经济增长的关系,认为制度和资本、技术等一样,是经济增长的内生变量。诺斯还从历史的角度阐述,即使技术条件基本不变,只要经济制度发生变化,如市场制度变化、组织形式革新、产权制度变革等,生产效率就能提高,经济也能增长。我国30多年来经济持续快速增长的事实表明,经济体制是影响经济增长的重要因素。

二、经济增长模型简介

经济增长模型描述了经济增长的长期趋势与其影响因素之间的函数关系。经济增长模型通过定量分析,研究经济长期稳定增长的条件,以寻求经济长期稳定增长的途径。关于经济增长的具体模型为数众多,最具代表性的模型是哈罗德—多马模型和新古典增长模型。

1. 哈罗德—多马模型

英国著名经济学家罗伊·F·哈罗德和美国经济学教授埃夫赛·多马分别提出了相似的经济增长理论,后人将其合并称为"哈罗德—多马模型"。

哈罗德—多马模型假定全社会只生产一种产品,只使用两种生产要素,即劳动L和资本K,且生产规模收益不变,不存在技术进步,也不存在资本折旧问题。

哈罗德—多马模型的基本方程表述为:

$$经济增长率 = \frac{储蓄率}{资本收入率}$$

式中,经济增长率是指国民收入增长率,储蓄率为储蓄量在国民收入中所占比率;资本收入率,也称"资本产出比",为资本存量与国民收入之比,是创造单位收入所需要投入的资本量。资本收入率主要取决于生产技术,在技术不变、资本与劳动的配合比率不变的情况下,资本收入率是不变的。

哈罗德—多马模型表明:一个国家的经济增长率由其储蓄率与资本收入率共同决定,经济增长率与储蓄率成正比,与资本收入率成反比。在资本收入率不变的情况下,可通过提高储蓄率来提高经济增长率。

2. 新古典增长模型

20世纪50年代,美国经济学家R·索洛等提出了新古典增长模型,他们认为哈罗德－多马模型所指出的经济增长途径是很难实现的。新古典增长模型就是要通过改变资本－产量比率(资本收入率)来解决这一问题,并且考虑技术进步对经济增长的作用。

新古典模型的基本假设是社会只生产一种产品,只使用两种生产要素(资本和劳动),但资本与劳动的比率是可以改变的,因而技术系数是可变的,特别考虑技术进步的情况。

新古典模型的方程表述为：

$$G = a \times 资本增长率 + b \times 劳动增长率 + 技术进步率$$

即：

$$G = a(\Delta K/K) + b(\Delta L/L) + (\Delta A/A)$$

其中,$\Delta K/K$ 是资本增长率,$\Delta L/L$ 是劳动增长率,$\Delta A/A$ 是技术进步率,a 是经济增长中资本的贡献比例,b 是经济增长中劳动的贡献比例,a 与 b 之比即为资本－劳动比率。

这一模型的含义在于：第一,决定经济增长的因素是资本的增加、劳动的增加和技术进步；第二,资本－劳动比率可以改变,从而资本－产量比率也就可以改变,这是对哈罗德－多马模型的重要修正；第三,资本－劳动比率可以通过市场的调节来改变,从而实现经济的稳步增长。如果资本量大于劳动量,则资本的相对价格下降,劳动的相对价格上升,从而生产中更多地利用资本,更少地利用劳动,通过资本密集型技术实现经济增长。这样,市场通过价格调节作用使资本和劳动都得到充分利用,促进经济增长。

据此,索洛等人认为,资本主义经济中存在着一条稳定的均衡增长途径,就长期来说,国民收入的增长率等于劳动力的增长率。无论最初的资本－劳动比率如何,经济活动总是趋向于一条均衡的经济增长途径。

四、经济增长的代价

经济增长在增加社会财富和增进社会福利的同时,也带来了严重的环境污染、自然资源枯竭、居民公害病症增多以及城市的拥堵等诸多问题。20世纪60年代以来,许多经济学家对经济增长提出了怀疑。

1. 增长代价论

1967年,英国经济学家米香(E. J. Mishan)首先对经济增长是否值得提出疑问。米香认为,经济增长在带给人们物质享受的同时,也使人们在社会福利方面得不偿失。技术发明固然给人们提供了较多的福利,但也加大了人们的焦虑,如飞速的交通工具使人们趋于孤立,移动性增加反而使转换时间更为增多,自动化程度提高增加人们的隔阂,电视增多使人们交往更少,人们较以往更少理解他们的邻居等。经济增长给人们带来了更高的收入,但使社会道德风尚败坏,贫富差距加剧。人们的幸福不只局限于物质享受,经济增长使人们失去了闲暇、新鲜的空气、秀丽的景色和安静的环境、平衡生态及传统文化,降低了人们的生活质量。人类为经济增长付出的代价太大了,经济增长即使是可能的,也是不值得追求的。米香提倡应停止经济增长,恢复过去那种田园式的生活。

2. 增长极限论

增长极限论最初是由非正式的学术团体罗马俱乐部提出的。受俱乐部委托,1972年美国经济学家麦多斯(D. H. Meadows)等人将俱乐部讨论结果整理为《增长的极限》一书。这一理论认为,经济增长取决于人口增长、粮食供应、工业资本投资、能源消耗和环境污染这五个因素。这些因素都按指数增长,即以几何级数(1,2,4,16,32,……)的形式增长。人口以指数形式增长,要求粮食供应、工业资本投资也按指数形式增长,但粮食供应受自然资源(土地、水源等)的制约,无法实现指数增长;工业资本投资的指数增长又会使地球上不可再生性资源(煤、石油、矿藏等)以指数形式消耗,环境污染以指数形式增加。这样,经济增长必然受到限制,决不会无限增长下去。麦多斯等人对这些因素的定量分析运用计算机进行计算,得出如果以现在的速度增长下去,人类社会将在2100年崩溃的结论。为了避免这一悲观的前途,人类社会应该在1975年停止人口增长,在1980年停止工业投资。

增长极限理论的提出,引起了西方社会的广泛讨论,主要异议如下。

第一,增长极限的结论建立在一系列假定及简单分析基础之上,而影响未来的因素是复杂的、很难准确预测的。

第二,阻止经济继续增长的决策是不现实的,用行政命令控制既不可取也不可行。政府不可能命令人们停止发明扩大生产力的方法,而且厂商冻结其产出水平也是无意义的,因为人们需求的变化会要求某些工业扩大生产,同时会要求另一些工业紧缩生产。由政府出面干预以达到经济零增长,不但成本巨大,而且很难满足人们的需要。

第三,零增长将严重损害消除贫困的努力。当前世界上大多数国家仍处在落后状态,需要通过经济增长来改善现状,零增长意味着贫困延续。

第四,即使是零增长也不能减少污染和资源消耗。经济增长中出现的种种问题需要通过技术进步与经济发展来解决,停止经济增长,人类只能自取灭亡。

第五,经济零增长难以提供环境保护资金。消除空气、水流和土壤污染以及净化城市生活,每年需要大量的费用,只有通过经济增长才能既获取这些资金而不致减少现行消费。如果经济不增长,环保方案就难以实施,最后将使人们陷于贫困和环境恶化。

总之,大多数经济学家认为,技术进步的作用是无可估量的,完全可以突破资源的限制,使经济增长持续下去,解决经济增长负面后果的途径就在经济增长之中。

第三节 可持续发展理论

可持续发展是人类对工业文明进程进行反思的结果,是人类为了克服一系列环境、经济和社会问题,特别是全球性的环境污染和广泛的生态破坏,以及它们之间关系失衡所作出的理性选择。

一、什么是可持续发展

可持续发展一词最早见诸1962年美国海洋生物学家蕾切尔·卡逊(Rachel Carson)的著作《寂静的春天》。1972年,联合国人类环境研讨会议正式提出可持续发展的概念。1987年,联合国世界环境与发展委员会出版《我们共同的未来》报告,将可持续发展定义为:"既能满足当代人的需要,又不对后代人满足其需要的能力构成危害的发展。"1992年6月,联合国在巴西里约热内卢举行环境与发展大会,明确提出把可持续发展作为人类迈向 21 世纪的共同发展战略,首次将可持续发展由概念落实为全球的行动。

可持续发展的定义可从以下三个方面理解:其一,要使同代内所有人都获得平等的发展机会,特别是应优先满足贫困人口的基本需要;其二,要使当代人和后代人都获得同等的发展机会;其三,要使人类和自然界享有同等的生存和发展机会,做到人与自然和谐统一。可持续发展的核心是发展,可持续发展鼓励经济增长而不是以环境保护为名取消经济增长,但可持续发展不仅重视经济增长的数量,更追求经济发展的质量。可持续发展强调环境保护和改善,要求经济建设和社会发展要与自然承载能力相协调,将人类的发展控制在地球承载能力之内。可持续发展强调以改善和提高人类生活质量为目标,追求社会进步。可持续发展包括生态、经济和社会三个方面的可持续发展,三者之间互相关联且不可分割,生态可持续发展是基础,经济可持续发展是手段,社会可持续发展是目标。人类共同追求的应该是自然、经济和社会复合系统的持续、稳定、健康发展。

二、经济可持续发展

经济可持续发展以"低消耗、低污染、高效益"为主要特征,实施清洁生产和文明消费。从增长方式来说,集约型的经济增长方式就是可持续发展在经济方面的体现。集约型经济增长方式是指依靠技术创新,通过提高劳动者素质和资金、设备、原材料的利用率等来实现经济增长的方式。

可持续发展概念自诞生以来,与之相关的新经济理念不断涌现,如生态经济、循环经济、低碳经济、知识经济和绿色经济等,新型经济正在世界范围内不断发展。在我国,发展新型经济已被写入了社会经济发展规划和政府文件,成为政府政策支持的重点对象,并且取得了不俗的业绩。

1. 生态经济

生态经济与生态经济学这两个概念都是由美国经济学家肯尼斯·鲍尔丁(Kenneth Ewert Boulding)于 20 世纪 60 年代中期提出的。

生态经济是指在生态系统承载能力范围内,运用生态经济学原理和系统工程方法改变生产和消费方式,实现经济发展与环境保护、物质文明与精神文明、自然生态与人类生态的高度统一和可持续发展的经济模式。生态经济作为一种科学的发展观,是一种全新的经济发展模式。以生态经济为基础的生态文明是人类社会继农业文明和工业文明之后的又一大进步。

生态经济学将生态学和经济学相结合,围绕着人类经济活动与自然生态之间相互作用的关系,研究生态经济系统的结构、功能、规律、平衡、生产力及生态经济效益,生态经济的宏观管理和数学模型等内容,旨在促使社会经济在生态平衡的基础上实现持续稳定发展。

2. 循环经济

循环经济的概念最初于 20 世纪 60 年代由美国经济学家肯尼斯·鲍尔丁提出。循环经济即物质闭环流动型经济模式,本质上是一种生态经济,是实现生态经济理念的现实途径。

循环经济与传统经济有着本质区别。传统经济是一种由"资源—产品—污染物排放"单向流动的线性经济,其特征是高开采、低利用、高排放。在这种经济中,人们高强度地把地球上的物质和能源提取出来,然后把污染物大量地排放到水、空气和土壤中,对资源的利用是粗放的和一次性的,通过把资源持续不断地变为废物来实现经济的数量型增长。

循环经济倡导与生态环境和谐地发展经济,要求按"资源—产品—再生资源"的反馈式流程进行资源配置,以化解长期以来资源消耗和经济需求的尖锐冲突。循环经济遵从"减量化、再利用、再循环"的原则来实现三个层面的物质闭环流动。其中,在企业这一小循环的层面上,推行清洁生产,依靠技术进步,减少产品和服务中的物料和能源的使用量,实现污染物排放的最小化;在区域这一中循环的层面上,按照工业生态学的原理,建立或形成企业间有共生关系的工业生态园区或虚拟园区,通过产业的合理组织,实现园区内生产污染物低排放甚至是零排放,使资源得到充分利用;在社会这一大循环的层面上,通过废旧物资的再生利用,实现物质和能量的循环。

循环经济观在强调循环生产的同时,还提倡绿色消费,主要表现为选择未被污染或有助于公众健康的绿色产品,崇尚自然、追求健康,在追求生活舒适的同时,节约资源和能源;在消费过程中注重对垃圾的处置,不造成环境污染。

3. 低碳经济

系统地谈论低碳经济,最早可追溯到1992年签署的《联合国气候变化框架公约》,到1994年3月21日公约正式生效,截至1997年12月1日,共有171个国家和区域一体化组织成为缔约方。缔约方经过近3年的谈判,于1997年12月11日在日本东京签署了《京都协定书》,确定公约发达国家在2008—2012年温室气体排放量在1990年基础上减少5%。低碳经济最早见诸政府文件是在2003年的英国能源白皮书《我们能源的未来:创建低碳经济》。

低碳经济是一种以能源的清洁开发与高效利用为基础,以低能耗、低排放、低污染为基本特征的经济模式,其核心是新能源技术和减排技术创新、制度创新以及人类生存发展观念的转变。低碳经济是实现生态经济理念的又一重要途径。

实现低碳经济的主要方式有:一是节能,如发展节能技术、推广使用节能产品、培养节能意识等;二是发展可再生能源和绿色能源,如太阳能、风能、潮汐能、生物能、地热能等;三是碳的利用和捕捉,如植树造林、碳固化、碳封存等;四是低排放,如优化能源结构,调整产业结构,发展洁净煤技术,改变生活和消费方式等。

4. 知识经济

早在1962年,美国经济学家弗里兹·马克卢普(Fritz Machlup)就提出了"知识产业"的概念,他认为,科学本身就是一项典型的知识生产活动,科学生产的知识可以被看作提高未来生产率的一种投资。从另一角度分析,科学知识又是因其作为社会生活的消费品之一而受到部分社会成员的偏好,人们对它进行投资是为了获取知识,为己所用,因此,知识仍然是一项投资,它作为社会中间产品而为人们所使用。1990年,联合国教科文组织提出"知识经济"这一概念。1996年,世界经济合作与发展组织发表了题为《以知识为基础的经济》的报告,该报告将知识经济定义为建立在知识的生产、分配和使用(消费)之上的经济,所述的知识包括人类迄今为止所创造的一切知识,其中最重要的部分是科学技术、管理及行为科学知识。

知识经济是与农业经济、工业经济相对应的一个概念,它以知识和高素质的人力资源为基础,以信息技术为平台,以创新为动力,以教育、文化和研究开发为先导产业,以高新技术产业为经济的支柱产业,是产业结构高度化的经济形态。

知识经济的兴起将对投资模式、产业结构、增长方式及教育的职能与形式产生了深刻的影响。在投资模式方面,信息、教育、通信等知识密集型高科技产业的巨大产出和展现出的骤然增长的就业前景,将引起对无形资产的大规模投资;在产业结构方面,电子贸易、网络经济、在线经济等新型产业大规模兴起的同时,农业等传统产业将越来越知识化,产业结构的变化和调整将以知识的学习积累和创新为前提,在变化的速度和跨度上显现出跳跃式发展的特征;在增长方式方面,知识可以低成本地不断复制并实现报酬递增,可能使经济增长方式走出传统经济依赖物质资源的模式,这不仅使长期经济增长成为可能,还使学习、教育融于经济活动的所有环节;同时,知识更新的加快使终生学习成为必要,受教育和学习成为人一生中最重要的活动之一。

5. 绿色经济

绿色经济的概念源自英国环境经济学家皮尔斯于1989年出版的《绿色经济蓝图》一书。绿色经济是以生态经济和知识经济为基础,以经济与环境的和谐和可持续发展为目的,建立和发展起来的一种新的经济形式。中国绿色经济系统理论的创建者和实践者——北京工商大学世界经济研究中心主任、遂宁绿色经济研究院院长季铸教授认为,绿色经济是以效率、和谐和持续发展为目标,以生态农业、循环工业和持续服务产业为基本内容的经济结构、增长方式和社会形态。

遂宁市是我国四川省落实科学发展观和绿色经济的样板城市。遂宁自2007年开始发展绿色经济,目前已形成以生态农业、循环工业和持续服务产业为内容的绿色经济结构、发展方式和社会形态。目前,遂宁市生态良好,经济发展,社会和谐,人民幸福,于2010年11月20日被联合国工业发展组织国际环境资源监督管理机构授予"绿色经济示范城市"荣誉。

三、经济全球化和经济一体化

当今世界,经济全球化和经济一体化共同发展,对各国经济发展影响重大。经济全球化和经济一体化是当代世界经济的重要特征,也是世界经济发展的重要趋势。在经济全球化背景之下,各国经济很难离开世界经济运行而独立发展。

1. 经济全球化

国际货币基金组织(IMF)认为,"经济全球化是指跨国商品与服务贸易及资本流动规模和形式的增加,以及技术的广泛迅速传播使世界各国经济的相互依赖性增强"。而经济合作与发展组织(OECD)认为,"经济全球化可以被看作一种过程,在这个过程中,经济、市场、技术与通信形式都越来越具有全球特征,民族性和地方性在减少"。

一般认为,经济全球化是指各种经济资源跨国、跨地区流动,各国及地区的经济联系日益紧密,相互间高度依存,使世界经济日益成为紧密联系的一个整体的过程。

经济全球化以市场经济为基础,基于生产力和国际分工的高度发展,有利于资本、劳动、技术和产品在全球合理配置,促进各国经济的发展,是人类发展进步的表现,也是世界经济发展的必然结果。经济全球化在促进各国经济发展同时,也加剧了国际竞争,增加了国际投机,加大了国际风险,并对国家主权和发展中国家的民族工业造成严重冲击。

在全球性市场的激烈竞争中,发展中国家由于与发达国家实力相差悬殊而明显处于弱势地位,其面临的风险和挑战更加严峻,竞争结果往往是发达国家和跨国公司获利丰厚,而发展中国家所得甚少。因此,发展中国家与发达国家的差距将进一步拉大,一些最不发达国家则有可能被排除在经济全球化之外,越来越被边缘化,甚至成为发达国家和跨国公司的新技术殖民地。

2. 经济一体化

如何保证国际竞争的公平性和有效性,使各国在经济全球化过程中共同发展,是经济全球化中急需解决的问题,经济一体化是许多国家解决这一问题的现实选择。

(1)经济一体化的含义

经济一体化有广义和狭义之分。广义的经济一体化即世界经济一体化,或称全球经济一体化,是指世界各国经济之间彼此相互开放,取消歧视,形成相互联系、相互依赖的有机整体。

狭义的经济一体化即地区经济一体化,或称区域经济一体化,是指两个或两个以上国家或地区,在一个由政府授权组成的并具有超国家性的共同机构下,通过制定统一的对内对外经济政策,消除国别之间阻碍经济贸易发展的障碍,实现区域内互利互惠、协调发展和资源优化配置,最终形成一个政治经济高度协调统一的有机体的过程。经济一体化产生的动因是参与国共同利益,其行为主体是国家政府和一体化经济组织,具体表现为通过谈判制定统一规则,实现成员国互惠互利、共同发展。

世界经济一体化是一个从局部到整体、由低级到高级不断发展的过程,由于各国在经济发展水平、经济利益、社会制度及民族观念等方面存在巨大差异,在相当长的时期内,不可能在世界范围内实现经济一体化,但能在局部实现经济一体化。因此,区域经济一体化是实现世界经济一体化的主要途径和方法。此外,全球性国际经济组织如世界贸易组织、世界银行、国际货币基金组织等制定的一系列经济政策、条约、公约、协定对世界经济一体化发挥着极大的推动作用。

(2)经济一体化的影响

第一,区域经济一体化有利于提高成员方的竞争力,促进成员方的经济发展。第二,区域经济一体化消除了成员方之间的贸易壁垒,各成员方企业面临着来自其他成员方同类企业的竞争,企业为在竞争中取得有利地位,必然会增加研究与开发的投入,增强采用新技术的意识,不断降低生产成本,从而在同盟内营造一种浓烈的竞争气氛,提高经济效率,促进技术进步。第三,区域经济一体化也促进了区域内各国及地区生产的专业化分工,每个成员都集中自己的有限资源生产效益最高的产品。生产规模的扩大和产业结构的调整,势必提高规模经济效益,降低成本,从而增强整体竞争力。第四,区域经济一体化是经济全球化在一定区域内深化和加强的反映,促进了国际贸易的发展,推动了经济全球化的进程。

3. 国际经济一体化组织形式

国际经济一体化组织是指两个或两个以上的国家或行政上独立的经济体,在现有生产力发展水平和国际分工的基础上,由政府间通过协商缔结条约建立的经济合作组织。在这个经济合作组织的区域内,参与者的商品、资本和劳务最终能够自由流动,不存在任何贸易壁垒,并拥有一个统一的机构来监督条约的执行和实施共同的政策及措施。国际经济一体化组织形式有五种：自由贸易区、关税同盟、共同市场、经济联盟和完全的经济一体化。

(1) 自由贸易区

自由贸易区是指两个或两个以上的国家或行政上独立的经济体之间通过达成协议，相互取消进口关税和与关税具有同等效力的其他措施而形成的经济一体化组织。其特征是经济体内的成员可自由贸易商品，经济体成员之间没有共同对外关税，即各成员之间的自由贸易并不妨碍各成员针对非成员国及地区采取其他的贸易政策，如东盟自由贸易区、北美自由贸易区、澳新自由贸易区、中国—东盟自由贸易区等。

(2) 关税同盟

关税同盟是指在自由贸易区的基础上，所有成员统一对非成员方的进口关税或其他贸易政策措施。其特征是关税同盟的成员方在相互取消进口关税的同时，设立共同对外关税，随着成员方之间相互取消关税，各成员方为保护本国或地区的某些产业，需要采取更加隐蔽的措施，如非关税壁垒。关税同盟是比自由贸易区更高一级的经济一体化形式。

(3) 共同市场

共同市场是指各成员方之间不但实现了自由贸易、建立了共同对外关税，而且实现了服务、资本和劳动力的自由流动。共同市场是比关税同盟更高一级的经济一体化形式。其特征是成员方之间不仅实现了商品的自由流动，还实现了生产要素和服务的自由流动，共同市场的建立需要成员方让渡多方面的权利，主要包括进口关税的制定权，非关税壁垒，特别是技术标准的制定权，国内间接税率的调整权，干预资本流动权等。

(4) 经济联盟

经济联盟是指不但成员方之间废除贸易壁垒，统一对外贸易政策，允许生产要素的自由流动，而且在协调的基础上，各成员方采取统一的经济政策。其特征是成员方之间在形成共同市场的基础上，进一步协调它们之间的财政政策、货币政策和汇率政策。当汇率政策的协调达到一定的程度，以至建立了成员方共同使用货币或统一货币时，这种经济联盟又称为"经济货币联盟"；各成员方不仅让渡了建立共同市场所需让渡的权利，更重要的是成员方让渡了使用宏观经济政策干预本国经济运行的权利，特别是其成员方不仅让渡了干预内部经济的财政和货币政策、保持内部平衡的权利，也让渡了干预外部经济的汇率政策，维持外部平衡的权利。经济联盟是比共同市场更高一级的经济一体化形式。

(5) 完全的经济一体化

完全的经济一体化是指成员方在实现了经济联盟目标的基础上，进一步实现经济制度、政治制度和法律制度等方面的协调，乃至统一的经济一体化形式。完全的经济一体化是经济一体化的最终阶段，是类似于一个国家的经济一体化组织。

总之，自由贸易区、关税同盟、共同市场、经济联盟和完全的经济一体化是处在不同层次上的国际经济一体化组织，根据它们让渡国家主权程度的不同，一体化组织从低级向高级发展，如欧盟即从最初的一个关税同盟逐步过渡到一个经济货币联盟。各国或地区根据具体情况选择适合自身需要的一体化组织形式，经济一体化组织建立的基本条件是：第一，成员方在地理位置上相互邻近；第二，成员方之间经济互补；第三，经济一体化组织的建立和稳定需要照顾到每个成员方的经济利益;第四,成员方之间的政治制度比较接近。

> **案例资料 10-1**

经济一体化的新模式——亚太经合经济

亚洲与太平洋地区经济合作组织(Asia Pacific Economic Cooperation, APEC),简称亚太经合组织,成立于 1989 年 11 月,其成员已由最初的 12 个扩展到现在的 21 个,其中,发达国家成员有 5 个,发展中国家成员有 16 个,中国于 1991 年加入这一组织。亚太经合组织充分考虑到各成员体之间在政治、经济、文化等方面的巨大差异,采取了独特的运行方式,即承认多样化,强调灵活性、渐进性、开放性,遵循协商一致、自主自愿、单边行动与集体行动相结合的原则,形成了别具一格的"APEC 方式"。根据这一方式,亚太经合组织成员就贸易投资自由化、便利化及经济技术合作问题协商一致的结果是非约束性和非强制性的,不具有法律效力,是在单边自愿基础上的承诺。而且,亚太经合组织奉行"开放的地区主义",即亚太经合组织成员内部贸易投资自由化的成果,可以适用于亚太经合组织以外的任何国家和地区,也就是说,非亚太经合组织成员可以分享亚太经合组织内部成员之间的任何关税减让以及非关税壁垒减少和消除所带来的利益和好处。开放的地区主义与 GATT/WTO 的基本原则——非歧视原则是一致的,它标志着区域经济一体化实践上的一次创新,同时是对传统的区域经济一体化理论的一次挑战。

开放的地区主义实际上反映了经济全球化对区域一体化的一种积极影响。它之所以出现在亚太地区,与东亚国家或地区(包括东南亚)的经济全球化倾向的迅速发展有很大关系。

思 考 与 练 习

一、关键概念
经济周期 经济增长 经济发展 可持续发展 生态经济 循环经济 低碳经济 知识经济 绿色经济 经济全球化 经济一体化

二、选择题
1. 一国总体经济活动的长期变动趋势称为( )。
   A. 经济周期　　B. 季节波动　　C. 经济增长　　D. 经济发展
2. 经济周期波动的中心是( )。
   A. 国民收入　　B. 利率　　　　C. 价格　　　　D. 就业率
3. 经济增长的标志是( )。
   A. 社会福利水平提高　　　　　B. 城镇化步伐加快

C. 工资水平提高　　　　　　D. 社会生产能力不断提高
4. 中周期的一般长度为（　　）年。
　　A. 3～4　　　B. 9～10　　　C. 15～25　　　D. 48～60
5. 朱格拉周期是一种（　　）。
　　A. 短周期　　B. 中周期　　C. 长周期　　D. 不能确定
6. 康德拉季耶夫周期是一种（　　）。
　　A. 短周期　　B. 中周期　　C. 长周期　　D. 不能确定
7. 根据新古典增长模型，决定经济增长的因素是（　　）。
　　A. 资本的增加　　　　　　B. 劳动的增加
　　C. 技术进步　　　　　　　D. 是由以上三个因素共同决定的
8. 1999年1月欧元诞生，这标志着欧盟这个经济一体化组织已发展到（　　）阶段。
　　A. 关税同盟　B. 共同市场　C. 经济联盟　D. 完全的经济一体化

二、多项选择题

1. 下列选项中，（　　）是经济周期的阶段。
　　A. 繁荣　　　B. 衰退　　　C. 萧条　　　D. 复苏
2. 在经济的扩张阶段，通常伴随的经济现象有（　　）。
　　A. 总需求增加　B. 产量增加　C. 失业率降低　D. 价格上升
3. 劳动力数量增加的主要途径有（　　）。
　　A. 人口增加　　　　　　　B. 人口就业率提高
　　C. 劳动时间增加　　　　　D. 职业技能提高
4. 下列选项中，（　　）是经济增长的因素。
　　A. 资本增加　B. 劳动增加　C. 技术进步　D. 消费增加
5. 下列影响经济增长的因素中，可归纳为技术进步的是（　　）。
　　A. 就业人数　B. 资本存量　C. 规模经济　D. 资源配置改善
6. 下列选项中，属于绿色经济的是（　　）。
　　A. 生态农业　　　　　　　B. 循环工业
　　C. 持续服务业　　　　　　D. 传统的单向线性经济
7. 下列选项中，（　　）是国际经济一体化组织的形式。
　　A. 自由贸易区　B. 关税同盟　C. 共同市场　D. 经济联盟
8. 主要依靠增加资本、劳动等生产要素投入来增加社会产品数量、推动经济增长的方式属于（　　）经济增长方式。
　　A. 粗放型　　B. 集约型　　C. 外延型　　D. 内涵型

三、简答题

1. 简述经济周期的阶段及每一阶段的经济表现。
2. 简述经济周期的成因理论。
3. 经济增长的源泉是什么？
4. 经济发展与经济增长有何关系？
5. 国际经济一体化组织形式有哪些？

四、计算题

根据哈罗德—多马模型计算：

(1) 已知资本收入率为 4，储蓄率为 20%，要使储蓄全部转化为投资，经济增长率应为多少？

(2) 假如要把经济增长率从 5% 提高到 7%，在资本收入率为 4 的时候，储蓄率应达到多少？

(3) 若想将经济增长率从 5% 提高到 7%，在储蓄率为 28% 的情况下，资本收入率为多少？

第十一章

失业与通货膨胀

学习目标

 知识目标

☆ 理解失业、通货膨胀的含义。
☆ 掌握失业和通货膨胀对社会和经济产生的影响。
☆ 了解产生失业和通货膨胀的原因和对策。
☆ 了解失业和通货膨胀之间的关系。

 能力目标

☆ 能够利用CPI判断通货膨胀。
☆ 能够利用自然失业率的概念判断周边的失业是自然失业还是周期失业。
☆ 能够利用通货膨胀的再分配效应,分析债权人、债务人的得失。

"招工难"与"就业难"并存

根据南京市浦口统计信息网调查数据显示,近几年浦口区企业用工的突出特点是"招工难"与"就业难"并存。

一方面,部分行业、部分岗位企业用工存在"招工难"问题。在调查企业中,有61%的企业存在"招工难"问题,这些企业主要集中在建筑、服装加工、食品加工、零售业、住宿餐饮和居民服务等劳动密集型行业。"招工难"的岗位主要集中在普通技工、销售人员、普通服务人员、高级技工和经营管理人员等岗位,以上岗位短缺人员占短缺人员总数的50%以上,如南京市第十建筑工程有限公司存在临时用工和技术性用工缺口,建筑施工需要的瓦工、油漆工等工种缺工现象比较严重;南京昌海大酒店公司餐厅服务员十分短缺等。

另一些方面,部分求职者存在"就业难"问题。在调查企业中,南京扬子浦口公交客运有限公司在招收客车售票员时,报名人数超过招收人数近10倍,南京泉城房地产开发有限公司在招收财务人员时,报名人数超过招收人数的5倍以上。部分岗位招工出现供大于求的状况,造成一部分求职者就业困难。

"招工难"与"就业难"并存的原因,主要有以下三个方面。其一,薪酬问题。有49%的调查企业认为"招工难"主要是因为求职者对薪酬期望过高。其二,企业用工需求与求职者的就业意愿和技能存在差异。有38%的调查企业认为"招工难"主要是因为符合岗位要求的应聘者减少。其三,招工信息渠道不畅。近5%的调查企业认为招工难是因为招聘渠道不畅。

思考讨论:
(1)"招工难"与"就业难"并存表明存在哪类失业?
(2)如何衡量失业?
(3)失业有何利弊?

在现代社会,失业与通货膨胀既是影响普通百姓生活状况的常见问题,也是困扰各国政府的两大经济难题,是宏观经济研究的重要内容。

第一节 失业理论

一、失业的定义及衡量

1. 失业的定义

失业是现代社会的中心问题。但是,关于失业的定义,不仅各国规定不同,一国的官方和经济学家的定义也是有差别的。

按照国际劳工组织(ILO)的统计标准,凡是在规定年龄内和一定期间内(如一周或一个月)属于下列情况的均属于失业人口:①没有工作,即在调查期间内没有从事有报酬的劳动或自我雇佣;②当前可以工作,就是当前如果有就业机会,就可以工作;③正在寻找工作,就是在最近期间采取了具体的寻找工作的步骤,例如通过到公共的或私人的就业服务机构登记、到企业求职或刊登求职广告等方式寻找工作。因此,美国官方的定义是:有工作的人为就业者,无工作但正在找工作的人为失业者,无工作又不找工作的人不计入劳动力。

2. 失业的衡量

衡量一个经济中失业状况的指标主要有以下几个指标。

(1)失业率:衡量一个国家的失业状况一般按百分比来计算,因为不同国家和同一国家在不同历史时期具有劳动能力的人口数量很不相同,所以用失业率比用失业者更有考察意义。失业率是指现有失业人口占全社会劳动人口的比例,是衡量和反映一个国家经济中失业状况的基本指标。其公式可以表示为:

$$U=\frac{L-N}{L}$$

式中,U 表示失业率,L 表示社会劳动力总数,它是由国家劳动法规定的,N 为全部劳动力中的就业人数。

在美国,失业率在每月第一个周五公布。失业数据的月份变动可适当反映经济发展状况,大多数资料都经过季节性调整。

(2)就业增长率:是指某一时期内增加的职工人数在就业总人数中的比重。这一指标表明了就业增长或失业减少的情况。

(3)离职率:是指某一时期内退休、退职或解雇的人数在总就业人数中所占的比重。这一指标表明了就业减少或失业增加的情况。

(4)失业持续时间:是指失业者连续失业的时间。这一指标反映了劳动力的流动情况,即失业变动情况。在失业率既定的情况下,失业持续的时间越长,说明劳动力流动越少,即劳动力流出失业池的速度越慢。

(5)失业率分布:这个指标反映了各集团与各种失业原因的人的比重。

二、失业的类型及成因

西方经济学通常将失业分为摩擦性失业、结构性失业和周期性失业三种类型。

1. 摩擦性失业

由于劳动者在不同地区、职业或生命周期的不同阶段变换工作而引起的失业,称为摩擦性失业。

摩擦性失业是指由于劳动力缺乏流动性、信息交流不完全以及市场组织不健全等原因造成的失业。这种失业的性质是过渡性的、短期的,存在于任何时期并将随着经济结构变化而有增大的趋势,但从经济和社会发展的角度来看,这种失业的存在是正常的。这种失业可以通过广泛提供就业机会,减少寻找工作的时间,政府提供一定的资金用以补偿就业者流动的成本等措施而得到改善。

2. 结构性失业

结构性失业是指由于劳动力市场结构的特点、劳动力的供给与需求不能完全匹配所造成的失业。即社会在存在失业的同时,也存在职位的空缺,而失业者因为技能不匹配等原因,无法填补现有的职位空缺。

影响结构性失业的主要因素有四个。一是经济结构的变化。随着技术进步和消费需求发生变化,经济的产业结构和地区结构也发生变化,一些传统行业衰落,大量人员失业;而一些新兴行业蓬勃发展,缺少合格的技术人员。另外,由于各地区经济发展的不平衡性,一些地区因经济落后而存在失业,另一些地区则因经济快速发展而出现"用工荒"的现象。二是劳动力用工信息的非对称性。信息的非对称性导致劳动力的供给结构调整往往滞后并具有一定的盲目性,与需求结构难以完全一致。例如,一些大学生毕业即失业,与此同时,一些厂商却人才难觅。三是季节性因素。一些行业如农业、建筑业、旅游业等行业,其生产具有季节性,在旺季时,对劳动力需求大幅增加,存在职位空缺;在淡季时,对劳动力的需求大幅减少,导致出现季节性失业。四是雇主歧视用工。雇主歧视某类人,如种族、性别、年龄、学历等歧视有可能引起结构性失业。

从整个经济来看,在任何一个时点上都会由于人口结构的变化、技术的进步、人们的消费偏好改变等因素,存在着一定数量的被暂时解雇的工人和正在进行工作转换的工人,即经济中必将长期存在着均衡失业,包括如上所述的摩擦性失业和结构性失业,经济学家把在这种情况下的失业统称为"自然失业"。因而,摩擦性失业率与结构性失业率加总之和即为自然失业率。

3. 周期性失业

周期性失业是指因经济周期性波动而造成的失业。周期性失业随经济的扩张而下降,随经济的衰退而上升。在经济繁荣阶段,整个经济对劳动的需求大幅上升,众多失业者被迅速吸收,失业率会下降;在经济衰退或萧条阶段,大量企业倒闭,幸存的企业也会减少产量,整个经济对劳动的需求急剧减少,失业率会迅速大幅上升。这种情况的失业与经济周期波动相一致,故称为"周期性失业"。周期性失业对于不同行业的影响是不同的,一般而言,需求的收入弹性越大的行业,受周期性失业的影响越严重。

根据凯恩斯的理论,周期性失业的根源在于社会总需求不足,而总需求决定国民收入,总需求减少会降低总产出,从而引起失业。

三、失业的影响与奥肯定律

1. 失业的影响

失业会产生诸多影响,一般可以将其分成两种:经济影响和社会影响。

(1)失业对经济的影响。失业增加将使失业者的家庭收入减少,消费受到抑制,生活水平下降。对于厂商而言,失业增加后,产品的销售市场萎缩,有效需求下降,进而使厂商的生产设备等各种经济资源闲置,产出减少,最终导致厂商利润率下降。厂商面临上述情况时,必将减少投资需求,减少新的生产能力,从而直接降低国民产出水平。失业对国民产出水平的影响可参考奥肯定律。

(2)失业对社会的影响。从社会方面看,失业的影响主要表现在失业给人们造成巨大的心理压力与心理创伤,导致家庭收入的减少、生活水平和消费水平的下降,影响社会安定团结,社会秩序混乱。在高失业时期,往往伴随着高犯罪率、高离婚率和其他各种社会不稳定因素,并令更多的人早衰早亡,也会引发许多社会和政治问题。

2. 奥肯定律

20世纪60年代,美国经济学家阿瑟·奥肯(Arthur M. Okum)根据美国的统计数据分析发现,产出变动与失业变动之间存在着显著的数量关系,提出了经济周期中失业率上升与经济增长率之间的相互影响关系,即奥肯定律。奥肯定律认为,失业率每增长1%,则实际GDP降低2.5%;反之,失业率每降低1%,则实际GDP增长2.5%。

这一规律表明,失业所造成的最大的经济损失就是国民收入的减少,失业率与国内生产总值增长率之间呈反向变动关系。失业率与实际国内生产总值增长率之间1∶2.5的关系是根据统计资料得出来的平均数,在不同国家或同一国家的不同时期并不相同。研究表明,在我国1985—1999年间,失业率与实际国内生产总值增长率的对比关系为1∶2.9,即失业率每增长1%,实际国内生产总值降低2.9%;失业率每降低1%,实际国内生产总值增长2.9%。

失业者可领取一定的失业救济金,但其数额少于就业时的工资水平,因而生活相对恶化,促使其重新就业。从这一点上来说,不少西方经济学家认为,一个合理的失业率及其失业现象的存在,是促进社会发展的必需条件之一。

四、失业的治理

对失业的治理,根据不同的类型及其产生的原因,所采取的对策也不同。

1. 自然失业的治理对策

(1)完善劳动力市场,全方位提供就业服务。例如,建立多种类多层次的就业服务机构,预测并发布劳动力供求趋势,提供招聘信息,举办各类招聘会,开展就业指导,协助并加速劳动力的流动。

(2)提高劳动者素质。第二次世界大战之后,随着科学技术的飞速发展和各种先进科技的广泛运用,社会生产对工人文化技术水平的要求越来越高。因此,大规模兴办教育,特别是职业技能教育,提高劳动者素质,可以在一定程度上缓解与克服由于劳动力素质低下而造成的失业与职位空缺的矛盾。

(3)制定劳动供求政策。国家可以根据实际情况制定相关的劳动供求政策。一是推迟就业年龄或提前退休年龄。延长人口受教育年限,可以延缓新增劳动力就业;提前退休年龄,使劳动力提前退出劳动年龄人口,可有效地减少劳动力供给,减缓就业压力。二是缩短就业者的劳动时间,此举既有利于吸收更多的劳动力就业,又能增加劳动力的休闲时间,提高劳动者的生活品质。国外许多企业对员工实行"带薪休假"制度,我国实行的五天工作制及近年来推出的"清明节""五一节""端午节""中秋节"等小长假制度,也有这方面的考虑。最近,国家也鼓励有条件的单位,可以推出一周4天半工作制。三是降低工资指导线水平,以减少劳动力的供给并增加劳动力的需求,从而减少失业。四是建立和完善社会保障制度。建立和完善失业保险制度和失业救济金制度,保障失业人口的基本生活,有利于减轻就业压力。五是反对就业歧视。对于弱势群体出台就业扶持政策,如在我国,企业安置残疾人就业可享受增值税、营业税、企业所得税、房产税和城镇土地使用税等多项税收优惠政策。

2. 周期性失业的治理

根据凯恩斯对周期性失业的理解，造成周期性失业的根源在于总需求不足，此时政府应通过刺激总需求，促进消费，扩大投资，繁荣经济，从而创造就业机会。

在经济萧条时期，随着经济形势恶化，市场规模萎缩致使企业大量倒闭，社会失业率不断攀升，并在一定时期内继续恶化且难以通过市场自主调节解决该问题。在此情况之下，政府应该通过宏观调控、转移支付和增加基础建设等措施，创造就业机会，增加就业职位，降低失业率并优化经济发展。

第二节　通货膨胀理论

通货膨胀是现代社会的另一个主要经济问题。

一、通货膨胀的度量及其类型

在西方经济学中，通货膨胀是指在纸币流通条件下，因货币供给大于实际需求即现实购买力大于产出供给导致货币贬值，而引起的一段时间内物价水平持续而普遍地上涨的现象。其实质是社会总需求大于社会总供给。

通货膨胀存在需同时具有两个条件：第一，通货膨胀是物价水平的普遍上升，即物价总水平的上升，而不是指一种或几种商品的物价上升；第二，通货膨胀是物价水平在一定的时期内持续的上升，而不是物价水平暂时的或一次性的上升。一般认为，物价总水平在6个月内（两个季度）内持续上升，即可界定为通货膨胀。通货膨胀的反义为通货紧缩，无通货膨胀或极低度通货膨胀称为"稳定性物价"。

1. 通货膨胀的度量

物价指数是衡量通货膨胀程度的基本指标，它一般分为消费者物价指数（CPI）、生产者物价指数（PPI）和GDP平减指数。由于消费者物价指数对消费者的影响最直接，并且与其切身感受相吻合，一般倾向于用消费者物价指数来衡量通货膨胀。

（1）消费者物价指数

消费者物价指数（Consumer Price Index，CPI）是衡量一定时期居民个人所购买商品和劳务的零售价格变化的指标。消费者物价指数反映消费环节的价格水平，与人们的生活水平关系最为密切，是国际通用的衡量一个国家或地区通货膨胀或紧缩程度的指标。

我国居民消费价格指数（CPI）涵盖全国城乡居民生活消费的食品、烟酒及用品、衣着、家庭设备用品及维修服务、医疗保健和个人用品、交通和通信、娱乐教育文化用品及服务、居住共8大类262个基本分类的商品与服务的价格。数据来源于全国31个省（区、市），500个市县，8.8万家价格调查点，包括食杂店、百货店、超市、便利店、专卖店、专业市场、购物中心以及农贸市场与服务消费单位等。CPI数据采用抽样调查方法抽选确定调查网点，按照"定人、定点、定时"的原则，直接派人到调查网点采集原始价格数据，经过汇总计算获得。

此项数据由国家统计局发布，可登录国家统计局官方网站获取，如表11-1所示。

表 11-1　2021 年 12 月份居民消费价格主要数据

	环比涨跌幅(%)	同比涨跌幅(%)	2021年涨跌幅(%)
居民消费价格	−0.3	1.5	0.9
按类别分			
一、食品烟酒	−0.3	−0.1	−0.3
二、衣着	0.1	0.6	0.3
三、居住	−0.1	1.6	0.8
四、生活用品及服务	0.3	0.8	0.4
五、交通通信	−1.3	5.0	4.1
六、教育文化娱乐	0.0	3.1	1.9
七、医疗保健	0.0	0.7	0.4
八、其他用品及服务	−0.1	−0.5	−1.3

数据来源：http://www.stats.gov.cn/tjsj/zxfb/202201/t20220112_1826173.html

(2)生产者物价指数

生产者物价指数(Producer Price Index,PPI)又称为"批发物价指数"，是衡量一定时期生产资料与消费资料的批发价格变化的指标。生产者物价指数反映生产环节的价格水平。整个价格水平的波动一般首先出现在生产领域，然后通过产业链向下游产业扩散，最后波及消费品，影响消费者物价指数。因此，生产者物价指数是整个价格水平变化的一个信号，被看作经济周期的指示性指标之一，受到各国政策制定者及企业经营决策者的密切关注。

(3)国内生产总值平减指数

国内生产总值平减值数(GDP Deflator)也称为"国内生产总值缩减指数"，是衡量一国在一定时期内所生产的最终产品和劳务的价格总水平变化程度的指标，是名义国内生产总值与实际国内生产总值的比率。从理论角度来看，国内生产总值平减指数因为反映了国内生产的所有商品和劳务的价格，统计范围全面，并且各种商品和劳务的结构即权重随时间的推移而自动变化，所以它比前两种指数更为全面、客观与准确。

2.通货膨胀的类型

经济学家根据不同的标准对通货膨胀进行分类，一般而言，根据物价上涨程度的不同，通货膨胀可以分为以下几类。

(1)温和通胀

温和的通货膨胀是指使通货膨胀率保持在2%~3%，且始终比较稳定的通货膨胀。一些经济学家认为，如果每年的物价上涨率在2.5%以下，不能认为发生了通货膨胀。当物价上涨率达到2.5%时，叫作不知不觉的通货膨胀。

有些经济学家认为，在经济发展过程中，搞一点温和的通货膨胀可以刺激经济的增长，因为提高物价可以使厂商多得一点利润，以提高厂商投资的积极性。同时，温和的通货膨胀不会引起社会太大的动乱。温和的通货膨胀就是将物价上涨控制在1%~2%，至多5%以内，就能像润滑油一样刺激经济的发展，这就是所谓的"润滑油政策"。

(2) 高速通胀

高速的通货膨胀亦称为"奔腾的通货膨胀"或"急剧的通货膨胀"。它是一种不稳定、迅速恶化、加速的通货膨胀。这种通货膨胀发生时,通货膨胀率较高(一般超过5%以上),因此,当这种通货膨胀发生时,人们对货币的信心产生动摇,经济社会产生动荡,故这是一种较危险的通货膨胀。

(3) 恶性通胀

恶性的通货膨胀也称为"极度的通货膨胀"或"超速的通货膨胀"。这种通货膨胀一旦发生,通货膨胀率就非常高(一般达到三位数以上),且完全失去控制,其结果是导致社会物价持续飞速上涨,货币大幅度贬值,人们对货币彻底失去信心。这时,整个社会金融体系处于一片混乱,正常的社会经济关系遭到破坏,最后容易导致社会崩溃、政府垮台。这种通货膨胀在经济发展史上是很少见的,通常发生于战争或社会大动乱之后。

典型的恶性通货膨胀在世界范围内只出现过3次。第一次发生在1923年的德国,当时第一次世界大战刚结束,德国的物价在一个月内上涨了2500%,一马克的价值下降到仅及战前价值的一万亿分之一。第二次发生在1946年的匈牙利,第二次世界大战结束后,匈牙利的一个便士价值只相当于战前的近九万亿分之一。第三次发生在中国,从1937年6月到1949年5月,伪法币的发行量增加了1445亿倍,同期物价指数上涨了36807亿倍。

此外,按对物价影响的差别分类,恶性通胀又可分为平衡的通货膨胀和非平衡的通货膨胀;按照人们对物价上涨的预期分类,恶性通胀又可分为预期到的通货膨胀和未预期到的通货膨胀;按照物价上涨的表现形式不同,恶性通胀又可分为公开性通货膨胀、隐蔽性通货膨胀和一致性通货膨胀等。

二、通货膨胀的影响

在通货膨胀时期,所有价格和工资并不按同一比率变动,造成相对价格、资产报酬率和信息的扭曲,因此,通货膨胀带来的严重后果主要有以下几个方面。

1. 经济影响

(1) 通货膨胀的再分配效应

通货膨胀,特别是没有预期到的通货膨胀会对人们的收入产生明显的再分配效应,具体表现为以下三个方面。

第一,使收入和财富从工资收入者转移到利润收入者。因为在通货膨胀期间,名义工资的增加不但滞后于物价的上升,而且往往赶不上物价上升的幅度,使得实际工资下降,而利润收入者可通过提高产品价格转嫁通货膨胀的损失。

第二,使收入和财富由债权人转至债务人。因为实际利率等于名义利率减去通货膨胀率,所以在发生通货膨胀时,实际利率会下降。根据国家统计局数据显示,从2010年2月至2012年1月,我国一年期存款名义利率低于通货膨胀率,一年期存款利率为负利率,表明通货膨胀使储户财富缩水,而缩水的财富并未消失,而是由债权人转移至债务人即银行。

第三,使收入和财富由公众转移至政府。通货膨胀往往是由货币发行量过多引起的,政府印发货币,筹集收入,并以此进行支付、弥补赤字和偿还债务,直接剥夺公众财富。通货膨胀能够在现行税率下自动提高政府的税收收入,因为在通货膨胀过程中,随着名义工资的增加,在实行累进所得税率的情况下,个人所得税增加,同时通货膨胀使政府的内债负担下降,这就是通货膨胀的税收效应。

(2) 通货膨胀的产出效应

一般认为,从短期来看,温和的、未被预期到的、需求拉动的通货膨胀能刺激产出增加,促进就业;成本推动的通货膨胀使产出减少,导致失业;恶性的通货膨胀导致产出和就业下降,甚至经济崩溃。从长期来看,决定经济增长的是劳动、资本、自然资源和生产技术等实际因素,而不是价格水平;再者,人们通过预期通货膨胀率调整各种名义变量,使各种实际变量保持不变,因而由货币量变动引起的通货膨胀不影响产出水平。

(3) 通货膨胀对资源配置的影响

在通货膨胀的过程中,各种商品和生产要素的价格上涨幅度不同,可以改变各种商品和生产要素的相对价格,引起相对价格体系的变动,最终使原来的资源配置状况和方式发生变动。这种经济资源配置效应是以非均衡的通货膨胀为前提的,究竟是使资源配置更加优化还是进一步恶化,这要根据具体情况加以分析。

2. 通货膨胀的社会影响

通货膨胀使相当一部分人的实际生活水平下降,加剧贫富差距,滋生对政府和社会的不满,引起社会动荡。凯恩斯曾将通货膨胀描述为:当通货膨胀来临时,货币的实际价值每月都产生巨大的波动,所有构成资本主义坚实基础的、存在于债权人和债务人之间的永恒关系,都变得混乱不堪甚至几乎完全失去意义,获得财富的途径退化到依靠赌博和运气的境地。在迅速的、不可预期的通货膨胀时期,由于准确预期通货膨胀率比从事生产活动更有利可图,相当多的人减少甚至放弃从事自己原本所擅长的专业生产活动,而愿意花更多的时间及精力来预期通货膨胀,打理自己的投资组合,以避免财富缩水,使自己的财富保值增值。通货膨胀使生产活动性资源转向预期通货膨胀,造成资源浪费。

西方经济学家认为,通货膨胀给经济造成的影响本身并不严重,真正的严重性在于收入和财富再分配导致的政治后果。特别在恶性通货膨胀条件下,利益再分配引起社会各阶层的冲突和对立,经济停滞和混乱造成社会不安和动乱。

三、通货膨胀的原因

通货膨胀的直接原因是货币供应量超过了客观的需求量。研究通货膨胀的原因,实际上就是研究货币供应量超过客观需求量的原因。货币供给量与货币需求相适应,是货币流通规律的基本要求,一旦违背这一经济规律,过多发行货币就会导致货币贬值,物价水平持续上涨,从而形成通货膨胀。目前对通货膨胀成因的理论假说很多,主要有以下几种理论。

1. 需求拉动的通货膨胀

需求拉动的通货膨胀是指由总需求过度增长引起的通货膨胀,即太多的货币追逐太少的货物。按照凯恩斯的解释,如果总需求上升到大于总供给的地步,过度的需求能引起物价水平的普遍上升。因此,引起总需求增加的任何因素都可以是造成需求拉动的通货膨胀的具体原因。如图11-1所示。

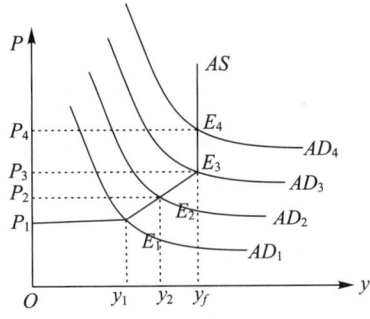

图 11-1　需求拉上型通货膨胀

在图 11-1 中,横轴代表国民收入,纵轴代表价格,AD_1、AD_2、AD_3 和 AD_4 分别为不同的总需求曲线,AS 为总供给曲线。AD_2 与 AS 相交于 E_2,决定了国民收入为 y_2,y_2 小于充分就业的国民收入 y_f,这时总需求会继续增加。当增加到 AD_3 时,AD_3 与 AS 相交于 E_3,这时整个社会经济资源全部得到利用,国民收入 y_f 为充分就业的国民收入。如果总需求继续增加到 AD_4,AD_4 与 AS 相交于 E_4,因为资源有限,产量不能继续扩大,所以国民收入就不会超过充分就业的国民收入 y_f,但实际需求过大,尽管国民收入无法增加,价格却由 P_3 上升到 P_4。这种由于总需求过度增长而引起的通货膨胀,就是需求拉动的通货膨胀。这时,实际总需求 AD_4 与充分就业总需求 AD_3 之间存在的差额,就是膨胀性缺口。膨胀性缺口是指实际总需求大于充分就业总需求时,实际总需求与充分就业总需求之间的差额。

凯恩斯强调了通货膨胀与失业不会并存,通货膨胀是在充分就业实现后产生的。当总需求增加后,总供给的增加并不能迅速满足总需求的这种增加,短缺产生,价格上升。

2. 成本推动的通货膨胀

该理论是从总供给的角度来分析通货膨胀的原因。供给就是生产,根据生产函数,生产取决于成本。因此,从总供给的角度看,引起通货膨胀的原因就在于成本的增加。成本增加意味着只有在高于从前的价格水平时,才能达到与以前一样的产量水平,即总供给曲线向左上方移动使国民收入减少,价格水平上升,这种价格上升就是成本推动的通货膨胀。如图 11-2 所示。

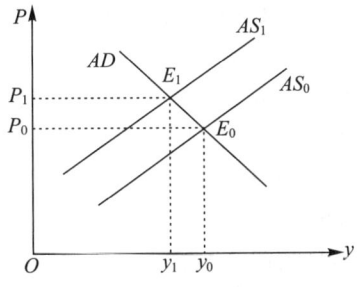

图 11-2　成本推动型通货膨胀

在图 11-2 中,原来总供给曲线 AS_0 与总需求曲线 AD 决定了国民收入为 y_0,价格水平为 P_0。由于成本增加,总供给曲线向左上方移动到 AS_1,此时总需求曲线不变,决定国民收入为 y_1,价格水平为 P_1,价格水平由 P_0 上升到 P_1 是成本的增加引起的。

引起成本增加的原因并不相同,因此,成本推动的通货膨胀又可以根据其成因分为以下几种。

(1) 工资推动的通货膨胀

经济学家认为，工资是成本中的主要部分，工资的提高会使生产成本增加，从而价格水平上升。在劳动市场存在工会的卖方垄断的情况下，工会利用其垄断地位要求提高工资，雇主迫于压力提高了工资之后，就把提高的工资加入成本，提高产品的价格，从而引起通货膨胀。

工资的增加往往是从个别部门开始的，但由于各部门之间存在工资的攀比行为，个别部门工资的增加往往会导致整个社会的工资水平上升，从而引起普遍的通货膨胀。而且，这种通货膨胀一旦开始，还会形成工资—物价螺旋式上升。这样工资与物价不断互相推动，形成严重的通货膨胀。

(2) 利润推动的通货膨胀

它又称为"价格推动的通货膨胀"，是指市场上具有垄断地位的厂商为了增加利润而提高价格所引起的通货膨胀。在不完全竞争市场上，具有垄断地位的厂商控制了产品的销售价格，可以提高价格以增加利润。通货膨胀是由于利润的推动而产生的，尤其是在工资增加时，垄断厂商以工资的增加为借口，更大幅度地提高物价，使物价的上升幅度大于工资的上升幅度，其差额就是利润的增加。这种利润的增加使物价上升，形成通货膨胀。

(3) 原材料推动的通货膨胀

这是指在开放经济中，由于进口的原材料价格上升而引起的通货膨胀。在这种情况下，一国的通货膨胀通过国际贸易渠道而影响到其他国家。当这种通货膨胀发生时，物价的上升会导致生产减少，从而导致经济萧条。与这种通货膨胀相对应的是出口性通货膨胀，即由于出口迅速增加，出口生产部门的成本增加，国内产品供给不足，引起通货膨胀。

3. 供求混合推动的通货膨胀

这种理论把总需求与总供给结合起来分析通货膨胀的原因。经济学家认为，通货膨胀的根源不是单一的总需求或总供给，而是这两者共同作用的结果。如果通货膨胀是由需求拉动开始的，即过度需求的存在引起物价上升，则这种物价上升会使工资增加，从而供给成本的增加又引起成本推动的通货膨胀。如果通货膨胀是由成本推动开始的，即成本增加引起物价上升，这时如果没有总需求的相应增加，则工资上升最终会减少生产，增加失业，从而使成本推动引起的通货膨胀停止。只有在成本推动的同时，又有总需求的增加，这种通货膨胀才能持续下去。如图 11-3 所示。

在图 11-3 中，总供给曲线由 AS_0 移动到 AS_1，会使物价水平由 P_0 上升到 P_1，这是成本推动引起的通货膨胀。但如果仅仅有成本推动，价格上升为 P_1，产量会由 y_0 下降到 y_1，最终由于经济衰退而结束通货膨胀。换言之，这种通货膨胀不会持续下去。只有在成本推动以后，总需求也由 AD_0 增加为 AD_1，才能使产量水平恢复到 y_0，而价格水平上升为 P_2。这时，物价上升的过程是 $a \rightarrow b \rightarrow c$。从图 11-3 中可以看出，混合型通货膨胀有四个基本要点：起源于成本推动、总需求不断扩张、实际产量不会下降和价格水平螺旋式上升。

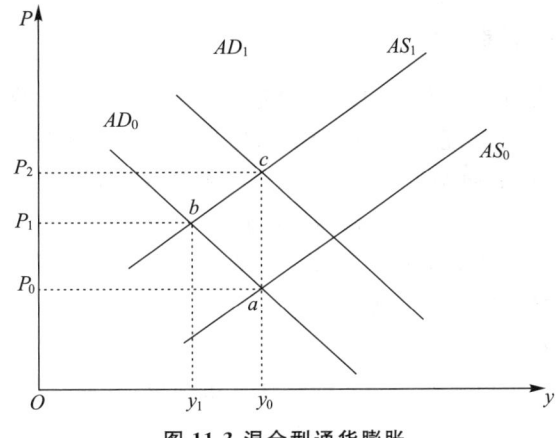

图 11-3 混合型通货膨胀

4. 结构性通货膨胀

结构性通货膨胀是指由于一国经济结构发生变化而引起的通货膨胀。在整体经济中,不同的部门有不同的劳动生产增长率,但却有相同的货币工资增长率。因此,当劳动生产增长率较高的部门的货币工资增长时,就会给劳动生产率增长率较低的部门形成了一种增加工资的压力,因为尽管这些部门劳动生产率的增长率较低,但各部门的货币工资增长率却是一致的。在成本加成的定价规则下,这一现象必然使整个经济产生一种由工资成本推进的通货膨胀。这一理论实际上仍是对前两种理论的修改与综合。

5. 预期与惯性的通货膨胀

这两种通货膨胀理论的重点不是分析通货膨胀的产生原因,而是分析为什么通货膨胀一旦形成以后就会持续下去。

(1)预期通货膨胀理论

预期通货膨胀理论认为,无论是什么原因引起的通货膨胀,即使最初引起的通货膨胀的原因消除了,它都会由于人们的预期而持续,甚至加剧。预期对人们的经济行为有重要的影响,而预期往往又是根据过去的经验形成的。在产生了通货膨胀的情况下,人们要根据过去的通货膨胀率来预期未来的通货膨胀率,并把这种预期作为指导未来经济行为的依据。

(2)惯性通货膨胀理论

惯性通货膨胀理论也是要解释通货膨胀持续的原因,但它强调的不是预期,而是通货膨胀本身的惯性。根据这种理论,无论是什么原因引起了通货膨胀,即使最初的原因消失了,通货膨胀都会由于其本身的惯性而持续下去。这是因为,工人与企业关心的是相对工资与相对价格水平,所以在决定自己的工资与价格时,他们要参照其他人的工资与价格水平。这样,通货膨胀就会由于这种惯性而持续下去,因为谁也不会首先降低自己的工资与物价水平。只有在经济严重衰退时,才会由于工资与物价的被迫下降而使通货膨胀中止。

预期通货膨胀理论与惯性通货膨胀理论是很相近的。前者由货币主义者提出,强调现在对未来的影响;后者由凯恩斯主义者提出,强调过去对现在的影响。这两种理论从不同角度解释了通货膨胀持续的原因。

四、通货膨胀的治理

严重的通货膨胀会对经济发展和社会稳定产生不利的影响：第一，通货膨胀会引起社会收入和国民财富的再分配，使工薪阶层和债权人受损，而使雇主和债务人受益；第二，通货膨胀将影响产业的协调发展，因为不同产业所生产的商品价格上升的不同会引起各个行业发展的不均衡；第三，通货膨胀会扭曲资源配置，使社会经济秩序出现混乱。

由于通货膨胀对于经济的正常发展有一定的不利影响，许多国家都十分重视抑制通货膨胀。主要的治理措施有以下几种。

1. 控制货币供应量

因为通货膨胀是在纸币流通条件下的一种货币现象，其最直接的原因就是流通中的货币量过多，所以各国在治理通货膨胀时采取的一个重要对策就是控制货币供应量，使之与货币需求量相适应，减轻货币贬值和通货膨胀的压力。

2. 调节和控制社会总需求

对于需求拉上型通货膨胀，调节和控制社会总需求是关键，这主要通过实施正确的财政政策和货币政策来实现。在财政政策方面，就是通过紧缩财政支出、增加税收、谋求预算平衡和减少财政赤字来实现。在货币政策方面，主要是通过紧缩信贷、控制货币投放和减少货币供应量来实现。财政政策和货币政策相配合综合治理通货膨胀，其重要途径就是通过控制固定资产投资规模和控制消费基金过快增长来实现控制社会总需求的目的。

3. 增加商品有效供给，调整经济结构

治理通货膨胀的另一个重要方面就是增加有效商品供给，主要的手段有降低成本、减少消耗，提高经济效益、提高投入产出的比例，调整产业和产品结构，支持短缺商品的生产。

4. 其他政策

治理通货膨胀的其他政策还包括限价、减税、指数化等其他方法。

第三节　失业与通货膨胀的关系

失业与通货膨胀这两大问题，一直是困扰西方各国政府的重大问题，令政府当局苦恼和不安。如何保持充分就业和物价稳定，实现没有通货膨胀又没有失业的理想状态，是各国政府的美好愿望。但不幸的是，无论经济学家如何努力，都没有真正把这一愿望付诸实现。

一、菲利普斯曲线

1. 菲利普斯曲线的由来

1958年，菲利普斯根据英国1861—1957年间失业率和货币工资变动率的经验统计资料，提出了一条用以表示失业率和货币工资变动率之间交替关系的曲线。这条曲线表明：当失业率较低时，货币工资增长率较高；反之，当失业率较高时，货币工资增长率较低，甚至是负数。根据成本推动的通货膨胀理论，货币工资可以表示通货膨胀率。因此，这条曲线就可以表示失业率与通货膨胀率之间的交替关系，即失业率高表明经济处于萧条阶段，这时工资与物价水平都较低，从而通货膨胀率也就低；反之，失业率低表明经济处于繁荣阶段，这时工资与物价水平都较高，从而通货膨胀率也就高。菲利普斯曲线表示失业率和通货膨胀率之间存在着反方向变动的关系，可以用图11-4来表示。

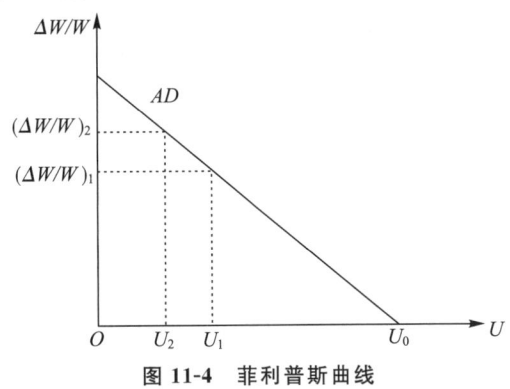

图11-4 菲利普斯曲线

在图11-4中，横轴U表示失业率，纵轴$\Delta W/W$表示货币工资增长率，当失业率从U_1下降到U_2时，货币工资增长率从$(\Delta W/W)_1$上升到$(\Delta W/W)_2$；反之，当货币工资增长率从$(\Delta W/W)_2$下降到$(\Delta W/W)_1$时，失业率就从U_2上升到U_1。

由于工资成本占单位生产成本的比重很大，工资上升很容易转换为价格的上涨。于是，人们就用菲利普斯曲线来表示通货膨胀和失业率之间相互交替的关系，即通货膨胀率越高，失业率越低；反之，通货膨胀率越低，失业率越高。也就是说，失业率高表明经济处于萧条阶段，这时工资与物价水平较低，从而通货膨胀率也较低；通货膨胀率高表明经济处于繁荣阶段，因为通货膨胀使实际工资下降，从而刺激生产，增加对劳动的需求，减少失业率。

2. 菲利普斯曲线的重要观点

菲利普斯曲线提出了如下几个重要的观点：

(1)通货膨胀是由工资成本推动所引起的，这就是成本推动通货膨胀理论。正是根据这一理论，把货币工资增长率与通货膨胀率联系了起来。

(2)失业率和通货膨胀存在交替的关系。

(3)当失业率为自然失业率U_0时，通货膨胀率为0。

(4)失业率和通货膨胀率之间存在交替关系，因此可以运用扩张性的宏观经济政策，以较高的通货膨胀率来换取较低的失业率，也可以运用紧缩性的宏观经济政策，以较高的失业率来换取较低的通货膨胀率，这就为宏观经济政策的选择提供了理论依据。

菲利普斯曲线反映的是失业和通货膨胀的交替关系，基本符合20世纪五六十年代西方国家的情况。进入20世纪70年代以后，由于滞涨的出现，失业与通货膨胀之间又不存在这种交替关系了，于是对失业和通货膨胀之间的关系又有了新的解释。

二、凯恩斯的观点

凯恩斯的观点是：失业和通货膨胀是不会并存的。凯恩斯认为，如果未实现充分就业,在资源闲置的情况下,总需求的增加只会使国民收入增加,而不会引起价格水平的上升。也就是说,在没有充分就业的情况下,通货膨胀是不会发生的。在实现充分就业之后,资源得到了充分的利用,总需求的增加无法使国民收入增加,而只会引起价格的上涨。这就意味着,发生通货膨胀时,一定是实现了充分就业的,这种通货膨胀是由于总需求过度而引起的,即需求拉动型的通货膨胀。凯恩斯关于失业和通货膨胀之间关系的解释,如图11-5所示。

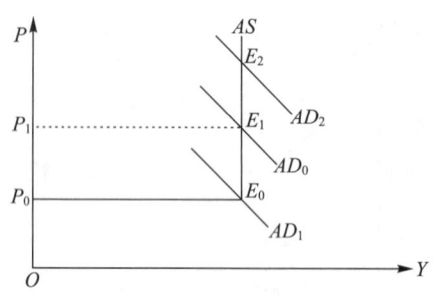

图11-5 需求拉动的通货膨胀

三、货币主义的观点

货币主义在解释菲利普斯曲线时引入了预期的因素,他们所用的预期概念是适应性预期,即人们根据过去的经验来形成并调整未来的预期。他们根据适应性预期,把菲利普斯曲线分为短期菲利普斯曲线和长期菲利普斯曲线。

在短期菲利普斯曲线中,工人来不及调整通货膨胀预期,预期的通货膨胀率可能低于以后实际发生的通货膨胀率。这样,工人所得到的实际工资少于先前预期的实际工资,从而使实际利润增加,刺激了投资,就业增加,失业率下降。在此前提下,通货膨胀率与失业率之间存在交替关系。短期菲利普斯曲线正是表明在预期的通货膨胀率低于实际发生的通货膨胀率的短期中,失业率与通货膨胀率之间交替关系的曲线。因为,向右下方倾斜的菲利普斯曲线是可以成立的。这也就是说,在短期菲利普斯曲线中,引起通货膨胀率上升的扩张性财政政策与货币政策是可以起到减少失业的作用的,这就是实现宏观经济政策的短期有效性。

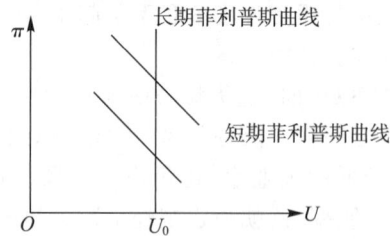

图11-6 短期与长期菲利普斯曲线

在长期菲利普斯曲线中,工人将根据实际发生的情况不断调整自己的预期。工人预期的通货膨胀率和实际发生的通货膨胀率迟早会一致。这时,工人会要求增加名义工资,使实际工资不变,从而通货膨胀就不会起到减少失业的作用。这时菲利普斯曲线是一条垂线,表明失业率与通货膨胀率之间不存在交替关系。而且,在长期菲利普斯曲线中,经济能实现充分就业,失业率就是自然失业率。因此,在长期曲线中,以引起通货膨胀为代价的扩张性财政政策和货币政策并不能减少失业,这就是宏观经济的无效性。短期与长期菲利普斯曲线可以用图11-6来表示。

在图11-6中,短期菲利普斯曲线是一条向右下方倾斜的曲线,表明失业率与通货膨胀率存在交替关系;长期菲利普斯曲线则是一条从自然失业率出发的垂线,说明长期中的失业率是自然失业率,失业率与通货膨胀之间不存在交替关系。

思 考 与 练 习

一、关键名词
失业　自愿失业　摩擦性失业　通货膨胀　结构性失业　周期性失业
季节性失业　奥肯定律　菲利普斯曲线

二、单项选择题

1. 失业率是指(　　)。
   A. 失业人口占劳动人口的百分比　　B. 失业人数占人口总数的百分比
   C. 失业人数占就业人数的百分比　　D. 以上均正确

2. 充分就业的含义是(　　)。
   A. 人人都有工作,没有失业者　　B. 消灭了周期性失业的就业状态
   C. 消灭了自然失业时的失业状态　　D. 消灭了自愿失业的失业状态

3. 引起周期性失业的原因是(　　)。
   A. 工资刚性　　B. 总需求不足
   C. 经济中劳动力的正常流动　　D. 经济结构的调整

4. 奥肯法则表明失业率每增加1%,则实际GDP减少3%。在美国这种比例关系(　　)。
   A. 始终不变　　B. 在不同时期会有所不同
   C. 只适用于经济萧条时　　D. 以上回答均不正确

5. 由于经济萧条所造成的失业属于(　　)。
   A. 摩擦性失业　　B. 结构性失业　　C. 周期性失业　　D. 自愿失业

6. 通货膨胀是指(　　)。
   A. 货币发行量过多引起价格水平普遍、持续的上涨
   B. 货币发行量超过了流通中的货币量
   C. 货币发行量超过了流通中的商品的价值量
   D. 以上均不正确

7. 一般用来衡量通货膨胀的物价指数是(　　)。
   A. 消费者物价指数　　B. 生产者物价指数
   C. GDP平减指数　　D. 以上者均正确

8. 根据通货膨胀的原因,可将其划分为(　　)。
   A. 需求拉动型通货膨胀　　B. 成本推动型通货膨胀
   C. 结构型通货膨胀　　D. 以上划分均正确

9. 在通货膨胀不能完全预期的情况下，通货膨胀将有利于（　　）。
   A. 债务人　　　　B. 债权人　　　　C. 在职工人　　　　D. 离退休人员
10. 下列两种情况不可能同时发生的是（　　）。
   A. 结构性失业与成本推动型通货膨胀
   B. 需求不足性失业与需求拉动型通货膨胀
   C. 摩擦性失业与需求拉动型通货膨胀
   D. 失业和通货膨胀

三、多项选择题

1. 下列选项中，（　　）属于自然失业。
   A. 周期性失业　　B. 结构性失业　　C. 古典失业　　D. 摩擦性失业
2. 下列选项中，可能引起结构性失业的有（　　）。
   A. 经济结构变化　B. 季节性因素　　C. 雇主歧视用工　D. 信息不对称
3. 下列选项中，治理自然失业的对策是（　　）。
   A. 加强技能培训　　　　　　　　B. 推行带薪休假制度
   C. 提前退休年龄　　　　　　　　D. 提供就业指导
4. 下列选项中，治理周期性失业的对策是（　　）。
   A. 降低利率　　B. 减少税收　　C. 增加政府支出　　D. 扩大出口
5. 下列选项中，（　　）是物价指数。
   A. CPI　　　　　B. PPI　　　　　C. GDP　　　　　D. GDP缩减指数
6. 下列选项中，可能在通货膨胀中利益受损的是（　　）。
   A. 债权人　　　B. 固定收入者　　C. 货币持有者　　D. 政府
7. 下列选项中，（　　）是治理通货膨胀的对策。
   A. 控制货币供应量　　　　　　　B. 抑制总需求
   C. 增加总供给　　　　　　　　　D. 指数化政策
8. 抑制需求拉动的通货膨胀，应采取的宏观经济政策是（　　）。
   A. 降低利率　　B. 提高利率　　C. 减少政府支出　　D. 增加政府支出

四、简答题

1. 摩擦性失业与结构性失业相比，哪一种失业问题更严重？
2. 失业按其形成的原因可以分为哪几种类型？
3. 通货膨胀会对经济产生哪些影响？
4. 简述通货膨胀的主要成因及治理对策。
5. 为什么发生恶性通货膨胀时，人们宁愿坐出租车而不愿坐公交车？

五、应用题

1. 讨论：目前我国存在的失业类型有哪些？其根源有哪些？
2. 假设某人为购买住宅贷款10万元，按固定利率每年偿还银行的抵押贷款额为10000元。当通货膨胀使工资和收入都翻了一番以后，此人的实际债务负担会发生什么变化？

第十二章 宏观经济政策

学习目标

知识目标

☆理解宏观经济政策的概念及目标。
☆掌握财政政策及货币政策的基本工具及运用政策。
☆了解宏观经济政策的基本内容及其构成。
☆了解相机抉择的政策组合。

能力目标

☆利用所学内容解读现行的财政政策与货币政策。
☆分析判断现行的宏观政策对经济的影响。

关注另外一只手——宏观调控

英国经济学家凯恩斯在其名著《就业、利息和货币通论》一书中记述过这样一则寓言:乌托邦国处于一片混乱之中,整个社会的经济处于完全瘫痪的境地,工厂倒闭,工人失业,人们无家可归,饿殍遍野,人们对此束手无策。这个时候,政府采用了一个经济学家的建议,雇用200人挖了一个很大很大的大坑。这200人开始购买200把铁锹,于是,生产铁锹的企业、生产钢铁的企业、生产锹把的企业相继开工了,接下来工人开始上班、吃饭、穿衣……这时,交通部门、食品企业、服装企业也相继开工了,大坑终于挖好了;然后,政府又雇用200人把这个大坑填埋上,这样又需要200把铁锹……萧条的市场就这样一点点复苏,启动起来了。经济恢复之后,政府通过税收,偿还挖坑时发行的债券,一切又恢复如常了,人们在灿烂的阳光下过着幸福的生活。

思考讨论:

(1)这则寓言故事中"看不见的手"指的是什么?"看得见的手"指的又是什么?

(2)政府在市场经济中扮演什么角色?

(资料来源:董典波,淡佳庆.柴米油盐中的经济学[M].北京:中国广播电视出版社,2010.)

第一节 宏观经济政策概述

宏观经济政策是一国政府为实现一定的总体经济目标而制定的相关指导原则和措施。宏观经济调控则是国家运用一定的宏观经济政策对各种宏观经济总量的变动进行调节和控制,使之达到总体经济目标要求。

一般认为,宏观经济政策应该同时达到以下四个目标。

1. 充分就业

充分就业是宏观经济政策的首要目标。就业是民生之本,是民众生存和改善生活的基本前提与基本途径。充分就业是指包括劳动在内的各种生产要素都按其所有者愿意接受的价格全部被用于生产的一种经济状态。充分就业并不是人人都有工作,而是维持一定的失业率,将这个失业率控制在大众所能接受的范围之内,一般为5%左右。较高的失业率不但造成社会资源的极大浪费,而且容易导致社会动乱和政治危机,因此各国政府一般将充分就业作为优先考虑的政策目标。

需要注意的是,在经济学中,充分就业不仅指劳动这一生产要素的充分利用,还泛指全社会的经济资源被充分利用的状态。

2. 物价稳定

在现实经济生活中,物价水平因受货币供应量、总需求、总供给、成本和预期等多种因素的影响而呈上升趋势。物价稳定不是指每种商品的价格或价格总水平固定不变,而是指价格总水平相对稳定,维持一个低而稳定的通货膨胀率,一般年通货膨胀率在3%以下,这种通货膨胀率既能为社会所接受,也不会对经济产生不利影响。在市场经济中,价格的波动是价格调节经济的具体形式,但价格的大起大落对经济不利,如物价大幅上升,会刺激盲目投资,导致重复建设、片面追求数量扩张、产能过剩、经济效益下降;而物价大幅下降,则会抑制投资,导致生产下降、物质短缺、失业增加。因此,保持物价稳定是经济平稳运行的基本条件。

3. 经济增长

经济增长是指一国实际国内生产总值或人均国内生产总值的持续增加,通常用实际国内生产总值增长率来衡量。经济增长是经济和社会发展的基础,是提高国民生活水平的重要条件。促进经济持续稳定增长是宏观调控的重要目标。经济增长速度并不是越高越好,过高的经济增速不仅要付出高昂的环境和社会代价,也因受资源及技术约束而不可持续。一般而言,经济处于较低发展阶段的国家,经济增速较高;经济处于较高发展阶段的国家,经济增速较低。因此,经济增长的目标应该是实现与本国国情相符的适度增长率。

4. 国际收支平衡

国际收支是在一定时期内(通常为一年)一国居民与世界其他国家居民之间的全部经济交易的系统记录。国际收支平衡是指既无国际收支盈余也无国际收支赤字的状态。由于国际收支总差额意味着官方储备的增减,可以看作与货币供求相联系的一种货币现象,它是一国货币供给的自动调节机制。通过货币供给量的变动,国际收支总差额又会进一步对其他的宏观经济变量如汇率、利率、私人资本的流动、国内投资、生产以及进出口等产生重要的影响。国际收支平衡的目标要求一国汇率基本保持稳定,同时进出口大致平衡、略有顺差或逆差。国际收支严重失衡会对一国经济发展产生不利影响,如过度的国际收支盈余易造成资源闲置,引发国际贸易摩擦,而过高的国际收支赤字会给一国带来沉重的债务负担等。

以上四个宏观经济政策目标之间存在着矛盾,要同时实现并不容易。例如,要实现充分就业,就要以牺牲一定的物价稳定为代价(详见第十一章菲利普斯曲线);经济增长中伴生的总需求增加往往会引起通货膨胀,不利于物价稳定;为了平抑国内物价,增加国内供给,往往增加进口,减少出口,导致国际收支逆差等。宏观经济政策目标之间的矛盾表明,政策制定者应根据本国不同时期的具体经济情况,对政策目标进行价值判断,权衡轻重缓急和利弊得失,确定一个或两个重点政策目标,并兼顾其他政策目标。

二、宏观经济政策工具

宏观经济政策工具是用来达到政策目标的手段。政策工具有多种,不同的政策工具各具特色,但往往能达到相同的政策目标,要有选择地运用。常用的宏观经济政策工具有需求管理、供给管理和对外经济管理等。

1. 需求管理

需求管理是指通过调节总需求来达到一定政策目标的宏观经济政策工具。需求管理包括财政政策和货币政策。

凯恩斯主义理论认为,在短期内,在总供给既定条件下,决定就业和物价的关键是总需求。需求管理通过调节总需求,实现总需求等于总供给,达到既无失业又无通货膨胀的目标。当总需求小于总供给时,整个经济因需求不足而产生失业,政府应采取扩张性政策工具,刺激总需求增长,实现充分就业;当总需求大于总供给时,整个经济会因需求过度而出现通货膨胀,政府应采取紧缩性政策工具,抑制总需求,消除通货膨胀。

2. 供给管理

总需求—总供给模型揭示了总供给对国民收入和物价水平的重要作用。供给管理是指通过调节总供给来达到一定政策目标的宏观经济政策工具。供给即生产,在短期内影响供给的主要因素是生产成本,特别是生产成本中的工资成本;在长期内影响供给的主要因素是生产能力,即经济潜力的增长。因此,供给管理包括控制工资与物价的收入政策、指数化政策、人力政策和经济增长政策。

(1) 收入政策

工资上涨是成本推动型通货膨胀的主因。收入政策是指通过限制工资收入增长率从而限制物价上涨率的政策。收入政策有以下三种形式。①工资与物价指导线。它是指根据劳动生产率和其他因素的变动,规定工资和物价上涨的限度,其中主要是规定工资增长率。工会和企业都要根据这一指导线来确定工资增长率,企业也必须据此确定产品的价格变动幅度。②工资与物价的冻结。即政府采用法律和行政手段禁止在一定时期内提高工资与物价,这种措施一般只用于在战争等特殊时期或某些通货膨胀严重时期。③税收刺激政策。它是指政府规定货币工资增长率即工资指导线,企业工资增长率超过这一指导线就课以重税;企业工资增长率低于这一指导线则给予减税。

(2) 指数化政策

指数化政策是指定期地根据通货膨胀率来调整各种收入的名义价值,以使其实际价值保持不变,主要有工资指数化和税收指数化。例如,工资合同中规定在一定时期内根据消费物价指数来调整名义工资,按通货膨胀率来调整税收起征点和税率等级等。

(3) 人力政策

人力政策亦称为"就业政策",是一种旨在改善劳动市场结构,以减少失业的政策。它主要包括:①人力资本投资,由政府或有关机构向劳动者投资,提高劳动者的文化技术水平及身体素质,以适应劳动力市场的需要;②完善劳动力市场,即政府应该不断完善和增加各类就业介绍机构,为劳动力供求双方提供迅速、准确且完全的信息,使劳动者找到满意的工作,企业得到所需要的员工;③协助工人进行流动,即对工人流动的协助包括提供充分的信息、必要的物质帮助与鼓励等。

(4) 经济增长政策

从长期来看,影响总供给最重要的因素还是生产能力,因此,提高生产能力的政策是供给管理的重要内容。它主要包括:①增加劳动力的数量和质量,如提高人口出生率、鼓励移民入境、增加人力资本投资等;②资本积累,主要来源于储蓄,减少税收和提高利率可鼓励人们储蓄;③技术进步,即国家通过对科学技术发展进行规划、直接投资、鼓励科研政策、加强科技人才培养及引进国外科技人才等措施促进技术进步;④计划化和平衡增长,即现代经济中各部门之间协调的增长是经济本身所要求的,而各部门之间的平衡增长要通过国家计划或政策间接指导来实现。

3. 对外经济管理

对外经济管理是指对国际贸易、国际资本流动、劳务的国际输出和输入等进行管理和调节,以实现国际收支平衡。对外经济管理包括对外贸易政策和对外金融政策。对外贸易政策包括关税政策、非关税壁垒和鼓励出口政策,对外金融政策包括外汇管理政策和国际收支调节政策。

第二节 财政政策

财政政策是政府为实现一定的经济目标,运用财政收入和财政支出来调节经济的政策。财政政策是国家干预经济的主要政策之一,是需求管理的重要工具。

一、财政政策工具

财政政策工具也称为"财政政策手段",是指国家为实现一定的政策目标而采取的各种财政手段和措施。财政政策工具包括财政收入、财政支出及财政预算。其中,财政收入主要包括税收和公债,财政支出包括政府购买和转移支付。

1. 财政收入

财政收入是指政府为履行其职能、实施公共政策和提供公共物品与服务需要而筹集的一切资金的总和。财政收入表现为政府部门在一定时期内(一般为一个财政年度)所取得的货币收入,是衡量一国政府财力的重要指标。财政收入主要来源于税收和公债。

(1)税收

税收是政府为实现其职能的需要,凭借其政治权力并按照法定标准,强制、无偿取得的财政收入。税收是政府组织财政收入的基本手段,是政府财政收入中最主要的组成部分,是调节经济的重要杠杆。凯恩斯主义理论认为,减税刺激消费与投资,从而刺激总需求,而增税则会抑制总需求;供给学派认为,减税刺激储蓄与个人工作积极性,从而刺激总供给,而增税则会抑制总供给。

税收促进财政目标实现的方式是灵活运用各种税制要素,主要表现为:适当设置税种和税目,形成合理的税收体系,从而确定税收调节的范围和层次,使各税种相互配合;确定起征点和税率,明确税收调节的数量界限;规定必要的税收减免和加成。因此,政府可以通过调整税率和增减税种来调节产业结构,实现资源的优化配置;可以通过累进的个人所得税、财产税等来调节个人收入和财富,实现公平分配。

我国现有税收按照征税对象不同可分为流转税、所得税、财产税、资源税和行为税。流转税是以商品交换和提供劳务的流转额为征税对象的税收,如增值税、消费税、关税等。它的特点是以流转额为计税依据,在生产和销售环节征收,税额对价格变化较为敏感。流转税是我国税收收入的主体税种。所得税是指以纳税人的所得额为征税对象的税收,我国目前已经开征的所得税有个人所得税和企业所得税。所得税的特点是以总收入减去成本及其他允许扣减项目后的应纳税所得额为计税依据,税额对成本及利润变化较为敏感。财产税是指以各种财产为征税对象的税收,如房产税、车船税等。财产税的特点是税收负担与财产价值及数量密切相关,有利于公平税负、缓解财富分配不均和限制不合理消费。资源税是指对开发和利用国有资源而取得绝对收益和级差收益的单位和个人征收的税收,目前我国资源税的征税范围包括矿产品和盐两大类。行为税是指对某些特定的经济行为开征的税收,如印花税、城市建设维护税等。

(2) 公债

公债是指政府凭借信用,通过发行债券或借款的方式而取得的收入,是政府财政收入的另一来源。公债是政府弥补财政赤字的普遍做法,比增税、增发货币等弥补赤字方式更具优越性。公债是政府调控经济的重要政策工具,政府发行公债能扩大财政资金的来源,筹集重点建设资金,调节积累与消费比例,调节投资结构与产业结构,优化经济结构,增加财政收入和支出,刺激总需求;另一方面,公债是连接财政政策与货币政策最重要的中介,是央行公开市场业务的基础,央行通过买卖公债能调节货币市场与资本市场的供求关系,影响货币供应量及市场利率水平,从而对经济产生扩张或紧缩效应。

政府为什么能够借债呢?这就是公债哲学。公债哲学即公债有益论。凯恩斯主义理论认为,公债不仅是弥补财政赤字的重要手段,还是实施财政政策的重要工具,这是因为:①债务人是国家,债权人是公众,国家与公众的根本利益是一致的;②政府的政权是稳定的,不会引起信用危机;③债务用于发展经济,使政府有能力偿还债务。

公债并非越多越好。2008年10月始于冰岛,其后蔓延至希腊、意大利、西班牙、匈牙利、葡萄牙、爱尔兰等国的欧洲主权债务危机就是最好的证明。一般认为,政府未清偿债务总额占同年国内生产总值的比重,即公债负担率低于60%,国民经济是可以承受的;当年公债还本付息额占当年财政收入的比重,即偿债率不超过10%为正常;当年公债发行额占当年财政支出的比重,即公债依存度的国际警戒线为15%~20%。

此外,政府取得财政收入的来源还有国有资产收益、收费收入以及其他收入等。国有资产收益是指国家凭借资产所有权所获得的经营利润、租金、股息、红利、资产占用费等收入的总称。收费收入是指国家政府机关或事业单位在提供公共服务、实施行政管理或提供特定公共设施的使用时,向受益人收取一定费用的收入形式。收费收入包括使用费和规费。使用费是政府对公共设施的使用者按一定标准收取的费用,如对使用政府建设的高速公路、桥梁、隧道的车辆收取的使用费;规费是政府对公民个人提供特定服务或特定行政管理所收取的费用,如护照费、毕业证费、民事诉讼费、结婚登记费等。收费收入具有有偿性和不确定性的特点,是政府财政收入的辅助形式。其他收入是指上述项目之外的收入,如捐赠收入等。

2. 财政支出

财政支出是政府财政资金的分配和使用,包括政府购买和转移支付。

(1) 政府购买

政府购买是指政府对商品和劳务的购买。政府购买性支出主要包括行政管理支出,国防支出,科技、教育、文化、卫生等事业支出和公共投资支出。

政府购买有商品和劳务的实际交易,是一种实质性的支出,直接形成社会需求和购买力,是国民收入的一个组成部分。

(2)政府转移支付

政府转移支付是指政府单方面的、无偿的资金支付,包括社会保障和社会福利支出、政府对农业或部分企业的补贴、公债利息、捐赠支出等。

转移支付是一种无偿的货币性支出,是政府对现有收入的再分配,社会总收入并没有增加,但有利于实现社会公平。由于转移支付不直接构成对商品和劳务的需求,形成的是潜在购买力,因而对总需求的影响是间接的。

3. 财政预算

财政预算,也称为"公共财政预算",是由政府编制,经立法机关审批,反映政府一个财政年度内收支状况的计划。财政预算反映政府活动的范围和方向,体现政府在特定时期所要运用的政策工具及所要实现的政策目标,具有法定性、精细性、完整性、时效性和公开性,是政府调节经济和社会发展的重要工具。

财政预算通过调整收支规模和收支差额发挥调节作用,收支规模决定政府投资和消费的规模,从而影响社会总需求和总供给,收支差额一般分三种情形,即赤字预算、盈余预算和平衡预算,它们分别体现着扩张性财政政策、紧缩性财政政策和中性财政政策。总之,在市场经济条件下,当市场难以保持自身均衡发展时,政府可以根据经济运行状况,选择适当的预算总量或结构政策,用预算手段调节国民收入的分配和再分配,调整经济结构,平衡社会总需求与总供给的关系,促进经济稳定增长。

二、财政政策的运用

根据对总需求的调节方向不同,财政政策可分为扩张性财政政策、紧缩性财政政策和中性财政政策。财政政策运用的一般原则是逆经济风向行事,即在经济萧条时期,采用扩张性财政政策;在经济繁荣时期,采用紧缩性财政政策。

1. 扩张性财政政策

扩张性财政政策亦称为积极的财政政策,是通过减税、扩大政府财政支出来增加总需求的政策。其具体措施为减税和扩大政府财政支出。

(1)减税

减税可增加个人可支配收入,从而促进消费增加;减税还可增加企业利润,从而促进投资增加,因此减税能刺激总需求增加。

(2)扩大政府财政支出

扩大政府财政支出的途径有增加政府购买、增加政府转移支付、实行赤字预算、发行公债等。政府购买是总需求的构成部分,增加政府购买就是增加总需求,同时能刺激企业投资;增加政府转移支付既能促进个人消费也可促进企业投资,因此,扩大政府财政支出能刺激总需求增加。

在经济萧条时期,总需求小于总供给,经济中存在大量失业,政府就要采取扩张性财政政策来刺激总需求,达到充分就业,稳定经济增长的目标。

> **案例资料 12-1**

2020年中美两国的财政赤字比较

　　财政部关于2020年中央决算的报告中显示,2020年中央财政赤字27800亿元。赤字规模相较2019年增加1万亿元,用于发行1万亿元抗疫特别国债,赤字率提高至3.7%。2020年,受新冠肺炎疫情、世界经济深度衰退等多重冲击,中央一般公共预算收入82770.72亿元,为预算的100%,下降7.3%。加上从中央预算稳定调节基金以及中央政府性基金预算、中央国有资本经营预算调入8880亿元,收入总量为91650.72亿元。中央一般公共预算支出118313.5亿元,完成预算的99%,增长8.1%。加上补充中央预算稳定调节基金1137.22亿元,支出总量为119450.72亿元。收支总量相抵,中央财政赤字27800亿元,与预算持平。

　　美国财政部2020年10月16日发布的数据显示,受大幅增加财政支出应对新冠疫情影响,(美国国会3月出台总额约3万亿美元的经济纾困法案。)2020财年(截至2020年9月30日)美国财政赤字达到创纪录的3.13万亿美元,远高于上一财年的9844亿美元。数据显示,2020财年美国财政收入约为3.42万亿美元,略低于上一财年的3.462万亿美元;财政支出约为6.552万亿美元,高于上一财年的4.447万亿美元。2020财年联邦财政赤字占美国国内生产总值(GDP)的比重从上一财年的4.6%升至15.2%,创1945年以来新高。美国财政部数据显示,2020财年美国公共债务达到21万亿美元,相当于美国GDP的102%;上一次美国公共债务超过经济总量还是在第二次世界大战结束时。

　　政府的赤字财政政策是通过发行公债来实施的。公债并不是直接卖给公众或厂商,因为这样可能会减少公众消费与厂商投资,使赤字财政政策不能发挥应有的刺激经济作用。公债由政府财政部发行,卖给中央银行,中央银行向财政部支付货币,财政部即可用这些货币进行各项支出,刺激经济,中央银行购买的政府公债,可以作为发行货币的准备金,也可以在金融市场上卖出。

2. 紧缩性财政政策

　　紧缩性财政政策是通过增税、减少政府财政支出来压缩总需求的政策。其具体措施包括增税和减少政府财政支出。

　　(1)增税

　　增税可以降低个人收入水平,从而减少消费;增税还可以降低企业利润,从而减少投资,因此增税会抑制总需求。

　　(2)减少政府财政支出

　　减少政府财政支出的途径有减少政府购买、减少政府转移支付、实行盈余预算等。减少政府财政支出可抑制总需求。

　　在经济繁荣时期,总需求大于总供给,经济中存在通货膨胀,政府需采取紧缩性财政政策来抑制总需求,从而达到稳定物价的目标。

3. 中性财政政策

中性财政政策是指财政收支保持平衡，不对社会总需求产生扩张或紧缩影响的财政政策。中性财政政策并不意味着保守或停滞，我国稳健的财政政策就属于中性财政政策类型。它的特点是：在总量上，财政收支基本平衡；在具体结构内容方面，则是有松有紧、有保有控，如在涉及诸如科技创新、教育、新能源、农业等薄弱领域，需要进一步加大投入力度；而在诸如水泥、钢铁、电解铝等行业，则需要进行控制。因此，中性财政政策注重规模与效益、速度与质量相统一，是具有可持续性的财政政策。

三、自动稳定器

自动稳定器，亦称内在稳定器，是指经济系统自身存在的能减少各种因素对国民收入形成冲击的机制。这种机制能够在经济繁荣时期自动抑制总需求扩张，在经济萧条时期自动减缓总需求下降，无需政府采取任何干预措施。具有自动稳定器作用的因素主要包括个人和公司所得税、政府转移支付、农产品价格维持制度等。

1. 个人和公司所得税

所得税具有一定的起征点和相应的税率。在经济繁荣时期，随着生产扩大，就业增加，个人收入和公司利润增加，符合纳税规定的个人和公司增加了，政府税收随之自动增加，在累进税率情况下，繁荣使纳税人自动进入较高的纳税档次，政府税收增加幅度超过收入增加幅度，从而抑制总需求扩张和经济过热；在经济萧条时期，个人收入和公司利润减少，符合纳税规定的个人和公司减少了，政府税收随之自动减少。在累进税率情况下，萧条使纳税人自动进入较低的纳税档次，政府税收减少幅度超过收入减少幅度，从而减缓总需求减少，缓解经济萧条。

2. 政府转移支付

转移支付包括失业救济金和其他社会福利支出。失业救济金和其他社会福利支出有一定的支付标准。在经济繁荣时期，失业减少，个人收入水平提高，达到转移支付标准的人数减少，政府的失业救济金和其他社会福利支出自动减少，从而抑制可支配收入和消费需求的增长；在经济萧条时期，失业增加，个人收入水平下降，达到转移支付标准的人数增加，政府失业救济金和其他社会福利支出自动增加，从而缓和个人收入下降，进而抑制消费需求下降。

3. 农产品价格维持制度

在经济繁荣时期，对农产品的需求增加，农产品价格上升，政府根据农产品价格维持制度，减少收购并抛售库存的农产品，平抑农产品价格，从而减少农民的可支配收入；在经济萧条时期，对农产品的需求减少，农产品价格下降，政府根据农产品价格维持制度，以支持价格增加收购农产品，增加农民的可支配收入，使农民的收入和消费维持在一定的水平。

在现实经济中，财政政策的自动稳定器作为抑制经济波动的第一道防线，其稳定经济的作用十分有限。它只能减轻经济波动的程度，而不能改变经济波动的方向，更不能从根本上解决经济问题。因此，政府审时度势，适当干预经济是十分必要的。

四、财政政策的特点

财政政策既有优点,也存在一定的局限性。

财政政策的优点主要表现为:财政政策可以直接刺激消费和投资,具有手段多、力度大和见效快的特点;在调节公平分配、调整经济结构、优化资源配置、促进经济增长和充分就业等方面,财政政策效果比较明显。

财政政策的局限性主要表现为:财政政策对经济运行发挥作用的过程主要是政府干预,因而这种调节作用容易对市场机制形成较大冲击,也难以提高资金的使用效率;财政政策的制定过程是一个经济决策和政治决策相结合的过程,因而政策实施起来灵活性相对较小;财政政策具有挤出效应,所谓挤出效应是指政府投资对私人投资产生的替代效应,从而导致增加政府投资所增加的国民收入可能因为私人投资减少而被全部或部分地抵消,如公债的发行增加了政府用以投资的财源,使国民收入增加,其实质是借用民间资金来投资,会相应减少民间用于投资和消费的资金,从而使得国民收入随之相应减少。

第三节 货币政策

货币政策亦称金融政策,是政府通过中央银行控制货币供应量来调节利率,进而影响投资和整个经济,以实现宏观经济目标的行为措施。与财政政策一样,货币政策是国家干预经济的另一重要政策,是需求管理的重要工具。

一、货币政策基础知识

学习货币政策,有必要了解相关的基础知识。货币与货币供应量是实施货币政策的前提。

1. 货币

货币是人们普遍接受的充当交换媒介的特殊商品。马克思认为,货币是充当一般等价物的特殊商品,是商品交换发展和价值形态发展的必然产物。在发达的商品经济中,货币执行着价值尺度、流通手段、支付手段、贮藏手段和世界货币五种职能。现代货币包括以下几种具体形式。

(1)现金

现金亦称通货,包括纸币与铸币。其中,纸币称为法币,是政府强制流通的法定货币;铸币称为硬币,市值微小的辅币,一般用金属铸造。

(2)存款货币

存款货币是指可以随时提取现金的商业银行的活期存款。活期存款可以随时转换为现金,也可以通过支票在市场上流通,流动性极强,和通货一样是货币。

(3)准货币

准货币又称亚货币或近似货币,是指能够执行价值储藏职能,并且易于转换成货币,但本身还不是货币的资产,包括商业银行的定期存款和其他储蓄机构的储蓄存款、股票、债券等金融资产。

(4)货币替代物

货币替代物是指能够暂时执行交换媒介职能,但不能执行价值储藏职能的金融工具,如信用卡。

2. 货币供应量

货币供应量是一国的货币存量,是某一时点承担流通和支付手段的金融工具总和。为了测算和掌握流通中货币供应量的情况,更有效地调控货币供应量,国际货币基金组织根据货币涵盖范围的大小和流动性的差别,把货币供应量划分为如下三个层次。

(1) M_0

M_0 是指流通于银行体系以外的现金,也就是居民和企业手中的现钞,M_0 流动性最强。

$$M_0 = 流通中的现金$$

(2)狭义货币 M_1

M_1 由 M_0 和商业银行活期存款构成。其中,活期存款由于随时可以提取变现,其流动性不亚于现钞。M_1 代表了一国经济的现实购买力,因此,对社会经济生活有着最广泛和最直接的影响。许多国家都把 M_1 作为调控货币供应量的主要对象。

$$M_1 = M_0 + 商业银行活期存款$$

(3)广义货币 M_2

M_2 由 M_1、定期存款和储蓄存款构成。M_2 不仅反映现实购买力,还反映潜在的购买力。由于 M_2 对研究货币流通的整体状况有着重要意义,近年来,很多国家开始把货币供应量的调控目标转向 M_2。

$$M_2 = M_1 + 定期存款和储蓄存款$$

若 M_1 增速较快,则表明消费和终端市场活跃;若 M_2 增速较快,则表明投资和中间市场活跃;若 M_1 过高而 M_2 过低,则表明需求强,投资不足,有通货膨胀风险;若 M_2 过高而 M_1 过低,表明投资过热,需求不旺,有危机风险。

一般来说,由于各国银行业务名称不尽相同,因此同一名称的业务内容也不尽相同,货币供应量统计口径不尽相同,只有 M_0 和 M_1 大体相同。在我国,M_0 为流通中的现金,M_1 由 M_0 和单位活期存款构成,M_2 由 M_1、单位定期存款、个人存款和其他存款构成。

3. 银行制度与商业银行的货币创造

银行是经营管理货币的企业,货币政策是由中央银行代表国家或政府通过银行体系来实施的。

(1)银行制度

现代银行体系一般由中央银行、商业银行和其他金融机构组成。其中,发挥主要作用的是中央银行和商业银行。

中央银行是一个国家的最高金融管理机构,它统筹管理全国的金融活动,实施货币政策以影响经济。我国的中央银行是中国人民银行。一般认为,中央银行具有三种职能:①发行货币。代表国家发行货币,独占货币发行权。②管理银行。集中保管存款准备金,主持全国商业银行结算,充当最终贷款者。③代理中央政府金融业务。代理国库,提供政府所需资金,监督管理国内金融活动,实施货币政策,管理对外金融事务。

商业银行是以经营工商业存、放款为主要业务,并以获取利润为目的的货币经营企业。我国的商业银行包括中国工商银行、中国农业银行、中国建设银行、中国银行、交通银行五大国有商业银行和全国性股份制商业银行、城市商业银行、农村商业银行、邮储银行、外资银行等。它的主要业务包括吸收存款、发放贷款和代客结算。

其他金融机构主要是指一些非银行金融机构,如保险公司、信托投资公司、金融资产管理公司、财务公司和金融租赁公司等,这些机构承担商业银行的部分职能。

(2)商业银行的货币创造

中央银行发行的货币称为基础货币,亦称为高能货币,由银行体系的法定准备金、超额准备金、库存现金和银行体系之外的社会公众手持现金构成。基础货币通过商业银行系统的货币创造实现货币供给的扩张与收缩。

货币创造是指商业银行通过吸收活期存款、发放或收回贷款,实现社会货币供给的扩张或收缩。商业银行是各种金融机构中唯一能吸收活期存款、发放贷款、开设支票存款账户的机构,在支票流通和转账结算的基础上,贷款不断派生为活期存款,最后在整个银行体系形成数倍于原始存款的派生存款,产生货币乘数效应。商业银行以自己的信贷活动创造和收缩活期存款,如果没有足够的贷款需求,存款贷不出去,就谈不上创造,因为有贷款,才派生存款;相反,如果归还贷款,就会相应收缩派生存款。商业银行的货币创造能力与原始存款成正比,与法定存款准备金率成反比。

二、货币政策工具

货币政策工具是中央银行为达到政策目标而采取的手段。货币政策工具主要包括法定存款准备金率、再贴现率和公开市场业务。

1. 法定存款准备金率

为了保证存款客户随时取款的需要,商业银行会保留一定额度的存款即存款准备金以备日常所需。法定存款准备金率是中央银行以法律形式规定的商业银行存款准备金在其存款总额的占比。

存款准备金由法定准备金和超额准备金组成。法定准备金是指以法律形式规定的缴存中央银行的存款准备金,中央银行通过调整商业银行上缴的存款准备金的比率,借以扩张或收缩商业银行的信贷能力,从而达到既定的货币政策目标。如提高法定存款准备金率,由一定的货币基数所支持的存贷款规模就会减少,从而使流通中的货币供应量减少;反之,则会使货币供应量增加。超额准备金是银行为应付可能的提款所安排的除法定准备金之外的准备金,它是商业银行在中央银行的一部分资产。我国的超额准备金包括两个部分:一是存入中央银行的准备金,二是商业银行营运资金中的现金准备,前者主要用于银行间的结算和清算,以及用于补充现金准备,而后者用于满足客户的现金需要。

法定存款准备金率的调整对商业银行的超额准备金、货币乘数、社会的货币供应量、社会大众的心理预期及整个经济等均有较强烈的影响,因而法定存款准备金率不宜频繁调整。

2. 再贴现率

贴现是指客户因急需资金,将未到期票据出售给商业银行,兑现现款以获得短期融资的行为,是商业银行向客户提供资金的一种方式。再贴现是中央银行向商业银行及其他金融机构提供资金的一种方式。再贴现率是中央银行对商业银行及其他金融机构的放款利率。中央银行通过变动给商业银行及其他金融机构的贷款利率,限制或鼓励银行借款,从而影响银行系统的存款准备金和利率,调节货币供应量。

中央银行作为最终贷款者,主要是协助商业银行及其他金融机构对存款备有足够的准备金。当商业银行的存款准备金临时不足时,就可用其持有的政府债券或商业票据向中央银行申请再贴现或贷款以获得资金。当这种贴现增加时,商业银行存款准备金增加,进而引起货币供给量多倍增加;当这种贴现减少时,商业银行存款准备金减少,会引起货币供给量多倍减少。中央银行通过调整再贴现率可影响商业银行的借款行为,从而调节货币供应量。再贴现率提高,商业银行向中央银行借款就会减少,商业银行存款准备金减少,从而货币供给量就会减少;再贴现率降低,商业银行向中央银行借款就会增加,商业银行存款准备金增加,从而货币供给量就会增加。

由于再贴现主要用于满足商业银行存款准备金的临时不足,具有短期性,而对于短期借款,商业银行可以向有超额储备的其他银行进行同业拆借,同业拆借利率往往低于再贴现率。另外,为了保持良好形象,商业银行和其他金融机构通常会尽量避免使用再贴现来解决资金缺口,但当商业银行十分缺乏准备金时,即使再贴现率很高,商业银行依然会通过再贴现筹措资金。因此,通过再贴现率变动来控制商业银行存款准备金从而调节货币供应量的效果有限。

3. 公开市场业务

公开市场,又称为"金融市场",是资金供求双方运用金融工具进行各种金融交易活动的场所。金融市场是以金融工具为媒介进行资金融通和借贷的市场,金融市场以资金为交易对象,以金融工具为交易媒介。金融工具主要有货币头寸、商业票据、银行承兑汇票、政府公债、金融债券、企业债券、股票、基金证券、外汇、金融衍生品等。金融市场交易不是单纯的买卖关系,更主要的是借贷关系,体现了资金所有权和使用权相分离的特点。金融市场按金融工具期限长短划分为货币市场和资本市场。货币市场是专门融通短期(一年以内)资金的市场,如同业拆借市场、回购市场、票据市场、大额可转让定期存单市场等。货币市场是典型的以机构投资者为主体的市场,其活动的主要目的是保持资金的流动性:一方面满足资金需求者的短期资金需要;另一方面为资金充裕者的闲置资金提供赢利机会。资本市场是融通长期(一年以上)资金的市场,如长期债券市场、股票市场、基金市场、保险市场、融资租赁市场等。

公开市场业务是指中央银行在金融市场上公开买卖政府债券以控制货币供给和利率的政策手段。公开市场业务是中央银行实施货币政策的主要工具,是中央银行稳定经济最常用、最重要、最灵活的政策手段。

当中央银行在公开市场上购买政府债券时,将货币投入市场,引起货币供应量增加。商业银行将持有的政府债券卖给中央银行获得货币而使存款准备金增加,个人或企业等非银行机构将持有的政府债券卖给中央银行获得的货币存入商业银行,引起商业银行存款准备金增加。由于货币创造的乘数效应,货币供给量成倍增加,利率下降。同时,中央银行购买政府债券的行为使债券的市场需求增加,债券价格上升,而利率下降。利率下降会促进人们增加消费和投资,从而刺激总需求扩张。

当中央银行在公开市场上卖出政府债券时,货币回笼,引起货币供应量减少。商业银行若买进政府债券,则因支付货币而减少存款准备金,个人或企业等非银行机构若买进政府债券则因支付货币减少在商业银行的活期存款,从而减少商业银行的存款准备金。由于货币创造的乘数效应,货币供给量成倍减少,利率上升。同时,中央银行卖出政府债券的行为使债券市场需求减少,债券价格下跌,而利率上升。利率上升会促进人们减少消费和投资,从而抑制总需求扩张。

与法定存款资金准备金率和再贴现率相比,公开市场业务具有明显的优势。其优势主要表现为:第一,中央银行在公开市场业务操作中占主动地位,可根据经济形势灵活运用,及时改变货币供给的方向和数量;第二,借助货币乘数,可以较准确地预测公开市场业务对货币供给的影响;第三,公开市场业务调控作用和缓,是一种微调,不会引起社会的强烈反应,可以相对频繁使用。

案例资料 12-2

中国公开市场业务简介

在多数发达国家,公开市场操作是中央银行吞吐基础货币,调节市场流动性的主要货币政策工具,通过中央银行与市场交易商进行有价证券和外汇交易,实现货币政策调控目标。中国公开市场操作包括人民币操作和外汇操作两部分。外汇公开市场操作 1994 年 3 月启动,人民币公开市场操作 1998 年 5 月 26 日恢复交易,规模逐步扩大。1999 年以来,公开市场操作发展较快,目前已成为中国人民银行货币政策日常操作的主要工具之一,对于调节银行体系流动性水平、引导货币市场利率走势、促进货币量合理增长发挥了积极作用。

中国人民银行从 1998 年开始建立公开市场业务一级交易商制度,选择了一批能够承担大额债券交易的商业银行作为公开市场业务的交易对象。近年来,公开市场业务一级交易商制度不断完善,先后建立了一级交易商考评调整机制、信息报告制度等相关管理制度,一级交易商的机构类别也从商业银行扩展到证券公司等其他金融机构。

从交易品种看,中国人民银行公开市场业务交易主要包括回购交易、现券交易和发行中央银行票据。其中回购交易分为正回购和逆回购两种。正回购为中国人民银行向一级交易商卖出有价证券,并约定在未来特定日期买回有价证券的交易行为,正回购为央行从市场收回流动性的操作,正回购到期则为央行向市场投放流动性的操作;逆回购为中国人民银行向一级交易商购买有价证券,并约定在未来特定日期将有价证券卖给一级交易商的交易行为,逆回购为央行向市场投放流动性的操作,逆回购到期则为央行从市场收回流动性的操作。现券交易分为现券买断和现券卖断两种。前者中央银行直接从二级市场买入债券,一次性地投放基础货币;后者为央行直接卖出持有债券,一次性地回笼基础货币。中央银行票据即中国人民银行发行的短期债券,央行通过发行央行票据可以回笼基础货币,中央银行票据到期则体现为投放基础货币。

> 根据货币调控需要,近年来中国人民银行不断开展公开市场业务工具创新。2013年1月,立足现有货币政策操作框架并借鉴国际经验,中国人民银行创设了"短期流动性调节工具",作为公开市场常规操作的必要补充,在银行体系流动性出现临时性波动时相机使用。2014年9月,中国人民银行创设了"中期借贷便利"。中期借贷便利是中央银行提供中期基础货币的货币政策工具,对象为符合宏观审慎管理要求的商业银行、政策性银行,采取质押方式发放,并需提供国债、央行票据、政策性金融债、高等级信用债等优质债券作为合格质押品。这些工具的创设,完善了中国人民银行的调控机制,提高了央行的宏观调控水平,进一步丰富了货币政策工具。

除了以上三种主要工具外,货币政策还借助道义劝告、垫头规定、利息率上限、规定分期付款条件和抵押贷款条件等辅助性工具。道义劝告是指中央银行运用自己在金融体系中的特殊地位和威望,通过对商业银行及其他金融机构的贷款、投资业务进行指导,影响其贷款和投资方向,这种劝告无法律约束力,但有一定作用。垫头规定是指规定购买有价证券必须付出的现金比例。利息率上限是指中央银行规定商业银行和其他储蓄机构的定期存款和储蓄存款的利息率上限。

四、货币政策的运用

与财政政策一样,根据对总需求的调节方向不同,货币政策可分为扩张性货币政策、紧缩性货币政策和中性货币政策。货币政策的一般原则是"逆经济风向行事",即在经济萧条时期,采用扩张性货币政策,在经济繁荣时期,采用紧缩性货币政策。

1. 扩张性货币政策

扩张性货币政策,也称为积极或宽松的货币政策,是通过增加货币供应量、降低利率来刺激总需求的货币政策。

在经济萧条时期,总需求小于总供给,存在大量失业,政府就要用扩张性货币政策来刺激总需求,其中包括降低法定存款准备金率,降低再贴现率并放松贴现条件、在公开市场上买进有价证券等,通过增加货币供应量,降低利率刺激总需求,促进充分就业和经济增长。

2. 紧缩性货币政策

紧缩性货币政策,是通过减少货币供应量、提高利率抑制总需求的货币政策。

在经济繁荣时期,总需求大于总供给,存在通货膨胀,政府则需采取紧缩性货币政策来抑制总需求。其中包括提高法定存款准备金,提高再贴现率和再贴现条件,在公开市场上卖出有价证券等,通过减少货币供应量,提高利率抑制总需求,达到稳定物价的目标。

3. 中性货币政策

中性货币政策是一种保证货币因素不对经济运行产生影响,从而保证市场机制可以不受干扰地在资源配置过程中发挥基础性作用的货币政策。

中性货币政策是顺经济风向行事的货币政策。执行中性货币政策的央行根据真实利率来调整名义利率。由于真实经济运行的连续性,真实利率的变动也是连续的,而名义利率的调整是央行离散进行的,如果央行调整名义利率的时间间隔过长,会导致名义利率滞后于真实利率而影响真实经济。为了不致影响真实经济进而影响真实利率,中性货币政策的操作方法是小幅微调、经常变动。实施中性货币政策有严格的条件限制,这些条件包括央行的指导思想、最终目标、信誉基础、行动顺序和信息环境。

我国这些年实行的是稳健的货币政策,稳健的货币政策与中性货币政策略有不同,我国稳健的货币政策,是指货币和信贷增速回归常态的货币政策。中国人民银行曾针对常态下货币供应量增速调控目标给出了一个计算公式:M_2=GDP 实际增速+CPI 增速+2~3 个百分点。如 2015 年经济增速预期目标为 7%,CPI 增速的预期目标为 3%,那么 2015 年货币政策回归常态的标志就是广义货币供应量 M_2 增速要被控制在 12.5%左右,全年的信贷增速也应控制在 12.5%左右。

五、货币政策的特点

货币政策通过调整货币供应总量,可以直接调节物价总水平,影响市场利率水平,调节经济运行中的消费、储蓄及投资关系,从而影响总需求。货币政策对总需求的影响是间接的,属于一种经济行为,对经济的调节作用比较缓和而灵活,有利于市场机制作用的发挥。

货币政策也存在一些局限性,主要表现为:货币政策难以解决国民收入的分配不公问题;货币政策在弥补市场机制缺陷,促进区域经济协调发展和经济结构调整方面的作用不如财政政策直接和有效。

第四节　相机抉择

相机抉择是指政府在运用宏观经济政策调节经济时,根据具体经济形势及各项政策措施的特点,灵活地选择适当的政策工具,以形成合力,稳定经济。

一、财政政策与货币政策的区别

财政政策与货币政策各具特点,其区别主要表现在以下几个方面。

第一,调节范围不同。财政政策与货币政策都是需求管理工具,通过调节总需求来调节经济,但两者的调节范围有所不同。财政政策不仅作用于经济领域,而且作用于非经济领域,而货币政策只作用于经济领域。

第二,调节方式不同。财政政策直接调节总需求,调节经济的方式具有较强的直接性,而货币政策通过货币供应量、利率等中间变量调节总需求,调节经济的方式具有较强的间接性。

第三,调控重点不同。财政政策与货币政策都对经济总量和结构进行调节,但财政政策侧重于调整经济结构,而货币政策更偏重于总量调整。

第四,调控效果有异。当经济萧条时,人们对经济前景信心低迷,即使采用非常宽松的货币政策,人们仍不愿增加消费和投资,而扩张性财政政策通过增加政府支出、减税能显著地提振经济,因而财政政策对经济复苏的作用优于货币政策;当经济过热时,人们对经济前景信心高涨,紧缩性货币政策能有效地抑制通货膨胀,货币政策对抑制经济过热的效果优于财政政策。

第五,政策时滞不同。任何一项政策,从决策到对经济发生影响都会有一个时间间隔,这个时间间隔就是政策时滞。政策时滞包括决策时滞和作用时滞。决策时滞是指从认识问题到实际决策的时间间隔,作用时滞是指从政策执行到达到调控目标的时间间隔。

财政政策决策时滞较长而作用时滞较短。财政政策要经过一系列的法律和行政过程,因而决策时滞长,但其作用针对性强,直接作用于经济目标,所以作用时滞较短。而货币政策决策时滞短而作用时滞较长。货币政策由中央银行决定和实施,没有太多的研究判断和法律行政过程,决策时滞较短;但货币政策必须通过一些经济变量来影响经济目标,是一种间接影响,作用时滞较长。

二、财政政策和货币政策的组合运用

在实践中,由于宏观经济政策十分复杂,单一的财政政策或货币政策往往很难起到良好的作用,因此通常将两者结合起来组合运用,以得到理想的调控效果。

常用的政策组合主要有如下几种情形。

第一种是扩张性财政政策与扩张性货币政策组合,也称"双松"模式,适用于经济萧条阶段。在经济萧条阶段,社会总需求严重小于总供给,政府采用扩张性财政政策,使总需求增加的同时使利率上升,而同时配合采用扩张性货币政策,则会抑制利率上升,以消除或减小扩张性财政政策的挤出效应,使总需求增加。

第二种是紧缩性财政政策与紧缩性货币政策组合,也称"双紧"模式,适用于经济过热阶段。在经济过热阶段,社会总需求严重大于总供给,政府采用紧缩性财政政策,使总需求减小的同时也使利率下降,而同时配合采用紧缩性货币政策,则会抑制利率下降,从而抑制总需求增加。

第三种是扩张性财政政策与紧缩性货币政策组合,也称"一松一紧"模式,适用于经济衰退阶段。在经济衰退阶段,政府采用扩张性财政政策刺激需求,采用紧缩性货币政策控制通货膨胀。使用这种政策组合会导致利率上升,产生"挤出效应"。

第四种是紧缩性财政政策与扩张性货币政策组合,也称"一紧一松"模式。当经济出现通货膨胀但又不太严重时,可采用这种组合,一方面用紧缩性财政政策抑制总需求,另一方面用扩张性货币政策降低利率、刺激投资,以防止财政政策过紧而引起经济衰退。

>>> 案例资料12-3

2021年中国的宏观经济政策

2021年李克强总理在《政府工作报告》中指出,科学精准实施宏观政策,努力保持经济运行在合理区间,坚持扩大内需战略,继续实施积极的财政政策和稳健的货币政策。在区间调控基础上加强定向调控、相机调控、精准调控。2021年主要预期目标是:国内生产总值增长6%以上;城镇新增就业1100万人以上,城镇调查失业率5.5%左右;居民消费价格涨幅3%

左右;进出口量稳质升,国际收支基本平衡;居民收入稳步增长;生态环境质量进一步改善,单位国内生产总值能耗降低3%左右,主要污染物排放量继续下降;粮食产量保持在1.3万亿斤以上。

积极的财政政策要提质增效、更可持续。2021年赤字率拟按3.2%左右安排,比去年有所下调,不再发行抗疫特别国债。增加中央对地方一般性转移支付,增幅为7.8%。建立常态化财政资金直达机制,将2.8万亿元中央财政资金纳入直达机制。优化和落实减税政策。继续执行制度性减税政策,延长小规模纳税人增值税优惠等部分阶段性政策执行期限,实施新的结构性减税举措,对冲部分政策调整带来的影响。将小规模纳税人增值税起征点从月销售额10万元提高到15万元。对小微企业和个体工商户年应纳税所得额不到100万元的部分,在现行优惠政策基础上,再减半征收所得税。

稳健的货币政策要灵活精准、合理适度。货币供应量和社会融资规模增速与名义经济增速基本匹配,保持流动性合理充裕,保持宏观杠杆率基本稳定。保持人民币汇率在合理均衡水平上的基本稳定。延续普惠小微企业贷款延期还本付息政策,加大再贷款再贴现支持普惠金融力度。延长小微企业融资担保降费奖补政策,完善贷款风险分担补偿机制。大型商业银行普惠小微企业贷款增长30%以上。创新供应链金融服务模式。优化存款利率监管,推动实际贷款利率进一步降低,继续引导金融系统向实体经济让利。

启发思考:
(1)什么是积极的财政政策和稳健的货币政策?
(2)这种组合的经济影响是什么?

在上述案例中,2021年我国继续实施了积极的财政政策和稳健的货币政策,这是我国政府根据当时的疫情防控和各种政策工具的特点所做出的定向调控、相机调控和精准调控的抉择,是实现宏观经济政策目标的需要。

2021年,受新冠疫情的影响,世界经济复苏动力不足。加之美国实行单边主义和贸易保护主义,对我国实施贸易战、科技战、意识形态战,不断制造区域热点。地缘政治影响加重,不确定因素增多,全球经济格局深度调整,国际竞争日趋激烈。同时,美国为应对新冠疫情,不断地扩大财政赤字,导致美国通货膨胀严重,势必产生通胀的输出效应,对我国商品价格和货币政策产生严重影响。目前,我国正处在以高质量发展为主题的新发展阶段,需要贯彻新发展理念,构建新发展格局,深化供给侧结构性改革,统筹发展和安全,做好"六稳"工作,("六稳"指稳就业、稳金融、稳外贸、稳外资、稳投资、稳预期),落实"六保"任务,("六保"指保居民就业、保基本民生、保市场主体、保粮食能源安全、保产业链供应链稳定、保基层运转),科学精准实施宏观政策,保持经济运行在合理区间。

正是在这一客观的国际国内环境下,适当扩大赤字,实施积极的财政政策,有利于促进经济持续健康发展,社会和谐稳定。在实施积极财政政策的同时,需要稳健的货币政策灵活应对,增强前瞻性、针对性和有效性,适时适度预调微调,维持经济发展稳定。

思 考 与 练 习

一、关键概念
宏观经济政策　财政政策　货币政策　自动稳定器　挤出效应
法定存款准备金率　再贴现率　公开市场业务

二、单项选择题
1. 可以直接刺激消费和投资，具有手段多、力度大和见效快特点的经济政策是（　　）。
   A. 消费政策　　　　B. 货币政策　　　　C. 投资政策　　　　D. 财政政策
2. 体现紧缩性财政政策取向的收支差额预算是（　　）。
   A. 赤字预算　　　　B. 平衡预算　　　　C. 盈余预算　　　　D. 零基预算
3. 国债的基本职能是（　　）。
   A. 弥补财政赤字　　B. 推进技术进步　　C. 发展对外贸易
4. 央行稳定经济最常用、最重要、最灵活的政策工具是（　　）。
   A. 法定存款准备金率　　　　　　　　B. 再贴现率
   C. 公开市场业务　　　　　　　　　　D. 垫头规定
5. 中央银行在公开的证券市场上买入政府债券会使货币供给量（　　）。
   A. 增加　　　　　　B. 减少　　　　　　C. 不变　　　　　　D. 难以确定
6. 金融市场的交易对象是（　　）。
   A. 货币资金　　　　B. 有价证券　　　　C. 货币头寸　　　　D. 利率
7. 财政补贴属于（　　）。
   A. 积累性支出　　　B. 购买性支出　　　C. 转移性支出　　　D. 补偿性支出
8. 使用扩张性财政政策与紧缩性货币政策组合会使利率（　　）。
   A. 上升　　　　　　B. 不变　　　　　　C. 下降　　　　　　D. 不能确定

三、多项选择题
1. 宏观经济政策目标有（　　）。
   A. 充分就业　　　　B. 物价稳定　　　　C. 经济增长　　　　D. 国际收支平衡
2. 财政收入主要来源于（　　）。
   A. 税收　　　　　　B. 公债　　　　　　C. 规费　　　　　　D. 捐赠
3. 财政政策通过调整（　　）来调节经济。
   A. 货币供应量　　　B. 财政预算　　　　C. 财政收入　　　　D. 财政支出
4. 具有自动稳定经济功能的是（　　）。
   A. 政府购买　　　　B. 所得税　　　　　C. 政府转移支付　　D. 农产品价格维护制度
5. 经济过热时，政府应该采取（　　）的财政政策。
   A. 减少财政支出　　B. 增加财政支出　　C. 减少税收　　　　D. 增加税收
6. 下列属于供给管理政策的有（　　）。
   A. 收入政策　　　　B. 指数化政策　　　C. 人力政策　　　　D. 经济增长政策
7. 下列属于对外经济管理政策的有（　　）。

A. 外汇政策 B. 关税政策
C. 鼓励出口政策 D. 劳务国际输入与输出政策

8. 下列选项中,(　　)属于紧缩性货币政策。
A. 降低法定准备金率 B. 中央银行卖出政府债券
C. 提高贴现率 D. 实行赤字预算

四、简答题

1. 宏观经济政策的目标是什么？目标之间存在什么矛盾？
2. 什么是供给管理？供给管理有哪些措施？
3. 什么是对外经济管理？有哪些管理措施？
4. 财政政策有哪些管理措施？货币政策有哪些管理措施？
5. 财政政策与货币政策有哪些组合方式？各有何特点？

五、应用题

阅读最近两年的中央经济工作会议公报全文和近两年的政府工作报告,分析我国当前所采用的宏观经济政策,并分析采用这种经济政策的原因及实施效果。

参考文献

[1]【美】保罗·萨缪尔森,威廉·诺德豪斯;萧琛,等,译.经济学[M].19版,北京:人民邮电出版社,2013.

[2]【美】N·格里高利·曼昆;梁小民,等,译.经济学原理[M].7版.北京:北京大学出版社.2017.

[3]【美】罗伯特·平狄克,丹尼尔·鲁宾费尔德,编著;高远,朱海洋,范子英,译.微观经济学[M].8版,北京:中国人民大学出版社,2013.

[4]【美】斯蒂格利茨,沃尔什,编著;黄险峰,张帆,译.经济学[M].4版,北京:中国人民大学出版社,2013.

[5]【美】H.范里安编著.微观经济学——现代观点[M].9版.上海:格致出版社,2015.

[6]高鸿业,等,编著.西方经济学[M].7版,北京:中国人民大学出版社,2018.

[7]尹伯成,等,编著.西方经济学简明教程[M].8版,上海:格致出版社,2013.

[8]【英】约翰·斯罗曼.经济学[M].6版,北京:经济科学出版社,2008.

[9]谢识予.经济博弈论[M].4版,上海:复旦大学出版社,2017.

[10]厉以宁.非均衡的中国经济[M],北京:中国大百科全书出版社,2015.

[11]刘厚俊.现代西方经济学原理[M].6版.南京:南京大学出版社,2016.

[12]【美】罗伯特·弗兰克,牛奶可乐经济学[M].北京:中国人民大学出版社,2017.

[13]王福重.写给中国人的经济学[M].北京:机械工业出版社,2010.

[14]茅于轼.生活中的经济学[M].3版.广州:暨南大学出版社,2010.

[15]张建伟.经济学基础[M].2版.北京:人民邮电出版社,2015.

[16]李志强.经济学基础[M].北京:北京出版社,2015.

[17]缪代文.微观经济学与宏观经济学[M].4版.北京:高等教育出版社,2012.

[18]梁小民.经济学原理[M].5版.北京:北京大学出版社,2009.